Hans Dieter Stöver
Daniel und Esther
Das Geheimnis der Vestalin

Hans Dieter Stöver wurde 1937 in Wissen/Sieg geboren. Er studierte Pädagogik, Geschichte, Kunstgeschichte und Altertumswissenschaften in Bonn und Köln. Heute lebt er als freier Autor in der Nähe von Köln. Seine historischen Romane und Sachbücher machten ihn zu einem der bekanntesten Vermittler der römischen Antike an ein modernes Publikum. Seit 1987 bei dtv junior sein Band ›Quintus geht nach Rom‹ erschien, schreibt Stöver auch sehr erfolgreich für Jugendliche.
Weitere Titel von Hans Dieter Stöver bei dtv junior: siehe Seite 4

Hans Dieter Stöver

Daniel und Esther

Das Geheimnis der Vestalin

Deutscher Taschenbuch Verlag

Karte auf S. 304/305 auf Grundlage von:
Christian Meier, ›Caesar‹
© 1982 Wolf Jobst Siedler Verlag GmbH, Berlin

Von Hans Dieter Stöver sind bei dtv junior
außerdem lieferbar:
Quintus geht nach Rom, dtv junior 70118
Quintus in Gefahr, dtv junior 70236
Quintus setzt sich durch, dtv junior 70295
Das römische Weltwunder, dtv junior 70385
Die Akte Varus, dtv junior 70470
Caesar und der Gallier, dtv junior 70573
Die letzte Fahrt der Triton, dtv junior 70632
Daniel und Esther – Allein in Rom, dtv junior 70658
Daniel und Esther – Die Entscheidung, dtv junior 70824

Originalausgabe
In neuer Rechtschreibung
2. Auflage September 2004
© 2002 Deutscher Taschenbuch Verlag GmbH & Co. KG,
München
www.dtvjunior.de
Umschlagkonzept: Balk & Brumshagen
Umschlagbild: Klaus Steffens
Lektorat: Maria Rutenfranz
Gesetzt aus der Stempel Garamond 10,5/13˙
Gesamtherstellung: Ebner & Spiegel, Ulm
Printed in Germany · ISBN 3-423-70733-X

Dramatis personae – Hauptpersonen

(Die Altersangaben beziehen sich auf das Jahr 72 n. Chr.)

NATHAN BEN MATHIJAHU (47), jüdischer Adliger und Offizier, im Jüdischen Krieg verschollen
LEA (41), seine Frau

Beider Kinder:
ABSALOM (23), im Jüdischen Krieg verschollen
DANIEL (15)
ESTHER (15), Daniels Zwillingsschwester

MARCUS ACILIUS RUFUS (43), Großkaufmann
DOMITIA CALVENA (37), seine Frau

Beider Sohn:
TITUS ACILIUS RUFUS (15)

Personal des Marcus Acilius Rufus:
PHILON (44), Schreiber
THEOKRITOS (45), Schreiber
PILESAR (35), Bibliothekar
MARTHA (60), jüdische Witwe

BOCCHUS MAURUS (44), Tierhändler aus Mauretania
ASKALIS, genannt NIGER (15), sein Sohn

Lucius Arruntius Stella (42), römischer Textilhändler

Dionysios (Ende 50), Angestellter des Arruntius

Cornelia (Anfang 30), Virgo Vestalis Maxima

Gessius Florus (48), ehemaliger Procurator von Iudaea

Die Geschichte spielt im Jahre 72 in Rom.

I

Es war der siebte und letzte Brief für heute. Der Chef hatte ihn am Morgen in Eile einem der Schreiber diktiert. Er richtete sich an Matthias ben Jaïr, einen wichtigen Handelspartner in Iudaea. Daniel seufzte, denn er musste den Text auch noch ins Hebräische übersetzen, ihn sauber abschreiben und dabei in eine ansprechende Form bringen. Er griff nach dem Papyrusblatt, beugte sich vor und las:

»Marcus Acilius Rufus grüßt Matthias ben Jaïr in Caesarea. Ich gebe der Hoffnung Ausdruck, dass du...«

Daniel zog die Stirn in Falten. Dann griff er zum Stift, strich die Wendung *»Ich gebe der Hoffnung Ausdruck«* und ersetzte sie durch *»Ich hoffe, dass...«*. Dazu schüttelte er leicht ungehalten den Kopf und seufzte. Acilius benutzte in seiner Geschäftskorrespondenz immer wieder solche schwülstigen Formulierungen. Offenbar glaubte er, damit bei seinem Geschäftspartner den Eindruck von Vornehmheit zu wecken. Doch dafür bestand nicht der geringste Anlass, handelte es sich doch nur um eine freundliche, anteilnehmende Bemerkung: *»Ich hoffe, dass du ohne wetterbedingte Schwierigkeiten auf der schnellsten Route zurück nach Caesarea gekommen bist.«*

Daniel las den ganzen Brief noch einmal sehr gründlich und änderte den Text an fünf weiteren Stellen. Dann übersetzte er ihn in seine Muttersprache und machte sich an die Reinschrift.

Er konnte es sich durchaus herausnehmen, Formulierungen des Chefs abzuändern, zu ergänzen oder gar ganz zu streichen. Noch vor einem Jahr hätte er erhebliche Skrupel gehabt und solche Eingriffe nur mit umständlichen Erklärungen an die Adresse des Herrn vorzunehmen gewagt. Doch das hatte sich sehr schnell geändert. Marcus Acilius Rufus war zwar ein blendender Kaufmann mit sicherem Gespür für den günstigsten Augenblick, um einen An- oder Verkauf zu tätigen, doch in der Korrespondenz mit seinen Handelspartnern in allen Ländern des Erdkreises gelang es ihm nicht immer, den richtigen Ton zu treffen: Bisweilen formulierte er langatmig, umständlich, manchmal aber auch allzu kurz, zu hart, ja unfreundlich.

Obwohl Daniel mit seinen gerade einmal fünfzehn Jahren noch sehr jung für eine solche verantwortungsvolle Arbeit war, erledigte er den gesamten Briefwechsel des Acilischen Geschäftshauses in den Orient, an Lieferanten in Syrien, Kilikien, Iudaea, Arabien und Ägypten. Das hatte sich nach und nach so ergeben, denn er sprach und schrieb fließend Hebräisch, Griechisch und Latein. Einmal hatte er im Vorbeigehen gehört, wie Acilius in der Küche zu seiner Frau Domitia sagte: »Beim Hercules! Was wären wir ohne diesen Daniel! Nichts gegen Esther, seine Schwester, aber der Junge ist mir – wie soll ich sagen: un... unentbehrlich. Was sage ich: unersetzlich, ja! Und sein Stil! Dazu diese Schrift! Unentbehrlich, ja!«

»Er stammt ja auch aus gutem Hause«, hatte Domitia den Überschwang gedämpft. »Er hatte gute Lehrer in seiner Heimat.«

»Wenn schon, Domitia, wenn schon, auch der beste Lehrer kann aus einem Dummkopf nichts herausholen. Bei ihm aber, ja, bei ihm kommt's von alleine!«

Dieses Lob hatte Daniel sehr gefreut. Es machte ihn – wenn nicht glücklich, so doch zufriedener, denn bei der Arbeit gab er sein Bestes. Aber glücklich? Seit er in Rom war, hatte er keinen Augenblick erlebt, den er mit diesem Begriff in Verbindung gebracht hätte. Zu groß war das Leid, das ihm und Esther geschehen war, zu lebendig die Erinnerung an unbeschwerte Kindertage auf ihrem Landgut in Galilaea oder in dem prächtigen Stadthaus zu Jerusalem. Falls der Landsitz noch existierte, dann wohl als römisches Besitztum, bewohnt von Fremden, von den Siegern im großen »Jüdischen Krieg«, wie die Römer ihn nannten. Für ihn, Daniel, war es der »Römische Krieg«. Vom Stadthaus standen wohl nur noch Ruinen. Er und Esther hatten gesehen, wie es in der letzten Nacht, beim Sturm der Römer, Feuer fing. Fluchtartig hatten sie es verlassen müssen. Die ganze Straße brannte schon. Haushoch schossen die Flammen in den Nachthimmel. Donnernd krachten brennende Balken auf die Straße. Er würde das Inferno sein Leben lang nicht vergessen. Der größte Teil Jerusalems musste heute ein Trümmerhaufen sein. Es würde Jahre, wahrscheinlich Jahrzehnte dauern, wollte man die Stadt wieder in ihren alten Zustand versetzen.

Das war jetzt genau zwei Jahre her. Seit damals waren Vater, Mutter und der ältere Bruder Absalom verschollen. Immer wieder hatten Daniel und Esther versucht etwas über ihr Schicksal zu erfahren. Bei Reisenden hatten sie sich erkundigt, hatten jüdische Sklaven in der Stadt ausgefragt, doch niemand konnte ihnen weiterhelfen.

Daniel schaute zum Fenster, das auf den Innenhof ging. Die Sonne stand schon tief und warf lange Schatten; er schätzte, dass es auf die zwölfte Stunde* ging. Dann hatte er bald Feierabend. Er warf einen Blick auf den Stapel unerledigter Briefe. Es war keiner darunter, der unbedingt noch heute ins Reine geschrieben werden musste. Es handelte sich um die üblichen Vorgänge: eine Bestellung von Gewürzen, Aromata, Myrrhe und Weihrauch bei Matthias ben Jaïr in Caesarea, mehrere Ballen ägyptischer Baumwollstoffe bei Ramses in Alexandria, hundert Seidentücher bei Antiochos, einem Händler in Seleukia an der Mündung des Orontes in Syrien. Mit diesen Kaufleuten stand Acilius schon seit vielen Jahren in geschäftlichen Beziehungen. Auf sie war immer Verlass. Sie kümmerten sich persönlich um die Qualität der Waren, die sie verschickten. Es hatte noch nie Anlass zur Klage gegeben.

Daniel überlegte, ob er sich schon daranmachen sollte die Schreibutensilien zu säubern und das Pult aufzuräumen. Er würde heute nichts Neues mehr beginnen. Alles, was zu tun war, hatte er erledigt.

Da näherten sich draußen Schritte. Ihren Rhythmus kannte er, das war Acilius.

Schon ging die Tür auf und der Kaufmann betrat den

---

* Die römische Tageseinteilung wird im Anhang erklärt.

Raum. Sein Gesicht war gerötet. Entweder hatte er sich bei irgendeiner Tätigkeit körperlich angestrengt oder er hatte sich geärgert. Ihm schoss sehr leicht das Blut in den Kopf.

Das Erste musste der Fall sein, denn Acilius ließ sich mit einem tiefen Seufzer auf dem Stuhl hinter dem großen Arbeitstisch nieder und streckte die Beine von sich. »Schrecklich!«, stöhnte er. »Warum ... warum müssen sogar leere Amphoren so schwer sein, wie?«

Seit wann schleppte der Chef eigenhändig Amphoren? Dafür gab es Arbeitssklaven. Als ob er Daniels Gedanken erriet, fuhr Acilius fort: »Damon und Hamilkar sind in der Stadt ... was erledigen. Darum musste ich selbst, nicht wahr ... die Herrin bestand darauf ...« Er hatte, wie immer, sehr schnell gesprochen.

Daniel bemühte sich, nicht zu lächeln. Es war bekannt, dass Domitia in häuslichen Dingen stets ihren Willen durchsetzte. Er rief: »Dann hätte Titus dir doch helfen können – oder ich!«

»Wie?« Acilius zwinkerte mehrmals. »Ich weiß nicht, wo der Junge steckt. Und du hast deine Arbeit. Wie weit bist du?«

»Fertig.«

»Das ist gut.« Acilius erhob sich, ging zum Pult und überflog die Reinschrift des Briefes an Matthias ben Jaïr. »Sehr gut!«, wiederholte er. »Und wann folgt die Bestellung?«

»Welche?«

»Die an Matthias ben Jaïr.«

»Morgen.«

»Aha. Gut, gut. Matthias ben Jaïr, ja ...« Er hielt

kurz die Hand ans Kinn und fuhr fort: »Dieser Mann wird noch sehr wichtig für uns werden.«

»Aber er ist doch schon wichtig«, sagte Daniel erstaunt. Fast die Hälfte aller Waren bezog das Handelshaus aus Caesarea von Matthias ben Jaïr.

»Wie? Ja, natürlich. Aber er wird noch entschiedener ... Ich meine, wir werden ihn und seine Beziehungen noch oft in Anspruch ... Du verstehst?«

»Nein.«

»Nein? Aha, dann werde ich es dir ... Also pass auf! Setz dich! – Nein, hierher, neben mich!« Er zog den zweiten Stuhl heran und nötigte Daniel, unmittelbar neben ihm Platz zu nehmen.

»Mein lieber Daniel«, begann er, »es ist nun durchaus an der Zeit, dass ich ... wie soll ich sagen: dass ich mit dir ein ernstes Wort rede.«

Daniel erschrak und wollte gerade fragen, ob er etwas falsch gemacht habe, als er das überaus freundliche Lächeln bemerkte, das über die geröteten Pausbäckchen des Chefs huschte. Also nichts Unangenehmes. Aber was? Er hatte nicht die geringste Ahnung, worauf Acilius hinauswollte.

»Du weißt«, fuhr Acilius fort, »und du weißt es wahrscheinlich besser als ich, weil du das Erstellen der Listen und Aufträge bis ins Detail, nicht wahr, selbst ausführst – du weißt sehr genau Bescheid über das wachsende Volumen unsrer Unternehmungen. Sag an: Wie viel vom Hundert hat unser Umsatz im letzten Jahr zugenommen? Nun?«

»Sechs vom Hundert«, erklärte Daniel prompt, denn er führte genau Buch und hatte die Zahlen im Kopf.

»Das ist der Durchschnitt aller Käufe und Verkäufe. Was den Matthias ben Jaïr betrifft, stieg das Volumen sogar um zwölf vom Hundert.«

»Aha, aha! Da siehst du's, nicht wahr! Zwölf vom Hundert! In einem Jahr!« Acilius beugte sich zu Daniel: »Und wie, ich meine, wie wird es in diesem Jahr?«

Und Daniel: »Die zwölf haben wir bereits überschritten.«

»Haben wir über... Nicht zu fassen, nein, das ist phänomenal, ja.« Acilius rieb sich gut gelaunt die Hände und lachte breit. Doch unvermittelt wurde er ernst. Er stand auf, ging zum Fenster, blickte eine Weile hinaus und murmelte: »Ich gönne es ihm – aber es ist zu viel!«

Auch Daniel stand auf und fragte höflich: »Verzeihung! Ich verstehe nicht, was du damit meinst, Magister*.«

Acilius drehte sich um. »Nun, im Grunde ist es ganz einfach, nicht wahr. Aber wie soll ich es dir in Kürze... Also pass auf!« Er blieb mitten im Raum stehen und verdeutlichte lebhaft mit den Händen, was er meinte: »Ich sehe nicht ein, warum wir nicht selbst die Initiative ergreifen sollten. Warum sollen wir all diese teuren Waren auf dem Umweg über Händler wie Matthias ben Jaïr kaufen, die sie zuvor von anderen erworben und mit einem erheblichen Aufpreis versehen haben, damit sie auf ihre Kosten kommen? Es wäre doch viel einfacher und auch noch erheblich billiger, wenn wir selbst, nicht wahr, in einer der Hafenstädte Ägyptens, Syriens oder Iudaeas ein Kontor errichten und diese Waren gleich den Groß-

---

* Wichtige Namen und Begriffe werden im Anhang erklärt.

lieferanten aus Arabien, Persien und Indien abkauften. Das dürfte Matthias und die andern zwar ärgern, aber dagegen machen könnten sie nichts, nein. Wie denn auch?!«, rief er. »Der Handel ist frei. Im Übrigen könnte man gegenseitige Absprachen treffen: Du nimmst dies, ich nehme das. Nun, was hältst du davon, Daniel?«

Daniel fühlte sich sehr geehrt, um seine Meinung gefragt zu werden. Immerhin handelte es sich um eine Angelegenheit, die wichtige Interessen des Handelshauses betraf und die – sollte sie in die Wege geleitet werden – eine Menge Geld kosten würde.

Er dachte kurz nach und sagte höflich: »Sofern ich dazu überhaupt etwas sagen kann ...«

»Du kannst!«, rief Acilius. »Du kannst! Denn du kennst die Geschäftsvorgänge mindestens so gut wie ich, nicht wahr. Wahrscheinlich in den Details sogar besser, ja. Also, sag deine Meinung!«

»Nun, ich halte deinen Vorschlag für eine gute Sache, Magister.«

»Aha! Aber?«

»Kein *aber*, sondern ...«

»Ja?«

»Ich würde eine Auswahl treffen.«

»Eine Auswahl, aha. Welche Auswahl?«

»Ich würde Caesarea wählen.«

»Caesarea? Warum Caesarea? Weil es in Iudaea liegt?«

»*Ita'st.**«

»Du meinst ...«

---

* Zusammengezogen aus *ita est* = so ist es.

»Ich denke, dass wir dort die größeren Chancen hätten.«

»So, so. Die größeren . . .« Acilius zwinkerte interessiert. »Und warum das?«

»Weil . . . Magister, ich würde sogar noch einen Schritt weitergehen.«

»Einen Schritt weiter? Aha. Sprich!«

»Ganz Iudaea liegt nach diesem schrecklichen Krieg in Trümmern. Wir könnten an ausgesuchten Plätzen im Lande Niederlassungen errichten, in denen wir Waren und Güter, die nicht im Lande hergestellt werden, einführen und zum Kauf anbieten. Im Gegenzug kaufen wir den Einheimischen jene Güter ab, die es hier in Italien nicht gibt. Auch hierbei würden wir den in den Küstenstädten ansässigen Zwischenhandel umgehen. Wir könnten sowohl billiger einkaufen als auch verkaufen.«

Acilius betrachtete ihn mit einem wohlgefälligen Lächeln und strich sich über den Bauch. »Nicht schlecht, Daniel, nicht . . . Ich werde darüber nachdenken, ja. Eine solche Entscheidung, nicht wahr, setzt langes, sehr gründliches Überlegen und Planen voraus. Immerhin müssten wir eine große Summe investieren – und es wird einige Zeit brauchen, bis wir mit Gewinn wirtschaften. Aber grundsätzlich ist das eine gute Idee, ja.«

Daniel fühlte, wie er über das Lob leicht errötete.

Acilius aber dachte schon weiter: »Wie auch immer – man darf den zweiten Schritt nicht vor dem ersten machen, nein. Auf jeden Fall werden wir drüben ein eigenes Kontor errichten. Und ich gehe wohl recht in der Annahme, dass du am besten geeignet bist den Ablauf der Geschäfte dieser Niederlassung an wichtiger Stelle zu kontrollieren. Immerhin kennt keiner so wie du das Land und die Leute, nicht wahr. Das habe ich bereits – wie soll ich sagen: fest ins Auge gefasst, ja. Du bist zwar noch sehr jung, aber du hast, nicht wahr, eine größere Reife und mehr Erfahrung als andere in deinem Alter. Wie alt bist du jetzt?«

»Ich bin fünfzehn.«

»Aha. Dann wärst du nächstes Jahr sechzehn – und nach römischem Recht erwachsen. Wir werden sehen. Ich werde in Ruhe darüber nachdenken.« Er zog die Brauen hoch: »Du würdest das doch machen – oder?«

»Aber selbstverständlich, Magister!«, rief Daniel. Seine Freude über die unerwarteten Perspektiven war unüberhörbar. Er würde in seine Heimat zurückkehren können! Er müsste dafür sorgen, dass auch Esther... Seine Gedanken überschlugen sich. Er sah, dass der Chef ihn freundlich anlächelte.

»Dacht' ich's doch. Fein.« Acilius nickte zufrieden. »Du wirst von mir hören... zu gegebener Zeit, nicht wahr. Es eilt ja nicht. Und nun mach Schluss für heute.«

Als Daniel am Abend seiner Schwester von Acilius' Plänen erzählte, war Esther genauso aufgeregt wie er: »Aber Daniel! Das ist doch wunderbar! Dann... dann könntest du in Iudaea Erkundigungen über Vater, Mutter und Absalom einziehen. Vielleicht haben ehemalige Nachbarn etwas gehört.«

»Falls sie noch leben.«

»Oder Händler und Lieferanten! Die kommen viel im Land herum.«

»Ja, das denke ich auch.« Er nickte. »Aber so weit sind wir noch nicht.«

»Natürlich nicht. Aber Acilius hat doch offensichtlich die feste Absicht, in Caesarea ein Kontor zu errichten. Er redet zwar gern und viel, aber wenn's ums Geld geht, meint er es immer ernst. So gut müsstest du ihn nun doch kennen!«

»Sicher.«

»Es scheint ihn sehr zu ärgern, dass er Zwischenhändlern wie diesem ben Jamir ...«

»Jaïr! Matthias ben Jaïr!«

»... also dass er ihm und anderen erhebliche Summen zahlt, nur weil sie gewisse Waren für eine kurze Zeit zwischenlagern.«

Daniel feixte: »Wärst eine gute Geschäftsfrau geworden, Schwesterlein.«

»Was heißt *wärst* – ich bin es. Außerdem habe ich eine größere Lebenserfahrung als du, weil ich ...«

»Ja, ich weiß.« Er blickte zur Decke. »Weil du eine halbe Stunde älter bist als ich!«

»So ist es. Dann verhalte dich entsprechend!«

»Tu ich doch. Immer.«

II

Esther war nach wie vor für die Herrin Domitia im Haus tätig und mit vielerlei Arbeiten beschäftigt. Allerdings brauchte sie seit ihrer Freilassung vor einem Jahr keine niederen Tätigkeiten wie die Reinigung der Toilette neben der Küche mehr auszuführen; dafür waren Sklaven zuständig. Nur ungern erinnerte sie sich daran, wie sie zum ersten Mal mit Bürsten und Scheuersand Hand anlegen musste. Nie zuvor hatte man ihr so etwas zugemutet. Nun schaute sie selbst nach, ob die Sklaven alles ordentlich erledigt hatten.

Verglichen mit den Toiletten in ihrem Jerusalemer Haus oder auf dem Landgut in Galiläa waren die römischen geradezu hygienisch. Wie alle Häuser des Argiletums bekam auch das Acilische frisches Quellwasser von einem Aquädukt, der es aus dem Gebirge heranführte. Es lief ununterbrochen durch die Toilette und spülte jeden Unrat fort in die Kanalisation. Diese verlief unter der Straße, mündete beim Forum in einen Hauptkanal und dieser unterhalb der Aemilischen Brücke in den Tiber. Esther wusste noch genau, wie sie vor zwei Jahren den verschwenderischen Umgang der Römer mit Wasser bestaunt hatte.

Da sie besonders geschickt im Sticken war, pflegte Domitia ihr seit einiger Zeit kostbare Kissen, Deckchen, Tücher und Schmuckbänder zur Verschönerung anzuvertrauen. »Ich selbst«, hatte sie erklärt, »kann die feinen Fäden nicht mehr gut erkennen. Meine Augen sind erheblich schwächer geworden. Und sie ermüden schnell. Dann bekomme ich Kopfschmerzen. Aber du bist noch jung. Und du stickst viel schöner als ich. Von wem hast du das nur gelernt?«

»Von meiner Mutter. Sie stickte wahre Kunstwerke.«

Domitia hatte nicht weiter nach Einzelheiten gefragt,

denn sie wusste, wie sehr Esther unter der quälenden Ungewissheit über das Schicksal ihrer Familie litt.

Es gab eine Neuerung nach ihrer Freilassung*, die für sie und den Bruder die größte Bedeutung hatte: Nach Dienstschluss konnten sie das Haus verlassen und sich nach Belieben frei in der Stadt bewegen. Sie hatten sogar eigene Hausschlüssel. Die neue Bewegungsfreiheit entsprach nicht nur ihrem früheren Leben in Jerusalem, sondern übertraf diese in einem Punkt: Niemand fragte, wann sie zurück ins Haus kamen oder wo sie denn den ganzen Abend gewesen waren.

Marcus Acilius Rufus zahlte ihnen für ihre Arbeit ein festes monatliches Gehalt, das bei besonderen Leistungen oder zu Festtagen mit ansehnlichen Prämien erhöht wurde. Einen Teil davon legten die Geschwister in einer kleinen Geldtruhe beiseite. Esther achtete genau darauf, dass auch der Bruder seinen monatlichen Anteil pünktlich dazugab. Der Hintergedanke dabei war: Irgendwann würden sie zu Schiff in die Heimat zurückkehren. Das Geld sollte die dann anfallenden Unkosten decken. Nun hatte sich die Situation zwar nach der Mitteilung des Acilius von Grund auf geändert, dennoch blieben sie dabei, die gleiche Summe wie bisher zu sparen. Man musste für die Zukunft gerüstet sein.

So hätten sie Grund genug gehabt, mit ihrem Schicksal zufrieden zu sein. Gott musste ihre Gebete erhört haben. Dennoch kehrte die alte Schwermut in gewissen Abständen zurück und ließ sie erneut Vermutungen

---

* Vgl. *Daniel und Esther – Allein in Rom*

über den Verbleib von Vater, Mutter und Bruder anstellen. Das Ergebnis war immer das gleiche: Es führte zu nichts.

Als Daniel am nächsten Morgen seinen Arbeitsraum betrat, fand er Theokritos und Philon, die beiden Schreibsklaven, bereits an ihren Schreibpulten. Sie blickten ihn erwartungsvoll an, denn es war Daniels Aufgabe, ihnen die Arbeit zuzuteilen.

Seit Daniel nicht mehr Sklave, sondern *libertus*, Freigelassener, war, lag sein Rang über dem der beiden Schreiber. Und dies, obwohl Theokritos fünfundvierzig und Philon nur ein Jahr jünger war.

Erst kürzlich hatte Acilius sie im Beisein Daniels weitschweifig darauf hingewiesen: »Nehmt ihn euch zum Vorbild, nicht wahr! Zum Vorbild, ja! Er wird es noch zu etwas bringen!«

Sie hatten genickt. Dabei hatte er es doch schon weit gebracht.

Und schon ließ Acilius einen neuen Spruch seines Lieblingsdichters folgen: »Wie sagte einst der große Mime Publilius Syrus von der Bühne herab zum ergriffen lauschenden Publikum: ›*Beneficium dignis ubi des, omnes obliges* – Wer Würdigen wohl tut, holt sich Dank von allen‹, ja! – Haltet euch daran, nicht wahr! Immer!«

Die beiden hatten zwar keinen direkten Zusammenhang zwischen ihrer Tätigkeit und der Weisheit des Dichters erkannt, aber eifrig genickt. Wussten sie doch aus jahrzehntelanger Erfahrung, dass es das Beste war, zu allen Sprüchen, die der Herr zitierte, geradezu ergriffen beifällig zu nicken. Sonst bestand die Gefahr, dass eine ausführliche Belehrung über Inhalt und Absicht der Verse nachgereicht wurde, die kein Ende nehmen würde.

Nach der gegenseitigen Begrüßung kam von Theokritos die übliche Frage an Daniel, ob für den Tag Besonderes vorliege.

»Nicht dass ich wüsste«, antwortete dieser.

Philon, hager, ja spindeldürr und mit einem Ausdruck in seinem schmalen, faltigen Gesicht, als ob er das Leid des gesamten Erdkreises trüge, fuhr mit der Hand ans Ohr – er war von zunehmender Schwerhörigkeit geplagt – und fragte seinen Kollegen: »Was hat er gesagt?«

»Nicht dass ich wüsste«, wiederholte Theokritos.

Und Philon: »Was weißt du denn?«

»Nichts.«

»Aha. Hat er das gesagt?«

»Nein.«

»Woher weißt du's denn?«

»Was?«

»Dass du nichts weißt...«

»Weil er's gesagt hat!«

»Aber er hat doch nichts gesagt! Bist du sicher?«

»Absolut. Er weiß auch nichts.«

»Das hat er gesagt?«

»Sicher.«

Erstaunt schüttelte Philon den Kopf und hätte weiter seine bohrenden Fragen gestellt, doch Daniel, der dieses aberwitzige Hin und Her der beiden kannte, machte dem absurden Dialog ein Ende: »Ihr habt zu tun?«

»So ist es«, sagte Theokritos. »Listen ins Reine schreiben.«

»Gut. Dann fangt an.«

Theokritos nickte, Philon ebenfalls, obwohl er nicht alles verstanden hatte. Der Kollege würde es ihm gleich erklären.

Daniel blickte seufzend zur Decke. Manchmal ging ihm dieser Philon auf die Nerven. Dabei war er ein guter Schreiber. Diktieren konnte man ihm wegen seiner Schwerhörigkeit nichts mehr – es wäre auf ein ähnlich irrwitziges Palaver hinausgelaufen –, aber er schrieb alles fein säuberlich ab, was man ihm aufs Schreibpult legte. Philon tat überhaupt alles, was man ihm auftrug: Hätte er ihm gesagt, er solle zur Via Appia gehen und alle Grabinschriften notieren, würde er sich auf der Stelle dorthin begeben und damit anfangen.

»Ah, gut, dass du schon da bist!«

Acilius betrat den Raum. Er zwinkerte. Dann hatte er einen wichtigen neuen Auftrag.

»Es geht«, begann Acilius, »es geht um diese . . .« – er blickte auf das Blatt, das er in Händen hielt – »diese Lieferung an diesen . . .«

»Cassianus?«, fragte Daniel.

»Wie? Ja, Cassianus. Woher weißt du . . .?«

»Du sprachst gestern von ihm.«

»Aha. Nun, du wirst ihn kennen lernen, nicht wahr. Einer unserer wichtigsten Kunden!«

»Kommt er her?«

»Nein, du wirst zu ihm gehen. Er will ganz persönlich bedient werden. Das ist zwar gegen die übliche Sitte, aber in diesem Fall wollen wir, äh . . .«

»... eine Ausnahme machen«, ergänzte Daniel.

»So ist es. Cassianus hat zwar einen höchst lächerlichen Dünkel, nicht wahr, aber er ist einer unserer besten Kunden. Du müsstest seinen Laden eigentlich kennen.«

»Er ist *aromatarius*. Sein Geschäft liegt auf dem Marsfeld.«

»Ja. An der Via Lata, ganz in der Nähe der Sonnenuhr des Augustus.«

»Ich kenne die Gegend.«

»Fein. Schau dir seine Auslagen und Angebote genau an! Achte besonders auf die Preise! Er verkauft seine Salben, Essenzen und Schönheitsmittelchen ja vornehmlich an die potente Kundschaft Roms und schlägt gewaltig auf. Falls er dabei ein gewisses Maß überschreitet, müssen auch wir unsere Preise erhöhen. So geht das nicht, nein! Unser Risiko ist entschieden größer als das seine, nicht wahr. Wo kommen wir denn hin, wenn sich jeder seine Preise nach eigenem Gusto machte!«

Daniel nickte. Acilius hatte ja Recht: Erst im letzten Frühjahr waren zwei seiner Frachtschiffe südlich von Crotone im Sturm gesunken. Nur zwei Mann der Besatzung konnten gerettet werden. Die Ladung war verloren. Ein Verlust von einigen Millionen Sesterzen[*].

»Gut. Und nun mach dich auf den Weg! Hier ist die Liste.« Acilius reichte ihm das Blatt.

Daniel faltete es, griff nach seiner Umhängetasche und steckte es hinein. Für alle Fälle nahm er auch noch

---

[*] Römische Maße und Münzen werden im Anhang erklärt.

eine Wachstafel und einen Griffel mit. So konnte er sich alle wichtigen Preise notieren.

Es kam des Öfteren vor, dass Acilius ihn schon am frühen Morgen in die Stadt schickte, um wichtige Kunden zu betreuen oder spezielle Einkäufe zu machen. Aber dass er einen Kunden aufsuchen sollte, um ihn über die neuesten Lieferungen an Kräutern, Essenzen und Ölen aus dem Orient zu unterrichten, war neu. Bisher hatte Acilius das selbst erledigt. Dass er nun ihn, Daniel, losschickte, war ein großer Vertrauensbeweis. Immerhin kaufte Cassianus im Jahr Waren im Wert von mehreren Hunderttausend Sesterzen.

Daniel nahm den kürzesten Weg übers Forum, bog bei der Curia rechts in den Clivus Argentarius ein, der im großen Bogen das Capitol umrundete und kurz darauf in die Via Lata überging. Diese Straße hatte, was den Glanz der privaten und öffentlichen Bauten anging, allen anderen den Rang abgelaufen. Einzig das Forum hatte mehr zu bieten. Die »Breite Straße« hatte sich in den vergangenen Jahrzehnten zur Prachtstraße der Stadt entwickelt. Seit in der mauerbewehrten Altstadt kaum noch genügend Bauland zur Verfügung stand, waren die Angehörigen der Oberschicht zunehmend auf das Marsfeld ausgewichen. Hier, auf dem ursprünglichen Musterungsplatz der Rekruten – daher die Verbindung mit dem Kriegsgott Mars – gab es noch Raum zum Bauen.

Dieser Prozess hatte in den letzten Jahrzehnten der Republik begonnen, schon Pompeius hatte hier ein prächtiges Haus gebaut. Andere Größen aus senatorischen und ritterlichen Familien wollten es ihm gleichtun und wetteiferten miteinander in Größe, Weiträumigkeit und Pracht der Ausstattung. Diese palastartigen Stadthäuser lagen meist in Seitenstraßen, die Front der Via Lata wurde beherrscht von den exklusivsten, feinsten und teuersten Geschäften der Stadt.

Hier flanierten zu jeder Tageszeit Müßiggänger, so auch jetzt, als Daniel sich mit schnellem, zügigem Schritt einen Weg durch die Menschen auf dem Bürgersteig bahnte. Er ging auf der östlichen Seite, weil sie im Schatten lag. An einer Baustelle war der gesamte Bürgersteig mit Gittern gesperrt. Man musste auf die Straße ausweichen. Er warf einen Blick auf das Gebäude. Seine Außenwände wurden mit Marmorplatten verkleidet. Der Laden im Erdgeschoss war leer geräumt. Arbeiter schleppten Steine, Kübel mit Mörtel, Karren mit Sand ins Innere. Ein Schild am Bauzaun verkündete, dass hier demnächst eine neue Tierhandlung eröffnet würde. ›Das wird dem Bocchus Maurus aber gar nicht passen!‹, dachte Daniel. ›Das wird eine harte Konkurrenz werden!‹ Er nahm sich vor, seinen Freund Niger, den einzigen Sohn von Maurus, danach zu fragen.

Fünfzig Schritt weiter wurde es wieder eng. Man hatte die Mitte der Straße in einer Länge von etwa hundert Schritt aufgerissen. Die knapp zehn Fuß tiefe Grube war mit einem hohen Gitter abgesperrt. Ein Blick nach unten zeigte Daniel, dass da neue, größere Kanalrohre eingesetzt wurden.

Da die Bodenöffnung fast die gesamte Breite der Straße einnahm, konnten an dieser Stelle Wagen nicht mehr passieren. Mit hellen Bändern gekennzeichnete

Männer wiesen die Gespannführer an über Nebenstraßen die Sperrung zu umfahren.

»Ist ja nicht zu fassen!«, schimpfte einer. »Mensch, ich will doch nur auf die andere Seite von dem Loch! Da... in die Bäckerei! Siehst du sie?« Er zeigte nach vorne.

»Geht nicht!«, stellte der Posten kühl fest und ließ sich nicht aus der Ruhe bringen. »Kannst du lesen?« Er wies auf eine Informationstafel.

»Nee.«

»Macht nichts. Da steht: Gesperrt! Für drei Wochen! Ausbau der Kanalisation der Via Lata! V'standen?!«

»Ja, aber...« Nun legte der Fuhrmann erst richtig los, wurde immer lauter, und erst das Eingreifen eines städtischen Beamten, der die Baustelle überwachte, machte ihm klar, dass er sich den Anweisungen des Postens zu fügen hatte. Fluchend und schimpfend wendete er sein Gespann – das dauerte eine ganze Weile, da immer wieder Passanten in die Quere kamen –, fuhr zurück und bog an der nächsten Kreuzung rechts in die Seitenstraße ein. Er hatte wohl Mehl geladen.

Hinter der Baustelle machte Daniel Halt und orientierte sich. Etwa hundert Schritt weiter sah er links die Aufbauten der *Ara Pacis*, des Friedensaltars, den Augustus dort hatte errichten lassen. Dann musste schräg gegenüber der Laden von Cassianus liegen. Er beschleunigte seine Schritte und stand wenige Augenblicke später vor den Auslagen. Nur einige Waren, in Säckchen, Gläsern oder kleinen Flaschen untergebracht, waren mit winzigen, kaum lesbaren Preisschildern versehen. Ein kurzer Blick genügte und Daniel erkannte, dass die angegebenen Preise in keinem Verhältnis zur jeweiligen Menge standen. »Das ist Wucher!«, murmelte er und schüttelte leicht den Kopf.

Nun, es war nicht seine Sache, den Geschäftsmann darauf anzusprechen; wenn überhaupt, dann konnte dies nur Acilius tun. Aber auch der würde wohl darauf verzichten und eher seine eigenen Preise erhöhen. Das wiederum musste – Daniel sah es voraus – reihenweise Beschwerden anderer Kunden ins Haus bringen, von all den kleineren römischen Händlern, zu deren Kundschaft eben nicht die Reichen zählten.

Daniel prägte sich alles, was er gesehen und gelesen hatte, ein und ging in den Laden, um den eigentlichen Auftrag zu erledigen.

Das war bald geschehen. Obwohl er noch sehr jung war, behandelte man ihn nicht nur auffallend korrekt, sondern geradezu liebenswürdig. Daniel kannte den Grund: Allen Geschäftspartnern war mittlerweile bekannt, dass er in den letzten Monaten so etwas wie der Privatsekretär von Marcus Acilius Rufus geworden war. Und Acilius galt als einer der besten Lieferanten von Handelsgütern jeder Art aus dem Orient. Was die Konkurrenz nicht vorrätig hatte: Acilius hatte es!

Auf dem Rückweg ließ er sich etwas mehr Zeit, denn er wollte sich in Ruhe die Auslagen einiger Geschäfte ansehen. In unmittelbarer Nähe lag eine Filiale des Buchladens von Pollius Valerianus, in dem es neuere Literatur zu kaufen gab, besonders Bücher über Reisen in ferne Länder. Er stöberte in den Auslagen mehrerer Regale, vielleicht fand er einen Text über Iudaea. Doch es war nichts vorrätig. Umso mehr über Ägypten. Die Römer konnten nicht genug erfahren über das geheimnisvolle, uralte Land am Nil. Er nahm sich vor, einmal im Stammhaus des Pollius Valerianus nachzufragen. Der Laden lag nur zwei Häuser neben der Toreinfahrt von Acilius' Geschäft.

Daniel ging weiter und passierte Magos große Sklavenhandlung. Er kannte sie nur zu gut, denn noch vor nicht allzu langer Zeit waren er und Esther selbst dort zum Kauf angeboten worden. Wie von selbst beschleunigte er seinen Schritt. Er hatte den Eingang schon passiert, als er unvermittelt stehen blieb. Ihm war, als ob er soeben einen bekannten Namen auf einer der Tafeln gelesen hätte, die auf das neueste Angebot von Sklaven aufmerksam machten.

Er ging zurück, überflog die Angaben – tatsächlich! Da war er: »*Pilesar, Syrer, fünfunddreißig Jahre alt, hoch gebildet, Bibliothekar, vormals zum Besitz eines vornehmen Anwesens gehörig, widriger Umstände halber zu verkaufen. Einmalige Gelegenheit!*«

Daniel runzelte die Stirn: *Zum Besitz eines vornehmen Anwesens gehörig... Widriger Umstände halber zu verkaufen...* – das war eine vornehme Umschreibung der Ereignisse, die vor einem Jahr mit einem Prozess endeten, als der korrupte Tribun Rutilius Varus wegen Staatsbetrugs angeklagt, verurteilt und in die Verbannung geschickt worden war. Zusammen mit anderen hatte er wertvolle Stücke aus der Beute des Jüdischen Krieges beiseite geschafft und unter der Hand mit großem Gewinn verkauft.

Offensichtlich saß Rutilius nach wie vor in der

Klemme und hatte seinen Bibliothekar Pilesar dem Mago überantworten lassen, weil er dringend Geld brauchte.

Das war eine aufregende Neuigkeit. Daniel und Esther verdankten Pilesar viel. Ohne seine Hilfe hätte ihre überstürzte Flucht aus der Villa des Rutilius ein schlimmes Ende genommen.

Das musste er Esther berichten! Schnell machte er sich auf den Heimweg.

III

Esther war in der Küche. Sie half der Köchin Martha, ihrer mütterlichen Freundin, drei Hühner zu rupfen.

»Gibt's die heute Abend?«, fragte Daniel. Er hatte schon den köstlichen Duft einer Hühnersuppe in der Nase.

»Ja, wenn du artig bist«, lächelte Martha. Sie und Esther blickten kaum auf, so sehr waren sie mit dem Rupfen beschäftigt. Der ganze Boden war mit Federn bedeckt.

»Wisst ihr was . . .?«, rief er und starrte sie mit großen Augen an.

»Was denn?«, fragte Esther ohne aufzublicken.

»Pilesar ist in der Stadt!«

»Na und? Er wohnt doch in Rom! Was ist daran so interessant?«

»Er . . . er ist bei Mago!«

»Aha, bei Mago«, sagte nun Martha. »Und was macht er da?«

»Nichts. Er wartet auf einen Käufer!«

Martha und Esther hielten in der Bewegung inne und ließen die Hände in den Schoß fallen.

»Heißt das etwa...« – Esther sah ihn an – »dass er bei Mago zum Kauf angeboten wird?«

»*Ita'st.* – So ist es.« Wie einem Römer ging Daniel diese Wendung schon von den Lippen, sogar wenn er – wie jetzt – Hebräisch sprach.

»Und woher weißt du das?«

Daniel berichtete, was er beobachtet hatte. Als er fertig war, seufzte Martha mitfühlend: »Na, wenigstens ist er nicht mehr in diesem fürchterlichen Haus. Es kann für ihn eigentlich nur besser werden – so wie für uns damals.«

»Ja, falls er einen neuen Herrn wie Acilius bekommt!«, präzisierte Esther. »Aber es kann auch noch viel schlimmer als bei Rutilius kommen.«

»Der arme Kerl!« Martha seufzte noch einmal.

Daniel achtete nicht auf sie, sondern fragte, wo Acilius sei.

»Er ist ins Lager gegangen«, sagte Esther. »Ach ja, du sollst auch dorthin kommen.«

»Sofort?«

»Ich glaube, ja.«

Daniel verließ die Küche und ging nach draußen. Als er aus der Haustür trat, prallte er fast mit Titus zusammen.

»Mensch, so pass doch...! Ach, du bist's, Daniel! Wo willst du hin?«

»Ins Lager. Wo warst du eigentlich heute Morgen?«
»Auf dem Capitol.«
»Auf dem Capitol?« Daniel machte ein erstauntes Gesicht. Auf dem heiligen Berg Roms stand der Tempel des Iupiter, des obersten Stadt- und Reichsgottes! »Warst du etwa im Iupitertempel?«
»Nein. Im Kontor, bei einem der Schreiber. Wegen des Termins.«
»Was für ein Termin?«
»Na, du weißt doch: *Toga Virilis**.« Er forschte in Daniels Gesicht. »Sagt dir das nichts?«
»Nicht viel.«
Titus lächelte ein wenig abschätzig und verschränkte die Arme hinter dem Rücken. Offenbar bemühte er sich um eine würdige Haltung. Daniel mochte es nicht, wenn Titus sich so erwachsen gab. Titus wusste dies sehr genau, aber er wollte seine Überlegenheit auskosten, als er betont beiläufig zu erklären begann: »Bei aller Freundschaft! Ich werde ja bald sechzehn. Dann bin ich nach römischem Recht erwachsen und werde in einer feierlichen Handlung offiziell in die Gemeinschaft der Bürger aufgenommen.«
Blitzschnell suchte Titus in Daniels Augen zu lesen, ob ihn das beeindruckte. Doch der gab auffallend gelassen zurück: »Ich verstehe.«
»Das...«, ergänzte Titus, »das ist dann immer mit großen Festlichkeiten verbunden. Der wichtigste Teil findet im Tempel des Iupiter auf dem Capitol statt, wo ich die *Toga Virilis*, die Männertoga, anlege.«

* Männertoga

»Und wieso warst du schon heute dort?«, fragte Daniel. Seine Stimme klang eine Spur zu scharf.

»Warum ich schon heute...?« Titus starrte ihn gereizt an und beinahe hätte er erwidert: ›Was geht das dich an?‹ Doch er sagte: »Mein Vater wollte von dem Priester wissen, ob es bei dem ausgemachten Termin bleibt. Du kannst dir ja denken, dass da oben täglich solche Zeremonien stattfinden. Darum muss das alles genau geregelt werden.«

»Ich verstehe«, antwortete Daniel knapp. Er schweifte in Gedanken ab: Auch er hätte vor zwei Jahren in einer feierlichen religiösen Zeremonie in die jüdische Gemeinschaft aufgenommen werden sollen. Doch damals tobte der Krieg in Iudaea und erreichte schließlich in Jerusalem seinen schrecklichen Höhepunkt. Es ging ums nackte Überleben. Für die Einhaltung uralter heiliger Bräuche fehlten alle Voraussetzungen.

Als ob er Daniels düstere Gedanken erahnte, fragte Titus verbindlicher: »Habt ihr auch so einen Brauch? Ich meine, wird bei euch in Iudaea ein Junge irgendwann zum Erwachsenen erklärt?«

Daniel nickte. »*Certo* – sicher. Es ist die *bar mizwa*.«

Titus beugte sich vor: »Die was...?«

»Die *bar mizwa*.«

»Was ist das denn?«

»Das heißt wörtlich ›Sohn des Gebotes‹ – *bar* heißt Sohn.«

»Sohn des Gebotes... Komischer Name.«

»Keineswegs.« Daniel lächelte nachsichtig. Dann belehrte er Titus, dass das lateinische Wort für Sohn, *filius*, in jüdischen Ohren mindestens genauso ungewöhnlich klang.

»Bist du sicher?« Titus staunte. Nun wollte er mehr wissen. »Und ... und legst du dann auch so ein Kleidungsstück ... ich meine, so was Ähnliches wie die Toga Virilis an?«

»Ja, den *tallit*.«

»Den Tallit ...?«

»Das ist der Gebetsmantel.«

»Und sonst passiert nichts?«

»Doch, doch!« Wollte Titus das wirklich wissen? Er hatte noch nie Interesse an den Bräuchen von Daniels Religion gezeigt. Eifrig fuhr Daniel fort: »Er muss dann aus der Thora, der heiligen Schrift aller Juden, ein bestimmtes Kapitel lesen. Das alles findet meist am Sabbat während eines allgemeinen Gottesdienstes in der Synagoge statt. So werden viele Menschen Zeuge der Handlung.« Daniel reckte sich. »Ich muss jetzt. Und was machst du?«

»Ich weiß noch nicht. Aber wie ich meine Mutter kenne, hat die immer was für mich zu tun. Dann bis später. *Vale!*«

»*Vale!*«

Sie trennten sich.

Daniel verließ den Hof und trat auf die Straße. Er war noch immer ganz in Gedanken darüber versunken, wie sein und Esthers Leben verlaufen wäre, wenn Jerusalem nicht zerstört worden wäre und sie noch bei ihren Eltern wären, als er unmittelbar neben sich eine Stimme hörte:

»He! Wo du wollen hin?«

Daniel fuhr aus seinen Gedanken auf. Unmittelbar neben ihm nickte der Kopf eines großen Esels, so dass er fast meinte, das Tier hätte ihn angesprochen.

»Ach du, Niger!« So nannten er und Titus Askalis, den Sohn des Tierhändlers Bocchus Maurus, wegen seiner dunklen Hautfarbe, obwohl er kein Schwarzafrikaner war, sondern aus Mauretania stammte.

»Wo du wollen hin, he?«, wiederholte Niger.

Er war immer neugierig. Obwohl er schon jahrelang in Rom lebte, radebrechte er das Latein fürchterlich und wurde darin nur noch von seinem Vater übertroffen, der dennoch den Sohn stets ermahnte sich ihn zum Vorbild zu nehmen.

»Ins Lager. Und du? Zu Kunden unterwegs?« Daniel wies auf den Esel, auf dessen Rücken mehrere prallvolle Säcke gestapelt und mit Riemen unter dem Bauch des Tieres befestigt waren.

»Nein. Ich auf Baustelle.«

»Was für eine Baustelle?«

»An Via Lata.«

»Waaas?« Daniel ging ein Licht auf. Auf dem Weg zu Cassianus war er an der Baustelle vorbeigegangen. »Zieht ihr um? Ich meine, bleibt ihr nicht mehr in eurem alten Laden?«

»Wir nicht umziehen. Wir bleiben.«

»Das ist doch gut – oder?«

»Nicht viel gut. Ich und Prudens*« – er wies auf den Esel – »immer hin und her. So wie du in Lager am Tiber und zurück, so ich und Prudens in Via Lata und zurück.«

---

* Prudens heißt *der Kluge*, weil er »lesen« kann.

Daniel ging nicht weiter darauf ein, sondern fragte: »Wann wird der Laden eröffnet?«

»Wenn Steine fertig.«

»He...?«

»Wenn Steine flache auf Mauer. Außen. Steine viel teuer!«

»Verstehe.«

»Ich jetzt keine Zeit. Ich jetzt weiter.«

»Ich auch. Bis später. *Vale!*«

»*Vale!*«

Daniel bog in eine Seitengasse ein, die zur Baustelle des Neuen Amphitheaters[*] führte. Diesen Weg ging er fast täglich. So fiel ihm kaum noch auf, wenn wieder einige Gewölbe der Zuschauertribünen neu in Beton gegossen worden waren. An einigen fertigen Teilen der Außenfront wurden bereits Travertinplatten angebracht. Offenbar wollten der kaiserliche Bauherr Vespasian und sein Architekt sehen, welche Wirkung das Material auf den Betrachter ausübte. Durchaus monumental, stellte Daniel fest, obwohl er das riesige Gebäude nicht mochte: Wurde es doch mit Geld aus der Beute des Jüdischen Krieges bezahlt, also auch mit den Einnahmen aus Gütern seiner eigenen Familie. ›Dann gehört ein Teil davon mir!‹, dachte er trotzig und versuchte sich auszurechnen, wie groß er sein könnte. Das führte natürlich zu nichts, weil er keine Anhaltspunkte hatte.

Er ging weiter. Passierte den Circus Maximus an der Nordseite, bog beim Forum Boarium nach links zum

---

[*] *Theatrum Novum*, das heutige Kolosseum

Kai des Tiberhafens ab und erreichte nach einer halben Meile die Horrea, die großen Speicher und Lagerhallen. Dort befand sich auch das Anwesen von Acilius Rufus.

Daniel fand den Kaufmann im Kontor, wo er mit seinem Lagerverwalter, dem Ubier Haldavo, einige Aufträge von Kunden in der Stadt durchging.

»Ah – gut, dass du da bist, Daniel!« Acilius hantierte mit eng beschriebenen Papyrusblättern. »Haldavo ist gerade dabei, einige Lieferungen zusammenzustellen. Da du die einzelnen Posten im Kopf hast, wird es schneller gehen, wenn du ihm dabei hilfst.«

»Sicher«, sagte Daniel und nickte Haldavo zu.

»Ich selbst, nicht wahr, muss nämlich weg . . . bin erst heute Abend . . .«

». . . zurück«, ergänzte Daniel.

»Wie? Ja. – Noch etwas!«, rief er und reckte sich. »Meine Frau hat da für heute Nachmittag . . . Also, sie wird deine Schwester in die Stadt . . . Und da denke ich, dass es besser ist, wenn du sie . . . Du verstehst?«

»Natürlich. Ich soll Esther begleiten.«

»Ganz recht. Denn es ist nicht gut, wenn sie alleine . . . durch die Stadt . . . du verstehst?«

»Ich verstehe.«

»Sie ist ja nun in einem Alter, nicht wahr, wo sie durchaus die . . . also die Aufmerksamkeit gewisser junger Männer . . . Du verstehst?«

»*Certo* – sicher.«

»Und der Bruder ist da wohl der, äh . . .«

». . . geeignetste Begleiter«, vollendete Daniel.

»*Ita'st*. Im Übrigen hast du dann am Nachmittag frei. Es ist mir nämlich nicht entgangen, dass du in den letzten Tagen bis in den Abend... Ja, und darum hast du danach frei. Es sei denn, meine Frau hat für dich noch... Du verstehst?«

»Natürlich.«

»Gut. So, ich muss jetzt... Also dann bis morgen. *Valete!*«

»*Vale!*«, sagten Daniel und Haldavo fast gleichzeitig.

Sie begleiteten ihn bis zur Tür und machten beide die Andeutung einer Verbeugung.

Haldavo schloss die Tür und sagte: »Ich halte das für übertrieben, dass er dich extra hat rufen lassen. Wäre auch allein damit klar gekommen.«

»Zu zweit geht's schneller. Sind das die Listen?« Daniel wies auf die Blätter, die Acilius zurück auf den Tisch gelegt hatte.

»Sie sind es.«

Daniel griff danach und ging die Bestellungen durch. »Das haben wir schnell erledigt«, meinte er.

»Sag ich doch!«

Sie gingen nach draußen in die Halle und machten sich an die Arbeit. Sklaven wurden von ihnen angewiesen, die verschiedenen Waren aus den entsprechenden Regalen zu nehmen und in bestimmte große Körbe zu legen. Schon nach einer halben Stunde waren sie mit dem Sortieren fertig. Die Körbe wurden auf einen zweirädrigen Karren geladen und Haldavo schickte drei seiner Leute los, um die bestellten Dinge bei den verschiedenen Kunden in der Stadt abzuliefern.

»Vergesst auf keinen Fall euch alles quittieren zu lassen!«, rief er ihnen nach.

»Klar«, sagte einer. Das Haupttor wurde geöffnet.

Die drei packten an – zwei führten die beiden Deichselstangen vorne, einer schob – und machten sich auf den Weg.

Damit war alles erledigt, was Daniel hier zu tun hatte, und Haldavo meinte: »So, dann kümmere dich mal um deine Schwester, damit ihr keiner zu nahe tritt in der Stadt! Du musst beim Chef einen Stein im Brett haben!«

»Wieso?«

»Gibt dir am Nachmittag frei! Einfach so! Das passiert mir nie.« Er lachte breit.

Und Daniel: »Dann hättest du nicht Verwalter werden dürfen . . .«

So flachsten sie noch eine Weile hin und her, als Haldavo plötzlich innehielt und eine wichtige Miene aufsetzte.

»Ist was?«, fragte Daniel.

»So ist es.«

»Hast du ein Problem?«

»Überhaupt nicht. Warum?«

»Weil du so ein Gesicht machst.«

»Also, es . . . es ist so . . .« Er fuhr sich über die Stoppeln seines Dreitagebarts, dass es knisterte. »Es wird da eine Veränderung in meinem Leben geben.«

»Willst du etwa zurück in deine Heimat?«

»Davor sei Odin!«

»Wer bitte?«

»Odin. Hat bei uns Germanen die gleiche Bedeutung wie bei den Römern Iupiter.«

»Was dann?«

»Ich werde wieder heiraten.«

»Waaas?« Daniel starrte ihn mit offenem Mund an.

Er hatte Haldavo immer für den geborenen Junggesellen gehalten. Haldavo und eine Frau! Er konnte sich das nur schlecht vorstellen.

»So ist es. Weißt du . . .« Halvado rieb seine Hände. »Es ist nicht gut, wenn ein Mann . . . ich meine, wenn er immer allein . . .«

»Ich verstehe«, sagte Daniel. »Schon in der Thora, in unserem heiligen Buch, steht: Es ist nicht gut, wenn der Mensch allein ist. Wer ist es denn? Kenn' ich sie?«

»Nein.«

»Eine Sklavin?«

»Nein. Sie ist frei.«

»Etwa eine Römerin?«

»So ist es.«

Daniel kam aus dem Staunen nicht mehr heraus: Da hatte dieser stille, wortkarge Ubier schon seit einiger Zeit ein Verhältnis mit einer frei geborenen Römerin ohne je ein Wort darüber zu verlieren!

»Jetzt mach's aber nicht so spannend, Haldavo! Wer ist sie denn?«

»Die Tochter von einem Schiffsführer.«

»Fährt er zur See?«

»Nein, treidelt auf dem Tiber zwischen Ostia und Rom. Hat fünf große Kähne. Hast ihn bestimmt schon mal gesehen.«

»Hm . . .« Daniel konnte damit nicht viel anfangen, da ihm eine Beschreibung des Mannes fehlte. »Und wann ist die Hochzeit?«

»Noch vor dem Winter.«

»Das freut mich aber für dich.« Er freute sich wirklich.

»Du und deine Schwester, ihr seid natürlich eingeladen!«

»Danke! Werd's ihr gleich erzählen.«

»Tu das! Und nun geh, sie wartet bestimmt schon.«

Daniel nickte und machte sich auf den Rückweg.

IV

»Esther!«

Es kam keine Antwort.

Domitia schüttelte ungehalten den Kopf. Sie saß auf ihrem Ankleidehocker vor dem großen Metallspiegel in ihrem Schlafzimmer und versuchte vergeblich, ihren Haarknoten in eine Form zu bringen, die ihr zusagte. Jedes Mal wenn sie mit der Hand zum Hinterkopf griff, durchzuckte ein schneidender Schmerz ihren rechten Oberarm. Sie versuchte es mit dem linken. Doch so ging überhaupt nichts, denn sie war Rechtshänderin. Sie ließ beide Arme in den Schoß fallen und seufzte.

Dann stand sie auf, ging zum Fenster und blickte nach unten. Vielleicht war das Mädchen draußen. Von hier oben – das Zimmer lag im zweiten Stock – konnte man fast den gesamten Hof überblicken. Doch Esther war nirgends zu sehen.

Domitia ging zur Tür, öffnete und rief nach unten: »Esther!«

»Hier, Herrin!« Das kam aus der Küche. »Ich komme.«

Man hörte, wie sie mit schnellen Schritten nach oben eilte.

»Du musst mir helfen, Kind. Mein rechter Arm... Ich glaube, es ist wieder das Rheuma. Es wird von Monat zu Monat schlimmer.«

»Soll ich einen Arzt holen?«

»Nein. Der kann auch nicht viel machen außer Umschlägen. Und dazu brauche ich keinen Medicus, der für sein Kommen auch noch eine unverschämte Rechnung ausstellt.«

»Soll ich dir einen heißen Umschlag mit Kräutern anlegen?«

»Danke, nein. Vielleicht heute Abend. Ich möchte, dass du mir hilfst meinen Haarknoten in Form zu bringen.«

»Gern. Wenn du dich auf den Hocker setzen würdest...«

Esther hatte die Herrin schon oft gekämmt und wusste genau, wie groß der Knoten sein musste und wo er sitzen sollte. Mit geschickten Händen löste sie das Haar, kämmte es sorgfältig und brachte es in die gewünschte Form.

Domitia betrachtete sich kurz im Spiegel und nickte zufrieden. »Danke, Esther.« Dann seufzte sie. »Wie du siehst, werde ich alt.«

»Aber Herrin! Du bist doch erst siebenunddreißig!« Esther wusste das von Titus, den sie einmal danach gefragt hatte.

»Eben!« Domitia lächelte zurückhaltend. »Schau dir doch andere Frauen in meinem Alter an. Manche sehen sichtbar alt aus.«

»Aber du doch nicht, Herrin!« Esther meinte das ehrlich.

Domitia warf einen zweifelnden Blick in den Spiegel, dann stand sie auf und strich ihr Gewand glatt. »Würde es dir etwas ausmachen, mich immer am Morgen zu kämmen, Esther?«

»Natürlich nicht.«

»Ich frage das, weil es eigentlich zu den Tätigkeiten einer Sklavin gehört. Aber Martha ist längst nicht so geschickt wie du. Und du bist doch keine. Du kannst es also ablehnen.«

»Aber Herrin!«

»Danke!«

In diesem Moment klopfte jemand heftig an die Zimmertür.

Domitia rief: »*Intra!* – Herein!«

Daniel trat ein. Er war ganz außer Atem, weil er sich so beeilt hatte.

»So dringend ist's nun wieder nicht!« Domitia lächelte über den Eifer des jungen Mannes. »Acilius hat dir doch für den Nachmittag freigegeben – oder?«

»*Ita 'st.*«

»Das heißt, ihr könnt euch Zeit nehmen.« Sie wandte sich an Esther: »Du weißt, welche Bänder ich meine?«

Daniel schaute die Schwester fragend an, aber Esther antwortete nur: »Ich weiß es.«

»Gut.«

Warum taten die beiden so geheimnisvoll? Neugierig wandte sich Daniel an Domitia: »Darf ich fragen, worum es geht, Herrin?«

Und Domitia: »Sag's ihm, Esther!«

»Es geht um Bänder.«
»Was für Bänder?«, fragte Daniel.
»Rote.«
»He...?«
Domitia, die sah, dass Daniel damit nichts anfangen konnte, klärte ihn auf: »Wahrscheinlich weißt du von Titus, dass er in Kürze – genauer: an seinem sechzehnten Geburtstag – die *Toga Virilis* anlegt.«
»Ich weiß es.« Es klang so, als ob er es schon seit Monaten wüsste.
»Fein. Und das wichtigste Kennzeichen dafür, dass jemand erwachsen geworden ist...«
»... ist der purpurrote Streifen am Saum des Gewandes ... der schmale!«, ergänzte Daniel. Damit gab er zu erkennen, dass er über den gesellschaftlichen Status der Familie genau unterrichtet war: Seit einem halben Jahr gehörte Marcus Acilius Rufus dem *ordo equester*, dem Ritterstand, an. Sichtbares Kennzeichen dafür war der schmale rote Streifen am Saum der Toga. Senatoren trugen einen breiten Streifen.
»Sehr gut!«, lobte Domitia übertrieben und lächelte. Zu Esther sagte sie: »Nimm nur die besten. Sag dem Arruntius Stella – falls er selbst da ist –, dass die Muster schon bald zurückgebracht werden. Und wie gesagt: Der Preis spielt keine Rolle.«
Sie gingen nach unten. Im Erdgeschoss kam Titus gerade vom Hof herein. Er warf einen langen Blick auf Esther, während er Daniel scheinbar nicht zur Kenntnis nahm. Er hatte sein Haar mit irgendeiner Pomade behandelt, es glänzte und die dunklen Locken standen nicht wie sonst nach allen Seiten ab.

»Wo geht ihr hin?«, fragte er – und wieder schaute er dabei nur Esther an.

Statt der beiden antwortete seine Mutter: »Sie müssen in die Stadt.«

»Kann ich mit?«

»Nein.«

»Warum nicht?«

»Du hast gleich Unterricht.«

»He...?« Er hatte ganz vergessen, dass heute der Hauslehrer kam. »Können wir den nicht verschieben?«

»Nein. Termine muss man einhalten. Wo kommen wir denn da hin!«

»Aber Mama...« Er suchte nach guten Gründen dagegen. »Daniel könnte mich doch unterrichten!«

»In Hebräisch meinetwegen, das ist seine Muttersprache. Aber nicht in Griechisch. Das muss ein Grieche machen!«

Titus schwieg. Er wusste aus langer Erfahrung, dass es zwecklos war, gegen einen Beschluss seiner Mutter zu rebellieren. Da biss man auf Granit.

Daniel hätte nicht genau sagen können, warum, aber er war froh darüber, dass Titus sie nicht begleiten würde.

Um diese Zeit – es ging gegen die neunte Stunde – war es im Argiletum noch ruhig. Selbst die halb verwilderten, großen gelben Hunde dösten im Schatten der Kolonnaden. Nur wenige Läden hatten wieder geöffnet und es waren kaum Einheimische unterwegs.

»Bitte, renn nicht so, Daniel! Wir haben genügend Zeit!«, maulte Esther.

»Entschuldige. Das ist die Gewohnheit.«

Er ging langsamer. Dabei dachte er über das nach, was er eben beobachtet hatte. Titus! Er legte neuerdings großen Wert darauf, dass seine Haare einen gepflegten Eindruck machten. Sogar seine Fingernägel hatte er geschnitten und sauber gefeilt. Und wie er Esther angestarrt hatte! Er, Daniel, schien überhaupt nicht anwesend zu sein! Dafür gab es nur eine Erklärung: Titus war verliebt. In seine Schwester. In Esther! Ausgerechnet Titus!

Daniel rief sich Szenen aus den vergangenen Monaten in Erinnerung. Wann hatte das eigentlich angefangen? Er konnte es nicht genau sagen. Er wusste nur: Irgendwann hatte Titus begonnen seine Haare mehr zu pflegen als früher. Was heißt *mehr zu pflegen*...? Früher war es ihm völlig gleichgültig gewesen, wie er aussah und welchen Eindruck er auf andere machte, so dass seine Mutter ihn anhalten musste besser auf sein Äußeres zu achten. Titus war auch nicht mehr der pummelige, dicke Junge, den Daniel kennen gelernt hatte, als er und Esther in das Haus und die Familie von Acilius Rufus gekommen waren. »Titus, halt dich gerade!« Daniel hatte den Satz noch deutlich im Ohr. Man konnte ihn fast stündlich hören. Aber er hatte ihn schon lange nicht mehr vernommen. Titus hielt sich aus eigenem Ansporn gerade. Früher pflegte er auch Anweisungen oder Wünsche seiner Mutter mit einem lässigen »wahrscheinlich...« zu quittieren. Das hatte Domitia immer wieder auf die Palme gebracht: »Wie oft soll ich dir sagen, dass du dieses idiotische Wort nicht mehr in den Mund nimmst!? Ich kann es nicht mehr hören!« – Worauf dann doch ein aufsässiges, leises »wahrscheinlich« gefolgt war, das die Mutter ausnahmsweise überhörte. Und jetzt? Titus benutzte es nicht mehr. Allenfalls bei Gesprächen mit ihm, Daniel. Aber dann klang es anders, wie unter Kumpanen. Titus war in die Länge geschossen. Die kindliche Stimme war verschwunden. Er sprach nun klangvoller, tiefer. Nur hin und wieder geriet noch ein Krächzer dazwischen. Er hatte den Stimmbruch hinter sich.

›Und ich?‹, dachte Daniel. Er war genauso groß wie Titus. Also war auch er im letzten Jahr in die Höhe geschossen. Er war sogar etwas größer als Esther. Und auf die korrekte Länge und den guten Sitz seiner Haare achtete er schon immer. Es war ihm wichtig, einen gepflegten Eindruck zu machen. Und die Stimme? Er meinte, dass sie jetzt durchaus tiefer und voller klang als vor einem Jahr. Aber das war schwierig zu beurteilen, da man seine eigene Stimme anders wahrnahm als die Menschen um einen herum.

»Du rennst ja schon wieder so!«, klagte Esther. »Daniel! Wir haben Zeit! Du hast doch gehört, was die Herrin sagte.«

Er brummte etwas wie »ja, ja«, schwieg aber und ging langsamer weiter.

Esther kannte das. Es gab Tage, an denen der Bruder kaum ansprechbar war. Dann war er mit irgendwelchen Problemen beschäftigt. Doch meist störte sie sich nicht daran, sondern verstand es, ihn mit schalkhaften Bemerkungen und Anspielungen zum Lachen zu bringen. Doch jetzt überließ sie ihn sich selbst. Hätte sie den Grund gekannt – nämlich dass er auf Titus eifersüchtig war –, sie hätte lauthals aufgelacht und sich über ihn lustig gemacht.

Sie nahmen den Weg übers Forum, das sich langsam mit Menschen füllte, bogen bei der Curia in den Clivus Argentarius ein und erreichten wenige Augenblicke später die Via Lata. Auch hier war es noch ruhiger als am Vormittag. So kamen sie zügig voran.

»Da vorne ist Magos Laden«, rief Esther. »Wir könnten doch einfach mal reingehen und nach Pilesar fragen.«

»Einfach so?«

»Aber Daniel! Wir sind keine Sklaven mehr und können tun und lassen, was wir wollen. Also komm!«

Sie nahm ihn übermütig bei der Hand und zog ihn zum Eingang. Drinnen war es angenehm kühl. Das Wasser des kleinen Springbrunnens, der im Atrium plätscherte, wirkte sehr beruhigend.

Sie waren die einzigen Kunden und brauchten nicht lange zu warten. Einer der Verkäufer trat aus dem Gang, der zum hinteren Teil des Ladens führte.

»Rede du!«, flüsterte Esther dem Bruder zu. Hatte sie doch schon oft beobachtet, dass es Daniel ein Leichtes war, Fremde zu beeindrucken.

Daniel ließ den Mann – wahrscheinlich ein Sklave wie alle Verkäufer hier – herankommen, räusperte sich kurz, verschränkte dann die Arme vor der Brust und begann: »Auf dem Schild da draußen wird ein gewisser Pilesar zum Kauf angeboten.«

»*Ita'st.*« Es war deutlich zu spüren, dass der Sklave sie musterte, um herauszufinden, mit wem er es zu tun hatte.

»So ist es«, wiederholte der Sklave und machte eine leichte Verbeugung. »Er stammt aus dem ehemaligen Besitz eines gewissen ...«

»Rutilius Rufus, ich weiß. Ich möchte ihn mir anschauen.«

»Selbstverständlich!« Also konnte der junge Mann lesen! Erneute Verbeugung. »Wenn der Herr und die Herrin mir bitte folgen würden.«

Während er vorausging, warf Esther Daniel einen viel sagenden Blick zu: Gut gemacht, Bruder! Ich bin eine Herrin!

Daniel grinste.

Der Verkäufer führte sie in den hinteren Teil des Ladens. Menschen verschiedenen Alters saßen in Gruppen am Boden und warteten darauf, von einem interessierten Käufer angesprochen zu werden. Daniel und Esther schauten in die Runde. Pilesar war nirgends zu sehen.

»Er ist nicht hier«, stellte Daniel kühl fest. »Wo ist er?«

»Oh, das ... Ich ... eh ... Er ist in einem anderen Raum.«

»Gut.« Daniel reckte sich. »Dann führ uns zu ihm!«

»Sehr wohl, Herr!«

Der Verkäufer öffnete eine seitliche Tür und ließ die beiden vortreten. Es handelte sich offensichtlich um die Krankenstation des Hauses, denn in diesem Raum standen vier primitive Etagenbetten. Drei von ihnen waren belegt. Die Luft war abgestanden und roch nach Schweiß. Die hölzernen Läden des kleinen vergitterten Fensters waren geschlossen. Zwei rußige Öllampen auf dem mittleren Tisch erhellten den Raum kaum.

»Hier sollte einmal gelüftet werden«, stellte Daniel fest und schüttelte ungehalten den Kopf.

»Sehr wohl!«

Der Verkäufer kletterte eilfertig auf einen Hocker und öffnete die Läden. Jetzt erst konnten Daniel und Esther die Gestalten erkennen, die auf den Bettgestellen lagen: Ein alter Mann mit geschlossenen Augen und weit geöffnetem Mund; ihm fehlten fast alle Schneidezähne. Er atmete kaum. Über ihm ein Mann mittleren Alters, der den Kopf zur Seite legte, um die Besucher besser sehen zu können. Er hatte Schweißperlen auf der Stirn. Auf dem zweiten Bett zwei junge Leute, beide mit geschlossenen Augen; Wangen und Stirn glühten, sie hatten hohes Fieber. Auf dem unteren Bett des dritten Gestells machten sie Pilesar aus. Sie erkannten ihn kaum wieder. Er schien nur noch aus Haut und Knochen zu bestehen. Seine Augen lagen tief in den Höhlen. Auch er hatte Schweiß auf der Stirn. Er war so schwach, dass es ihm Mühe machte, den Blick auf die Geschwister zu richten. In unregelmäßigen Abständen zuckte es um seine Augen. Daniel und Esther waren sich nicht sicher, ob er sie überhaupt erkannt hatte.

Doch er hob den Kopf und schaute herüber: »Daniel ... Esther ...« Er hauchte die Namen nur. »Woher wisst ihr ...«

Der Verkäufer blickte überrascht zwischen Pilesar und den beiden seltsamen Kunden hin und her.

Die Geschwister traten zum Bett und beugten sich über ihn.

»Wie lange bist du schon hier?«, fragte Daniel. Er hatte Hebräisch gesprochen, weil er sicher war, dass der

Verkäufer dann nicht verstand, worüber sie sprachen. Ein Blick zur Seite bestätigte seine Annahme.

»Wie lange ich hier...?« Pilesar wechselte ebenfalls ins Hebräische. Also schien er klar denken zu können. Er blickte von einem zum andern. »Ich... ich weiß es nicht. Vier Wochen? Acht Wochen? Ich kann es nicht sagen. Ich scheine einige Zeit nicht bei Bewusstsein gewesen zu sein.«

Sie mussten sich tief herunterbeugen, um ihn zu verstehen.

Pilesar flüsterte: »Ich will nicht sterben.«

»Das wirst du auch nicht«, versicherte Esther. Dabei musste sie sich zwingen ihm ermunternd zuzulächeln, denn sie glaubte selbst kaum, was sie sagte. »Du wirst sehen, in acht Tagen kannst du wieder wie ein Böckchen springen.«

»Dein Wort in Gottes Ohr!« Pilesar ließ sich zurückgleiten und starrte nach oben gegen den hölzernen Rost des Oberbetts. Daniel und Esther spürten deutlich, wie sehr ihn das Reden anstrengte.

»Wir kommen wieder und holen dich hier raus«, sagte Daniel plötzlich. Er war unvermittelt ins Lateinische gewechselt.

Der Verkäufer registrierte jedes Wort. Also waren die Herrschaften an dem Bibliothekar interessiert. Das musste er sofort seinem Herrn melden.

V

Draußen blieb Esther schon nach wenigen Schritten stehen und hielt den Bruder am Arm fest. »Bist du verrückt geworden?!«

»Wieso?«

»Na hör mal! Wie kannst du Pilesar versprechen, dass wir ihn freikaufen?! Wo willst du das Geld hernehmen? Das, was wir haben, reicht bestimmt nicht und es ist für unsere Rückkehr nach Jerusalem bestimmt!«

»Abwarten.«

»Abwarten? Was denn abwarten?«

»Ich werde Acilius schon dazu bringen...«

»Acilius? Wie denn?«

»Wart's ab!«

»Und wenn nicht?«

»Dann passiert gar nichts.«

»Ja, aber... du hast doch eben so getan, als ob...«

»Na und? Ist mir egal.«

»Mir aber nicht.«

»Unwichtig.«

Esther starrte ihn an, und was sie in seinem Gesicht las, bestärkte ihren Verdacht, dass der Bruder sich über irgendetwas sehr geärgert hatte, so sehr, dass er seinen Zorn an einem Dritten auslassen musste. Sie kannte ihn nur zu gut. In wenigen Augenblicken, so hoffte sie, würde er wieder der Alte sein.

Sie gingen schweigend weiter. Bis zum Laden des Lucius Arruntius Stella waren es nur wenige Schritte. Sein

Geschäft lag in einer Seitenstraße. Schon an der nächsten Ecke bogen sie von der Via Lata ab.

»Da vorne ist es!«, sagte Daniel. Esther verstand: Er wollte mit ihr nicht streiten.

Vor dem Eingang standen, wie in vielen Läden dieser Gegend, Hinweisschilder, die auf die verschiedenen Artikel hinwiesen, die es hier zu kaufen gab. Außerdem Ständer, an deren hölzernen Seitenarmen Bänder und Tücher in allen nur denkbaren Farben und Mustern dazu einluden, das Innere des Hauses zu betreten.

Esther blieb stehen und sah den Bruder mit strengem Blick an: »Daniel!«

»Hm.« Er kannte und fürchtete diesen Tonfall.

»Drinnen rede ich, klar?!«

»Sicher. Ist ja auch Frauensache.« Er grinste.

»Dann halte dich daran!«

»Was sonst...«

Sie betraten das Geschäft. Sofort fiel ihnen die Helligkeit des Raumes auf. Das Licht fiel aus dem großen rückwärtigen Fenster ein, das den Blick in den sich anschließenden Garten freigab. Anscheinend hatte Arruntius ein früheres Wohnhaus gekauft und es geschickt für seine gewerblichen Zwecke hergerichtet. Alle Wände waren mit makellos weißen Marmorplatten verkleidet, die das Licht reflektierten. An einigen Stellen standen Regale, gefüllt mit aufgerollten Stoffbahnen aus Wolle, Baumwolle, Leinen und Seide. Besonders die Seidentücher strahlten im hellen Tageslicht märchenhaft schön in den leuchtendsten Farben. Rechts und links, in einigem Abstand von den Wänden, große Verkaufstische, auf denen man die Stoffe ausbreiten konnte, um einem Kunden ihre Qualität vor Augen zu führen.

Sie mussten warten, bis sie an der Reihe waren. Ein Mann, der Arruntius Stella selbst sein konnte, bediente soeben eine überaus vornehm wirkende Domina. Ein zweiter, jüngerer Verkäufer stand daneben und reagierte auf jeden Wink seines Herrn mit übertriebener Diensteifrigkeit. Offenbar war er ein Sklave.

Die Geschwister hielten sich etwas abseits, dennoch wurden sie Zeuge des Gesprächs zwischen dem Geschäftsmann und seiner Kundin, weil beide recht laut miteinander redeten.

Eben öffnete der Sklave ein großes Musterbuch, strich die auf den Pergamentseiten aufgenähten bestickten Bänder glatt und verbeugte sich.

Arruntius – Daniel und Esther waren sich nun sicher, dass es der Geschäftsinhaber selbst war – wies auf die Muster und erklärte: »Ehrwürdige Mutter, wie du selbst sehen kannst, handelt es sich hier um eine Stickerei der allerfeinsten Art! Du dürftest in ganz Rom nichts Vergleichbares, schon gar nicht Besseres finden.«

Seine respektvolle Haltung, mehr noch die Form der Anrede, die er benutzte, machten Daniel und Esther immer neugieriger.

»Nun, mein lieber Arruntius Stella, darum komme ich ja zu dir.« Ihre Stimme in mittlerer Lage klang warm und selbstsicher.

Arruntius lächelte geschmeichelt. »Es ist eine große Ehre für mich und mein Haus, wenn Cornelia, die *Virgo Vestalis Maxima*, es nicht als unter ihrer hohen Würde betrachtet, hier persönlich zu erscheinen.«

Daniel und Esther sahen sich an, sie waren sprachlos vor Staunen: Virgo Vestalis Maxima? Dann handelte es sich bei der Frau um die Oberin der Vestalischen Jungfrauen des Vestatempels! Sie wussten von Pilesar einiges um die Bedeutung, den hohen Rang und das Ansehen dieser Frau. Über ihr gab es nur einen Menschen, dessen Wünsche sie zu respektieren, dessen Anordnungen oder Befehle sie strikt auszuführen hatte: den *Pontifex Maximus,* den obersten Priester der hohen Staatsgötter. Und das war Vespasian, der Kaiser! Keine zweite Frau in Rom konnte es mit der Vestalis Maxima an geheiligter Autorität und erhabener Hoheit aufnehmen.

»Lass die Schmeicheleien, Arruntius, denn dafür gibt es einen einfachen Grund. Du weißt sicher, dass nur die Vestalinnen selbst die Bänder auf den Vorhängen des Tempels aufbringen dürfen, ungeweihte Hände würden sie entwürdigen.«

»Natürlich, natürlich!«, pflichtete Arruntius eifrig bei – obwohl er offensichtlich soeben zum ersten Mal davon hörte.

»Und diese Bänder hier . . .« – die Vestalin fuhr langsam mit den Fingern über die Stickereien – »sie gefallen mir außerordentlich gut.«

»Danke, Ehrwürdige Mutter! Du machst mich glücklich!« Arruntius verbeugte sich tief.

»Ich möchte dieses . . . und dieses . . .« – sie zeigte auf die entsprechenden Stickereien – »und dieses Muster ausgeführt haben.«

»Selbstverständlich, Ehrwürdige Mutter! Und ich darf versichern, dass dich das Ergebnis überraschen wird.«

»Überraschen? Warum?« Sie wandte den Kopf zur Seite und schaute ihn an. Daniel und Esther sahen große, sehr dunkle Augen, eine hohe Stirn und eine wunderbar schmale, gerade Nase. Ihr Alter ließ sich schwer schätzen. Wahrscheinlich sah sie jünger aus, als sie tatsächlich war.

»Weil . . . Wenn du erlaubst?«

»Bitte! Sprich, Arruntius!«

»Nun, ich habe seit einiger Zeit eine neue Kraft, eine Sklavin aus allerbestem Hause. Sie beherrscht diese Technik besser als alle anderen Frauen, die ich je beschäftigt habe.«

»Hat sie auch diese Bänder gestickt?«

»Nein, Herrin. Darum wage ich zu behaupten, dass die neuen dich bei weitem noch mehr entzücken werden!«

»Hast du sie schon hier im Laden?«

»Leider nein, Ehrwürdige . . . Sie sind noch in Arbeit. Die Werkstatt befindet sich nicht hier im Hause, sondern an anderer Stelle.«

»Schade! Aber was soll's, ich werde ja die fertigen Produkte sehen. Wenn sie so gut sind wie diese Muster, bin ich zufrieden.«

»Sie werden besser sein, Ehrwürdige . . .! Viel besser! Feiner! Leuchtender!«

»Dann lasse ich mich gern überraschen, Arruntius.«

»Falls du dieses Musterbuch benötigst, um es zu Hause noch einmal in Ruhe zu studieren, lasse ich es auf der Stelle . . .«

»Danke, nein. Ich habe mir schon ein Bild gemacht.« Sie nannte die Zahl und Länge der Bänder. Der

Sklave notierte alles auf einer Wachstafel. Arruntius kontrollierte das Geschriebene und wiederholte noch einmal die Angaben. »Zur Sicherheit, Ehrwürdige Cornelia! Nur zur Sicherheit!«

»Es ist alles in Ordnung.«

Die Vestalin machte Anstalten zu gehen. Auf einen Wink seines Herrn sprang der Verkäufer mit drei Sätzen zur Tür, riss sie auf, verbeugte sich fast bis auf den Boden und wagte sich erst wieder zu erheben, als sie aus seinem Blickfeld verschwunden war.

Beim Hinausgehen hatte die Priesterin einen kurzen Blick auf die Zwillinge geworfen.

Arruntius wandte sich an den Sklaven: »Du weißt, wohin du zu gehen hast!«

»Sofort.«

»Du weißt auch, worum es geht.«

»Sicher.«

»Qualitätsstufe eins! Hast du verstanden?«

»Selbstverständlich, Herr. Qualitätsstufe eins!«

»Gut. Vorher schick den Dionysios in den Laden!« Er wies auf die Kundschaft. »Ich habe zu tun.«

Ohne Daniel und Esther eines Blickes zu würdigen verließ Arruntius den Verkaufsraum und ging über eine Treppe auf der linken Seite nach oben. Der Sklave verschwand im Gang, der nach hinten führte.

Die Geschwister waren allein und schauten sich neugierig um. Alles hier wirkte gediegen und teuer.

Nach einer Weile näherten sich Schritte. Sie drehten sich um. Das musste Dionysios sein. Er war erheblich älter als sein Herr, denn er ging gebeugt mit kleinen Schritten, als ob es ihm Mühe machte, einen Fuß vor den andern zu setzen. Als er den Verkaufstisch endlich erreichte, hielt er sich mit beiden Händen an der Kante fest wie an einem rettenden Balken.

»Die Herrschaften haben geläutet.« Er wies zur Schlagklingel auf der Tischplatte und mümmelte mit seinen schmalen Lippen. Offenbar hatte er kaum noch Zähne. Er mochte Ende fünfzig sein.

»Nein, wir haben nicht geläutet«, sagte Esther.

»Nicht? Aha. Das macht nichts, das macht... Nun bin ich ja hier.« Dabei blickte er nicht auf sie, sondern irgendwo ins Leere, so dass man meinen konnte, er spräche mit sich selbst. »Zu Diensten, Herrschaften, zu Diensten! Eure Wünsche! Was haben die Herrschaften für Wünsche?«

Man musste genau hinhören, um ihn überhaupt zu verstehen. Er sprach mit belegter, fast tonloser Stimme. Die Art und Weise, wie er redete, sich bewegte und formulierte, wirkte auf die Geschwister, als ob er aus einer anderen, längst vergangenen Zeit stammte.

Esther erklärte ihm, worum es ging, und zeigte auf das Musterbuch. »Ich würde es gern mitnehmen.«

»Mitnehmen, aha. Nun, das kann man gewiss nicht ablehnen. Man muss zu Hause in Ruhe... ungestört... Dem steht durchaus nichts... Das kann man nicht... Aber du musst es wieder zurückbringen!«

»Natürlich.«

»Gut, gut. Nimm es mit, Herrin. Nimm es mit. Dann kannst du zu Hause in aller Ruhe darin...«

Er klappte das Buch zu, verbeugte sich leicht und reichte es ihr. »Und zurückbringen, Herrin! Zurückbringen!«

»Selbstverständlich.«

Dionysios begleitete die Geschwister zur Tür. Erneute Verbeugung. Danach trippelte er in den Laden zurück.

VI

Als sie draußen waren, meinte Esther: »Armer Kerl!«

»Wieso?« Daniel machte einem Mann mit zwei riesigen Hunden Platz. »Er scheint nicht unglücklich zu sein. Wir werden alle mal alt und gebrechlich.«

»Wenn du meinst.«

»Ich meine es! Und du wirst es vor mir!« Er grinste.

»Was?«

»Alt und gebrechlich.«

Das war eine neue ironische Anspielung darauf, dass Esther eine halbe Stunde älter war als er. Doch diesmal verzichtete Esther auf eine Entgegnung, denn ihre Gedanken beschäftigten sich mit der Vestalin Cornelia.

Unvermittelt fragte sie: »Wie alt schätzt du sie?«

»Wen?«

»Die Vestalin.«

»Hm. Schwer zu sagen. Mitte bis Ende dreißig.«

»Könnte sein. Aber vielleicht ist sie älter. Sie trat sehr vornehm auf!«

»Ihr gutes Recht. – Pass auf!«

Daniel riss die Schwester am Arm zurück. Zwei Bauarbeiter trugen einen schweren Vierkantbalken quer über den Bürgersteig in die Baustelle der zukünftigen Tierhandlung.

»Hier eröffnet Bocchus Maurus demnächst einen neuen Laden!«, erklärte Daniel.

»Wirklich? Dann ist er wohlhabender, als ich dachte.«

»Er ist es. Aber er zeigt es nicht.«

»Sehr sympathisch.«

Ohne Hast machten sie sich auf den Heimweg. Daniel schätzte, dass die elfte Stunde gerade begonnen hatte. Immer wieder mussten sie eiligen Boten, Lastenträgern, Karren oder Gruppen von Fremden ausweichen, der Trubel in der Via Lata war jetzt noch größer als am Morgen. Sogar die Zahl der Bettler hatte zugenommen.

In einer der zahlreichen Bäckereien kaufte Daniel zwei Stück Honigkuchen. Sie waren noch warm und die beiden ließen es sich schmecken, während sie gemächlich weitergingen. Daniel wischte sich die Krümel vom Mund und sagte unvermittelt: »Weißt du noch, Mutter konnte auch gut sticken.«

Esther blieb stehen. »Seltsam. Auch ich habe gerade daran gedacht. Erinnerst du dich noch an den kostbaren Kissenbezug? An ihm hat sie über ein Jahr gearbeitet.«

Daniel nickte und schluckte den Rest des Kuchens herunter. »Ist ein bisschen trocken – oder?«

»Es geht. Schmeckt aber köstlich.«

»Kannst du auch so was backen?«

»Noch nicht. Aber Martha! Sie muss mir das Rezept verraten. Dann probier ich's selbst aus.«

Sie bummelten weiter und genossen die Freiheit, sich

ohne Aufsicht und Zeitdruck in der Stadt bewegen zu können.

Als sie eine halbe Stunde später das Haus betraten, eilte Esther sogleich zu Domitia und zeigte ihr das Musterbuch.

»Sehr schön, wirklich.« Domitia fuhr mit der Hand über die Stickereien auf den Bändern und nickte beifällig. »Und er hat gesagt, die neuen Bänder seien noch schöner?«

»Nicht zu mir, sondern zu Cornelia.«

»Cornelia?« Domitia sah Esther fragend an.

Esther berichtete mit wenigen Worten und Domitia fragte erstaunt: »Und die Vestalin ist wirklich allein, ich meine, sie ist ohne Begleitung gekommen?«

Esther nickte lebhaft.

»Erstaunlich.«

Dann wollte die Herrin wissen, was Esther und der Bruder sonst noch in der Stadt erlebt hätten.

Nach einem kurzen Blick zu Daniel erklärte Esther: »Wir haben Pilesar entdeckt.«

»Pilesar? Entdeckt?« Domitia sah das Mädchen an. Sie wusste genau, um wen es sich handelte. Beim großen Prozess vor einem Jahr hatte sie unter den Zuschauern gesessen und sich keinen Gerichtstag entgehen lassen. »War er denn verschwunden?«

»So kann man sagen. Mago hat ihn in seinem neuesten Angebot.«

»Als Sklave?«

»Als Sklave.«

»Seltsam, ich dachte immer, er sei ein freier Mann.«

»Kein Wunder, Herrin. Er trat auch immer so auf.«

»Was soll er denn kosten?«

Dachte sie etwa daran, Pilesar zu kaufen? Esther war bei Domitia immer darauf gefasst, dass sie in einer Sache anders entschied, als man es erwartete.

»Das weiß ich nicht«, sagte sie. »Im Übrigen geht es ihm schlecht. Er ist krank.«

»Ach! Habt ihr mit ihm gesprochen?«

Ohne zu zögern erklärte Esther: »Nur kurz. Er hat Fieber. Und er ist sehr mager geworden.«

»Armer Kerl.«

Weiter sagte sie nichts, doch Esther hatte deutlich das Gefühl, dass Domitia daran interessiert sein könnte, den intelligenten, wohlerzogenen Mann zu erwerben.

Ohne weitere Fragen wandte sich Domitia den Mustern zu und strich sanft über die feine Arbeit. Als sie unerwartet seufzte, meinte Esther mitfühlend: »Du wirst lange beschäftigt sein, Herrin, die Bänder aufzunähen.«

»Sicher. Aber der Stoff ist wunderbar. Komm mit, ich zeig ihn dir.«

Sie gingen in Domitias Arbeitszimmer. Die Herrin holte die Stoffbahnen aus der großen Truhe, breitete sie auf dem Tisch aus und hielt die Muster eine Handbreit neben einen Saum. »Das wird wunderschön«, sagte sie. Ihre Stimme klang weich.

Sie hielt einen Moment inne, seufzte erneut und sagte leise: »Wenn nur meine Augen besser wären . . .«

Als Esther erwähnte, dass Arruntius noch schönere in Arbeit habe, rief Domitia spontan: »Wirklich?«

»*Ita'st*. Aber . . .«

»Ja . . . ?«

»Sie werden bestimmt noch teurer als diese hier sein, Herrin!«

Esther sagte das, weil sie wusste, wie sparsam Domitia sonst bei allen Ausgaben für den Haushalt war.

Doch Domitia rief unbeeindruckt: »Die möchte ich sehen! Gleich morgen! Er muss doch auch davon Muster haben! Titus wird nur einmal in seinem Leben sechzehn! Für meinen Sohn ist das Beste gut genug.«

Esther lächelte über den mütterlichen Stolz, der aus Domitias Worten sprach, aber es stand ihr nicht zu, diesen zu kommentieren. Sie schwieg und dachte daran, wie wichtig sie selbst und Daniel ihren Eltern gewesen waren – als sie noch eine Familie waren.

Schon früh am nächsten Morgen machte sich Domitia gemeinsam mit Esther auf den Weg zu Arruntius. Tatsächlich hatte der Händler nicht nur ein Musterbuch mit Proben der neuen Bänder bereitliegen, sondern auch die entsprechenden Rollen im Laden vorrätig. Die Stücke gefielen Domitia ausnehmend gut und sie entschied sich für die teuersten. Außerdem erwarb sie noch mehrere Rollen feinen Garns in der Farbe der Bänder. Als resolute, erfahrene Geschäftsfrau handelte sie den Preis hartnäckig um ein Viertel herunter.

Arruntius bot ihr an, die Ware im Laufe des Tages durch einen Sklaven nach Hause bringen zu lassen, doch sie lehnte dies freundlich ab. Konnte sie es doch kaum erwarten, die leuchtenden Farbbänder möglichst bald auf der neuen Toga ihres Sohnes Titus anzubringen. Also nahm sie die Rollen gleich mit.

Unter zahlreichen Verbeugungen geleitete der Händler sie zum Ausgang. Er hatte ein gutes Geschäft gemacht.

Domitia eilte sofort ins Arbeitszimmer neben der Küche, holte die Stoffbahnen aus der Truhe und breitete sie auf dem Arbeitstisch aus.

Sie rollte ein, zwei Ellen des purpurroten Bandes ab und hielt den Streifen eine Handbreit neben den Saum.

»Na, was sagst du?«

»Wunderbar! Wie das Rot leuchtet!«

»So sollte es sein.« Domitia war selbst ganz hingerissen. Sie hatte ein mädchenhaftes Lächeln im Gesicht.

Dann wurde sie plötzlich wieder ernst: »Esther, würdest du dir zutrauen die Bänder aufzunähen? Du weißt ja, meine Augen...«

»Aber Herrin! Ich... eh...« Esther war so überrascht, dass sie errötete. Einen solchen Vertrauensbeweis hatte sie nicht erwartet. Sicher, die nachlassende Sehschärfe ihrer Augen mochten bei Domitia eine Rolle spielen, doch dann hätte sie diese Arbeit auch an eine berufsmäßige Näherin außer Hauses vergeben können. ›Aber sie traut es mir zu!‹, dachte Esther. Zugleich hatte sie Skrupel, sie könnte den hohen Ansprüchen Domitias nicht gerecht werden.

Doch die Herrin sagte nur: »Fein.«

Dann zeigte sie ihr, in welchem Abstand zum Saum das jeweilige Band anzubringen war und dass möglichst kleine Stiche gesetzt werden müssten. »Man darf die Fäden kaum sehen. Traust du dir das zu?«

»Ich glaub schon.«

»Dann versuch's gleich mal! Hier, auf diesem Reststück!«

Esther nahm hinter dem Tisch Platz und fädelte das Nähgarn ein. Domitia schnitt ein kurzes Stück Band mit einer Schere ab. Esther machte sich an die Arbeit. Aufmerksam verfolgte Domitia die flinken Bewegungen ihrer Hände und lobte: »Besser hätte ich es früher auch nicht gemacht. Du hattest eine gute Lehrmeisterin!«

»Ja, Mutter war, was das Handarbeiten angeht, eine wahre Künstlerin.«

Domitia ließ sie innehalten, lobte noch einmal und erklärte, sie könne nun mit dem Applizieren des Bandes auf der Toga selbst beginnen. Domitia war sehr zufrieden mit dem Ergebnis.

»Ich will dich nicht weiter stören, Kind«, meinte sie. »Allein kann man besser arbeiten. Wenn du mich brauchst: Ich bin oben.«

Sie verließ den Raum.

Esther konzentrierte sich ganz auf ihre Arbeit und nähte so exakt, wie sie nur konnte. Immer wieder begutachtete sie kritisch ihr Werk. Sie war sehr zufrieden. Leuchtend hob sich das Purpurrot des Bandes von der weißen Wolle der Toga ab. Es sah ungemein vornehm aus. Immerhin hatte das Band allein ein Zigfaches der Toga gekostet. Tausende von Purpurschnecken waren nötig, um eine geringe Menge des roten Farbstoffs herzustellen.

Sie wickelte das Band weiter von der Rolle ab und hielt es an den Rand des Stoffs. Mit Hilfe eines Stücks Papyrus, das sie als Schablone benutzte, gelang es ihr, den Abstand vom Saum genau einzuhalten. Sie befestigte das Band in regelmäßigem Abstand mit Nadeln und setzte die nächsten Stiche. Der Wollstoff war weich und setzte der Nadel keinen großen Widerstand entgegen; so brauchte sie den Fingerhut nicht aufzusetzen. Sie nähte ohnehin lieber ohne ihn, weil sie dann ein besseres Gefühl in den Fingerspitzen hatte.

So arbeitete sie wohl eine Viertelstunde, als sie bemerkte, dass die gestickten roten Fäden nicht überall gleichmäßig auf dem Band aufgebracht worden waren. Es fiel ihr auf, weil das Licht nicht gleichmäßig gespiegelt wurde. Sollte sie Domitia Bescheid geben, dass die teuren Bänder fehlerhaft waren? Sie zögerte, doch die Unregelmäßigkeiten fanden sich zum Glück nur auf einem kleinen Abschnitt. Niemand würde sie bemerken, wenn die Toga getragen wurde. Also nähte sie weiter, prüfte mehrmals den korrekten Sitz des Bandes mit der Schablone – und war mit dem Ergebnis zufrieden.

Sie hatte schon zwei Ellen exakt aufgenäht und wickelte eine weitere von der Rolle. Als sie dieses Stück mit den Nadeln provisorisch befestigte, stutzte sie erneut: Sie beugte sich über das Band, doch das Licht war hier, an der hinteren Wand, zu schwach. Sie packte die Stoffbahnen, ging damit zum Fenster und betrachtete das Band sehr genau. Da waren doch ... Kein Zweifel, da waren Schriftzeichen! Sie hielt den Stoff in einem anderen Winkel zum Licht, damit die Fäden etwas Schatten warfen, und ließ den Blick hin und her wandern. Das waren hebräische Schriftzeichen! Sie waren zwar in der gleichen Farbe wie das übrige Band gestickt, hoben sich aber, weil die Fäden um neunzig Grad gedreht waren, erkennbar von den übrigen ab. Sie suchte die Stelle, wo die Schrift einsetzte, und las: »Herr, beschütze Daniel und Esther!«

Das Blut schoss ihr in den Kopf, ihre Hände begannen zu zittern. »Das kann . . .«, murmelte sie, »das kann doch nur Mutter auf das Band gestickt haben!« Ihr fiel ein, was Arruntius zur Vestalin Cornelia gesagt hatte: Er habe seit einem halben Jahr eine neue Stickerin, eine Frau aus bestem Hause . . . Ihre Mutter Lea war eine Meisterin im Sticken! Und sie war aus bestem Hause, aus jüdischem Hochadel!

Esthers Gedanken überschlugen sich: Dann war Lea in der Stadt, irgendwo, aber doch jederzeit erreichbar! Vielleicht kam sie sogar in den Laden, um die Wünsche wichtiger Kunden persönlich entgegenzunehmen. Unsinn! Arruntius hatte Cornelia deutlich gesagt, dass die Werkstatt nicht im Geschäft sei. Daraus konnte man ableiten, dass Lea überhaupt nie in den Laden kam.

Aber wo war sie? Esther blickte aus dem Fenster, nahm aber nicht wahr, was sich auf dem Hof abspielte. Sie sah die verschiedensten Häuser vor sich, in Rom, auch außerhalb der Mauer, vielleicht war sie in einiger Entfernung von der Stadt untergebracht, vielleicht auf dem Lande, auf einem Gutshof oder in einer dieser kleinen Landstädte östlich von Rom.

Esther legte die Toga mit dem Band zurück auf die Tischplatte. Sie war viel zu aufgeregt, um weiterarbeiten zu können. Sie musste zu Daniel ins Kontor und dem Bruder die unerhörte Neuigkeit mitteilen: Unsere Mutter lebt! Lea ist in Rom! Sie arbeitet für Arruntius!

Doch sie zögerte. Von drüben waren Stimmen zu hören, Männerstimmen, die sie nicht kannte. Wahrscheinlich wichtige Kunden, die mit dem Bruder einen größeren Auftrag zu besprechen hatten. Das konnte dauern. Sie musste bis zum Abend warten.

Also nahm sie wieder am Tisch Platz und widmete sich ihrer Arbeit, das heißt, sie versuchte es, doch war sie nicht bei der Sache. Immer wieder ließ sie das Band durch die Finger gleiten und las die Botschaft, die Lea darauf gestickt hatte.

VII

Als Domitia am frühen Abend hereinschaute, war sie dennoch sehr zufrieden mit der Arbeit.

»Du solltest jetzt aufhören, Esther, sonst schadest du deinen Augen. Heute wirst du ohnehin nicht fertig. Du siehst ganz blass aus. Ist alles in Ordnung?«

Esther nickte nur, dann stand sie wortlos auf und reckte sich.

»Ich möchte«, fuhr die Herrin fort, »dass du morgen früh noch einmal zu Arruntius gehst.«

Esther merkte auf und fragte: »Allein?«

»Ja. Daniel hat wohl zu tun. Außerdem kennst du jetzt den Laden und seinen Besitzer.«

»Haben wir denn etwas vergessen?«

»Nein, nein, ich möchte noch einige dieser wunderschönen Bänder haben, freilich in anderen Farben, in Grün-, Gelb- und Blautönen. Vielleicht hat er sogar mehrfarbige.«

»Aber doch nicht für die Toga!«, entfuhr es Esther.
»Natürlich nicht.« Domitia lachte auf. »Eine Toga Virilis mit grünem Band?! Gute Göttin, das hat es noch nie gegeben! – Nein, ich ... ich möchte damit einige neue Kissenbezüge verschönern.«
»Kissenbezüge?«
»Ja. Ich zeig sie dir morgen früh. Für Titus' Fest soll alles glänzen. Man bekommt schließlich nur einmal im Leben die Toga Virilis verliehen, nicht wahr?« Aus Domitia sprach ganz die stolze Mutter. »Aber nun mach Schluss! Du musst doch auch Hunger haben.«

Es klopfte an der Tür. Esther rief »*Intra!*«, Martha kam herein, um einen Blick auf das Werk zu werfen. Esther beobachtete sie dabei genau: Würde Martha die eingestickten Schriftzeichen bemerken? Einen kurzen Augenblick meinte sie, Martha habe gestutzt. Aber sie konnte nicht lesen! Oder doch? Hatte sie die Schriftzeichen bemerkt und sie als hebräische Schrift erkannt? Doch Martha gab sich wie immer. Sie war ganz hingerissen von der weißen Toga und dem applizierten Schmuckband.

Domitia machte dem ein Ende und schickte beide in die Küche, damit Esther endlich etwas zu sich nehmen konnte. Sie selbst ging wieder nach oben.

»Da hast du eine gute Arbeit verrichtet, Kind, wirklich!«, sagte Martha. »Man sieht kaum die Einstiche der Fäden. Da muss die Herrin aber sehr zufrieden sein – oder?«

»Ja, das glaube ich auch.«

Obwohl es sich doch um ein weiteres Lob handelte, reagierte Esther nicht so, wie Martha es erwartet hatte.

Sie sah Esther ernst aus großen Augen an, dann schloss sie die Tür und fragte leise: »Hast du es auch bemerkt?«
»Was?«, fragte Esther, um Martha zu provozieren.
»Die Schriftzeichen! Auf dem Band!«
Also doch!
Esther fragte zurück: »Ich denke, du kannst weder lesen noch schreiben!«
»Das ist richtig. Aber ich kann sehr wohl die Zeichen unserer Sprache erkennen, wenn ich auch nicht weiß, was sie bedeuten. Und das sind hebräische Zeichen. Ich habe doch Recht – oder?«
»Ja, du hast Recht.«
»Eigenartig...« Martha schüttelte verwirrt den Kopf. »Wie um alles in der Welt kommen diese Zeichen auf das Band? Und was bedeuten sie?«
»Das kann ich dir sagen.«
Esther holte tief Luft und versuchte ein Schluchzen zu unterdrücken. Martha blickte sie überrascht an und nahm sie fürsorglich in den Arm. »Was ist denn nur mit dir? Du bist ja ganz durcheinander.«
»Dort steht«, brach es aus Esther heraus, »Herr, beschütze Daniel und Esther!«
»Aber Kind!«, rief Martha. »Weißt du, was das bedeutet?«
»Sicher. Unsere Mutter lebt! Nur sie kann das geschrieben haben!«
Esther fuhr sich über die Augen, die feucht geworden waren. Ihre Wangen hatten sich gerötet, sogar ihre Hände zitterten.
Martha aber rezitierte aus einem Psalm Davids: »Muss ich auch wandern in finsterer Schlucht, ich

fürchte kein Unheil; denn du bist bei mir, dein Stock und dein Stab geben mir Zuversicht.* Amen!«

»Amen!«, wiederholte Esther.

»Weiß Daniel schon davon?«

»Nein. Ich will gleich zu ihm. Wenn die Kunden weg sind.«

»Sie sind eben gegangen. Geh nur zu ihm.«

Esther eilte aus dem Raum, durch den Flur und betrat ohne anzuklopfen Daniels Arbeitszimmer. Er war allein.

»Was Wichtiges?«, fragte er ohne von seiner Schreibarbeit aufzuschauen. Das klang so wie »Ich will jetzt auf keinen Fall gestört werden!«.

»Allerdings!« In Esthers Gesicht war ein Strahlen, wie er es lange nicht mehr gesehen hatte.

»Dann schieß los!«, sagte er sachlich. »Aber ich habe nicht viel Zeit. Das da . . .« – er wies auf die Blätter auf der Tischplatte – »ist dazwischengekommen.«

Esther baute sich vor dem Tisch auf und erklärte: »Unsere Mutter . . .«

»Was ist mit ihr?«

»Sie lebt!«

»Sicher.« Er nickte ohne aufzublicken. »Davon gehen wir beide doch aus . . . Oder hast du etwa einen Beleg dafür?«

»Genau!«

»Was denn?« Er blickte zu ihr auf.

»Komm mit, ich zeig ihn dir.« Sie zog Daniel ungeduldig hinter sich her in ihr Arbeitszimmer. Martha

---

* Aus Psalm 23

wartete bereits auf sie. Daniel blickte erstaunt von einer zur anderen. »Was ist denn nur los?«

»Hier!« Esther wies auf das Band.

Daniel beugte sich herunter und folgte mit den Augen Esthers Finger, der an den Schriftzeichen entlangwanderte. Plötzlich fuhr er in die Höhe und starrte abwechselnd auf Esther und Martha: »Das ist doch nicht möglich! Das kann doch nicht...« Der freudige Schreck verschlug ihm die Sprache, er musste mehrmals schlucken, ehe er ganz begriff, was die Botschaft bedeutete.

»Mein Gott! Esther, Martha! Dann muss Mutter doch in der Stadt sein!«

»Nicht unbedingt«, bremste Martha seinen Überschwang. »Sie kann auch außerhalb Roms sein, nicht wahr, Esther?«

»Bitte?« Esther war mit ihren Gedanken schon weiter und sagte mechanisch: »Ja, das ist möglich.«

Und sie dachte: ›Das müssen wir herausfinden. Wie, weiß ich nicht. Aber ich... ich bin doch morgen früh wieder in Arruntius' Laden... Domitia braucht noch weitere Bänder in anderen Farben. Vielleicht erfahre ich dann etwas über...‹

Und laut: »Ich muss morgen früh noch einmal zu Arruntius. Vielleicht kann ich dabei etwas herausfinden.«

»Schade, ich kann nicht mit.« Daniel machte ein langes Gesicht. »Die Arbeit... Wie soll ich das dem Chef erklären?!«

Esther überlegte: »Dann kann doch...« *Titus mitkommen* – wollte sie sagen, doch im letzten Moment brach sie ab, um die Eifersucht des Bruders nicht weiter zu schüren.

»Was kann doch?«, fragte dieser prompt und seine Augen verengten sich.

»Ach, nichts. Ich gehe allein. Den Weg kenne ich.«

Daniel darauf: »Dann nimm wenigstens einen der Hunde mit! Nimm Castor! Für alle Fälle! Er lässt niemanden an dich heran!«

»Ja, mach ich.«

Die Tür ging auf. Domitia kam herein. »Na, gefällt es dir?« Die Frage ging an Daniel.

»Sehr gut.« Er nickte, fügte aber nichts hinzu, so dass Domitia dachte: ›Seltsam, sonst ist er gesprächiger.‹

Esther wandte sich an die Herrin: »Vielleicht ist es besser, wenn ich morgen früh Castor mit in die Stadt nehme.«

Und Domitia: »Ich habe nichts dagegen einzuwenden. Titus ist nämlich auch verhindert. Im Übrigen tut der Auslauf dem Hund gut.«

Esther nickte. Es war ihr nicht entgangen, dass Domitias Bemerkung über Titus von Daniel sehr erfreut zur Kenntnis genommen wurde.

VIII

Schon zu Beginn der zweiten Stunde machte sich Esther auf den Weg. Neben ihr trabte Castor an der kurzen Leine. Wie sein älterer Bruder Pollux war Castor als Molosser ein Angehöriger jener Rasse, die jeden Passanten schon beim bloßen Anblick das Fürchten lehrte. Molosser, ursprünglich als Kampfhunde für die Jagd auf Bären, Wildschweine und Löwen gezüchtet, galten als aggressiv, unglaublich mutig und stark; was sie einmal zwischen den Zähnen hatten, ließen sie nicht mehr los. Doch gegenüber Esther war Castor zahm, ja gutmütig wie ein Lämmchen und gehorchte ihr aufs Wort.

Das hing mit einem Ereignis vor fast einem Jahr zusammen. Damals war der Rüde während eines Aufenthalts in den Albaner Bergen in einen Dorn getreten, der ihm große Schmerzen bereitete, so dass er sich nur noch humpelnd fortbewegen konnte. Man sah ihm an, wie er litt. Acilius wollte aber erst am folgenden Tag in Rom seinen Arzt danach schauen lassen. Das ging Esther gegen den Strich. Sie konnte das Tier nicht leiden sehen. Da sie ihm schon des Öfteren Fleisch- und Wurstreste aus der Küche zugesteckt hatte, besaß sie sein Vertrauen. Also wartete sie einen Augenblick ab, in dem sie allein mit ihm war. Dann redete sie Castor beruhigend zu, streichelte und kraulte ihn und tastete vorsichtig seine rechte Vorderpfote ab. Der Dorn war ziemlich groß, was für die Behandlung den Vorteil hatte, ihn am herausragenden dickeren Ende gut mit Daumen und Mittelfinger greifen zu können. Der Hund, der spürte, dass Esther ihm helfen wollte, hielt bei der Prozedur still. Mit einem Ruck zog Esther den Dorn heraus, ohne dass er splitterte. Castor zuckte nur einmal kurz zusammen. Dann leckte er vorsichtig seine Pfote – und anschließend über Esthers Gesicht.

Von diesem Augenblick an waren sie die besten

Freunde. Kam Esther morgens auf den Hof, wurde sie jedes Mal ausgelassen von Castor begrüßt, der um sie herumsprang, als ob er sie vier Wochen lang nicht gesehen hätte.

Alle Passanten machten einen großen Bogen um die beiden. Sogar die Straßenjungen wahrten einen sicheren Abstand. So kam Esther zügig voran und erreichte schnell die Via Lata.

Vor Arruntius' Geschäft band sie Castor an einen eisernen Ring neben dem Eingang und betrat den Laden. Sie war die einzige Kundin. Nach einer Weile näherte sich das bekannte Geräusch der kleinen, schlurfenden Schritte. Dionysios schob den Vorhang zur Seite und trippelte auf die Theke zu. Wie beim letzten Mal mümmelte er mit seinen Lippen und redete die Kundin an ohne sie anzublicken: »Die Herrin hat geläutet ... Zu Diensten, Herrin!«

Er erreichte die rettende Theke und hielt sich mit beiden Händen an der Kante fest. Esther verzichtete darauf, klarzustellen, dass sie nicht geläutet habe; es gehörte offenbar zu seinem Höflichkeitskanon, dass er davon ausging, ein Kunde habe geläutet, wenn niemand vom Personal im Verkaufsraum war.

Esther erinnerte ihn an ihren gestrigen Besuch.

»Oh, ich weiß, Herrin, ich weiß ... Es ging um diese herrlichen purpurroten ... für eine Toga, nicht wahr?«

»*Ita'st*. Aber wir benötigen Muster für weitere Bänder.«

»Aha, weitere ... Gehe ich dabei vielleicht recht in der Annahme, dass die gestrigen euch nicht gefallen haben? Das würde ich sehr bedauern.«

»Sie haben sehr gut gefallen. Die neuen sollen auf Kissen angebracht werden.«

»Aha, auf Kissen.«

»Wir brauchen dafür Bänder in anderen Farben.«

»Kein Problem, Herrin. Kein...«

»Das habe ich schon gedacht.«

Dionysios liebte es offenbar, die einfachsten Vorgänge kompliziert darzustellen, doch diese Umständlichkeit war Esther lieber als die hastige Eilfertigkeit, mit der Verkäufer in anderen Geschäften ihre Kunden bedienten. Sie fügte hinzu: »Hier ist das Musterbuch. Wir brauchen es nicht mehr.«

»Danke, Herrin!« Dionysios nahm es mit einer Verbeugung entgegen und fuhr mit seiner tonlosen Stimme fort: »Fein, Herrin, danke! Du sagst, du brauchst nun auch noch andere, aha... nun, ich werde sie dir gerne... wo haben wir sie denn... ah, hier... in anderen Farben, sagst du... oh, wir haben durchaus ganz neue Farben, ja, mit einer ungemein strahlenden Leuchtkraft! Schau sie dir nur an, Herrin! In ganz Rom wirst du nichts Schöneres... nein!«

Er öffnete umständlich einen in Leder gefassten Codex und blätterte behutsam Seite für Seite um.

»Stammen diese Bänder«, fragte Esther, »von der gleichen Stickerin wie die gestrigen?« Sie bemühte sich ihrer Stimme einen ruhigen Tonfall zu geben.

»Wie? So ist es, von der gleichen. Sind sie nicht unübertrefflich?«

»Da hast du Recht. Uns interessieren vor allem die grünen, blauen und gelben.«

»Fein, Herrin. Aber leider habe ich sie nicht vorrätig.

Es könnte noch einige Tage dauern, bis sie im Laden sind.«

»Das macht nichts.«

»Danke!«

Während Esther sich in Ruhe einige Varianten mit gemischten Farben anschaute, betrat eine ganz in Weiß gekleidete Dame den Laden. Esther erkannte sie sofort: die Vestalis Maxima Cornelia! Auch Dionysios hatte sie bemerkt, er machte eine tiefe Verbeugung und bat die »Ehrwürdige Mutter« um Verzeihung, dass im Augenblick außer ihm niemand vom Personal im Hause sei. »Ich werde aber umgehend veranlassen, dass jemand...«

»Du kannst die Ehrwürdige Mutter bedienen, Dionysios«, unterbrach ihn Esther. »Ich habe schon, was ich brauche.«

»Sehr wohl, Herrin!« Verbeugung. »Zu Diensten, Herrin!« Er war ganz aufgeregt.

Cornelia warf einen kurzen Blick auf Esther und sagte sehr freundlich: »Ich möchte mich nicht vordrängen.« Das selbstsichere Auftreten des Mädchens war ihr nicht entgangen.

Esther legte die Bandmuster wieder glatt nebeneinander, schloss den Codex und machte sich daran, die Riemen der Verschnürung zu verknoten. Dabei ließ sie sich Zeit, denn sie wollte erfahren, was Cornelia veranlasste erneut den Laden zu betreten. Etwa eine Beschwerde? War sie mit den Bändern nicht zufrieden?

»Dionysios, würdest du bitte einmal einen Blick auf dieses Band werfen?«

Esther stockte der Atem.

Cornelia legte ein abgeschnittenes Stück des Bandes auf die Tischplatte. Dionysios beugte sich darüber und ging mit dem Zeigefinger die Stickerei entlang. Er wiederholte die Suche, konnte aber keine Besonderheit entdecken.

»Schau bitte genau hin!«, mahnte Cornelia. »Fällt dir wirklich nichts auf?«

»Nein, Ehrwürdige... Es fällt mir nichts... Müsste mir denn etwas auffallen?«

»Aber sicher. Hier! Diese seltsamen Zeichen! Du musst genau hinschauen. Kannst du sie erkennen?«

Esther fuhr der Schreck in die Glieder! Meinte Cornelia am Ende die gleichen hebräischen Schriftzeichen, die auch ihr gestern beim Anbringen des roten Bandes ins Auge gesprungen waren?

»Ich sehe...« – Dionysios beugte sich ganz herunter – »Ich sehe nur, wie soll ich sagen, Herrin – da sind in der Tat einige seltsame Zeichen, ja.«

»Weißt du, was sie bedeuten?«

»Es tut mir Leid, Ehrwürdige... Ich... eh... ich habe dafür keine Erklärung, nein. Ich habe solches noch nie zu Gesicht bekommen.«

Cornelia ließ nicht locker: »Könnten das Schriftzeichen sein?«

»Schriftzeichen? Aha, Schriftzeichen. Nein, das glaube ich kaum, Herrin. Was sollten denn auf diesem Band Schriftzeichen, nicht wahr? Ich halte das eher für... für besonders raffinierte Stickmuster.«

»Wozu das?«

»Wahrscheinlich sollen sie das Tageslicht besser reflektieren.«

»Ist das dein Ernst?«

»Durchaus, Ehrwürdige, durchaus. Falls sie dich stören, werde ich natürlich veranlassen, dass . . .«

»Nein, nein, sie stören überhaupt nicht. Ich wollte nur wissen, ob sie etwas zu bedeuten haben.«

Atemlos hatte Esther gelauscht. Nur zu gern hätte sie noch länger zugehört, doch sie hatte keinen Grund mehr, länger im Laden zu sein. Und draußen bellte Castor wie verrückt. Offenbar war ihm jemand zu nahe gekommen. Esther packte den Codex in ihre Umhängetasche, grüßte freundlich und ging hinaus.

Neben dem Eingang wartete Cornelias Sänfte. Die vier Träger hielten sich in respektvoller Entfernung zu Castor, der sie nicht aus den Augen ließ. Nun wartete er wedelnd darauf, von dem beengenden Ring an der Wand losgebunden zu werden. Esther beugte sich zu ihm hinunter, berührte den Riemen – als ihr ein tollkühner Gedanke durch den Kopf schoss. Ihr Entschluss stand fest.

Schon erschien die Vestalin, begleitet von Dionysios, im Eingang. Der Verkäufer verbeugte sich fast bis zum Boden. Cornelia hob huldvoll die Hand, raffte ihr Gewand und schritt die drei Stufen abwärts.

Da trat Esther ihr in den Weg und erklärte: »Herrin! Ich bitte um Verzeihung, aber . . .«

»Ja?« Die Vestalin war stehen geblieben und schaute Esther an.

»Hättest du einen Augenblick Zeit. Es . . . es ist sehr wichtig!«

Cornelia betrachtete erstaunt das Mädchen, sein schönes ovales Gesicht, die blauen Augen, gerahmt von fast schwarzen Haaren.

»Was gibt es denn?«

Esther nahm ihren ganzen Mut zusammen: »Herrin! Selbst auf die Gefahr hin, dass du mich für anmaßend hältst ... Ich glaube, ich kann dir erklären, was die seltsamen Zeichen auf dem Band zu bedeuten haben. Ich kann dir«, fuhr Esther eifriger fort, »die Schriftzeichen sogar übersetzen.«

Sei es, dass sie von der ausgesuchten Wortwahl der jungen Unbekannten angetan war, sei es, dass diese Eröffnung ihre Neugier geweckt hatte – die Vestalis Maxima ging auf Esthers Anerbieten ein. Sie bat die Träger zu warten und forderte Esther auf in der Sänfte Platz zu nehmen. Esther war klar, dass Cornelia in der Öffentlichkeit kein Aufsehen erregen wollte, denn drinnen zog sie auch noch die grünen Seidenvorhänge zu.

Die gepolsterte Sitzbank war breit genug für zwei Personen, Esther nahm bescheiden auf der Kante neben der Vestalin Platz.

Sofort wandte Cornelia sich ihr zu und fragte, immer noch staunend: »Aber wie kannst du denn wissen, meine Tochter, dass es sich bei den geheimnisvollen Symbolen auf meinen Bändern um Schriftzeichen handelt? Du hast sie doch noch nie in der Hand gehabt!«

Und Esther: »Wenn du mir erlaubst, Herrin, einen kurzen Blick auf den Streifen zu werfen ...« Sie war so aufgeregt, dass sie kaum das Zittern ihrer Hände bändigen konnte.

»Bitte!«, sagte Cornelia, die das seltsame Betragen dieses unbekannten Mädchens mit wachsendem Interesse registrierte. Es entging ihr auch nicht, wie sein Gesicht zu glühen begann. Sie reichte Esther das Stück

Band und beobachtete erstaunt, wie Esther konzentriert mit den Augen den Zeichen folgte, dabei stumm die Lippen bewegte und mehrmals nickte.

»Und? Kannst du etwas damit anfangen?«

»So ist es, Herrin, ich ...«

Weiter kam sie nicht, denn wie gestern wurde sie von der Bedeutung des Textes im Innersten erschüttert und schluchzte mehrmals auf. Tränen rannen über ihre Wangen.

»Aber Kind!«, rief Cornelia, verwirrt und ratlos zugleich. »Ich verstehe nicht.« Sie legte ihre Hand auf Esthers Arm. »Wie können diese Zeichen, die auf meinem Band stehen, dir so nahe gehen, dass du weinen musst?!«

Endlich bekam Esther sich wieder in die Gewalt. Sie wischte die Tränen aus den Augen, atmete tief durch und erklärte tapfer: »Bitte entschuldige, Herrin. Ich werde dir jetzt den Text übersetzen.« Sie schluckte, dann begann sie: »Hier steht: Herr, beschütze Daniel und Esther!«

»Ich verstehe nicht.« Cornelia schüttelte verwirrt den Kopf. »Wer ist Daniel, wer Esther? Und wer hat das geschrieben?«

Esther sah sie von der Seite an und sagte leise: »Meine Mutter.«

»Deine Mutter? Ist sie in der Werkstatt des Arruntius tätig?«

»Ich glaube, ja.«

»Wieso glaubst du das? Weißt du es denn nicht?«

»Ich weiß es erst, seit ich diese Worte gelesen habe. Sie befinden sich auch auf den Bändern, die meine Herrin gestern gekauft hat. Meine Mutter ist offenbar eine Sklavin des Arruntius. Sie stickt für ihn. Sie war schon immer eine Meisterin im Sticken!«

»Ja, aber...« Cornelia versuchte sich einen Reim auf diese kargen Angaben zu machen. »Deine Mutter ist Sklavin, sagst du – aber du bist es doch nicht, oder?«

»Nein, nicht mehr.«

Und dann erzählte Esther ihr, wie sie und ihr Bruder nach der Eroberung Jerusalems vor zwei Jahren als Sklaven nach Rom gekommen, nach dem großen Prozess gegen Rutilius Varus und seine Freunde aber auf kaiserlichen Befehl freigelassen worden waren und dass sie nun Angestellte des Acilius Rufus seien, aber weiterhin in dessen Haus wohnten.

Cornelia hatte mit wachsendem Interesse zugehört ohne Esther zu unterbrechen. Als Esther endlich schwieg und nur noch leise schluchzte, sagte Cornelia: »Nenne mir den Namen deines Vaters!«

»Nathan ben Mathijahu.«

»Ben Mathijahu?« Die Vestalin zwinkerte lebhaft. »Ist dein Vater etwa mit Joseph ben Mathijahu verwandt, der sich jetzt Flavius Iosephus nennt und im ehemaligen Privathaus des Kaisers lebt?«

»So ist es, Herrin. Vater und Iosephus sind Vettern. Kennst du Iosephus?«

»Er wurde mir einmal bei einem Empfang im Palast vorgestellt. Das ist schon einige Monate her. Ich habe mich damals mit ihm angeregt unterhalten. Er ist ein gebildeter Mann.«

Esther wunderte sich sehr, dass die höchste Priesterin Roms sich mit einem ehemaligen jüdischen Feldherrn angeregt unterhalten hatte. Doch sie wusste, dass Iosephus, wenn er es für geboten hielt, sehr höflich, ja charmant sein konnte, besonders Frauen gegenüber.

Cornelia dachte eine Weile nach, dann sagte sie langsam: »Esther, der Name deines Vaters verrät mir, dass du aus einer alten jüdischen Adelsfamilie stammst...«

Woher wusste sie das?

Inzwischen war Cornelia bereits fortgefahren: »Ich möchte dir helfen, mein Kind. Wenn du meinen Rat suchst: Mein Haus steht dir jederzeit offen. Dann musst du mir alles erzählen. Gemeinsam werden wir eine Lösung finden.«

»Oh, Herrin, das... Ich, eh...« Esther war so aufgeregt, dass sie zunächst nicht wusste, was sie dazu sagen sollte. Endlich fasste sie sich und fragte das Nächstliegende: »Wohin soll ich kommen?«

»Ins *Atrium Vestae*, das ist das Haus der Vestalinnen gleich neben dem Tempel der Vesta.«

»Ich kenne es«, sagte Esther leise. »Ehrwürdige Mutter, ich danke dir. Ich werde kommen.«

Dann stieg sie aus der Sänfte. Die Vestalis Maxima gab den Trägern ein Zeichen. Sie hoben an und marschierten los. Esther wartete, bis der Tragstuhl aus ihrem Blickfeld verschwunden war. Erst Castors Bellen riss sie aus ihren Gedanken. Schnell löste sie den ungeduldigen Hund vom Mauerring und machte sich auf den Heimweg.

IX

Etwa um die gleiche Zeit betrat Daniel die Schreibstube. Theokritos und Philon standen an ihren Pulten und waren intensiv mit dem Anfertigen von Kopien einiger Briefe beschäftigt.

»Na, wie weit seid ihr?«, fragte Daniel.

»Was hat er gesagt?«, fragte Philon, der wieder einmal nichts mitbekommen hatte oder so tat, als ob er die Frage nicht verstanden hätte.

»Wie weit wir sind, will er wissen«, wiederholte Theokritos ohne von seiner Arbeit aufzublicken.

»Aha. Und ... wie weit sind wir denn?« Philon hielt in Erwartung der Antwort die Hand hinters Ohr.

»Mann, das will er doch wissen!«

»Aber das weiß ich doch nicht«, stellte Philon mit seiner tonlosen Stimme fest.

Nun blickte Theokritos hoch und rief ungehalten: »Wieso weißt du das nicht, he? Du wirst doch wohl wissen, wie weit du bist! Ich weiß, wie weit ich bin!«

»Dein gutes Recht. Aber ich weiß es nicht.«

»Sag mal, spinnst du? Du wirst doch wohl wissen, wie weit du bist!«

»Sicher. Aber ich weiß nicht, wie weit *du* bist. Er will aber wissen, wie weit *wir* sind!«

»Na und? Wo liegt da die Schwierigkeit?«

»Du musst mir erst sagen, wie weit *du* bist, dann weiß ich, wie weit *wir* sind. Also?«

»Was?«

»Wie weit bist du?«

»Gleich fertig. Und du?«
»Gleich fertig.«
»Na also. Das hättest du gleich sagen können!«
»Wieso denn? Du hast mich nicht danach gefragt. Er wollte aber wissen, wie weit wir ...«
»Danke! Es reicht!« Daniel blickte zur Decke und seufzte. Er hatte die ganze Nacht kaum ein Auge zugetan. Immer wieder hatte er an Esthers Entdeckung denken müssen. Jetzt war er hundemüde und ertrug die Umständlichkeit der beiden Sklaven deshalb doppelt schlecht. Ungehalten legte er einige eng beschriebene Papyrusbögen auf den Tisch und erklärte, dass die Briefe bis zum frühen Nachmittag zu kopieren seien.
»Was hat er gesagt?«, fragte Philon.
»Fang nicht schon wieder an!«, brüllte Theokritos.
»Womit denn? Wenn du mir nicht sagst, womit ich anfangen soll, dann kann ich auch nicht ...«
Daniel machte dem Spiel ein Ende. Er griff die Hälfte der Bögen und legte sie Philon aufs Pult.
»Bis heute Nachmittag! Fertig! Du! Diese Briefe! Hast du verstanden?«
Philon nickte, schwieg aber. Er war beleidigt, weil sein Kollege ihn angebrüllt hatte. Man hörte, wie er murmelte: »Das wirst du mir büßen ...«
Theokritos überhörte das.
Da ging die Tür auf, Acilius kam herein, blickte in die Runde und fragte: »Na, wie weit seid ihr?«
Diesmal wandte sich Philon an Daniel: »Was hat er gesagt?«
»Das-sel-be!« Daniel betonte jede Silbe und hoffte,

dass Philon sich mit dieser Antwort zufrieden gab. Und tatsächlich, er schwieg.

Da wandte sich Theokritos an Acilius: »Herr! Ich weiß wirklich nicht, ob wir das alles heute noch schaffen.«

»Und ob, nicht wahr! Und ob! Daniel hat das auch geschafft! Und er musste den Text erst erstellen. Ihr seid heute Abend damit fertig, klar?!«

Beide Schreiber schwiegen. Daraus leitete Acilius ab, dass er sie vielleicht überforderte. Also sah er sich zu einer Erklärung genötigt, die wie so oft mit einem Spruch seines Lieblingsautors eingeleitet wurde: »Wie sagt schon der große Publilius Syrus, nicht wahr: ›*Was man nicht ändern kann, muss stumm man tragen!*‹ An die Arbeit, an die... Das ist eine Terminsache! Ich dulde keine... keine Ausflüchte, nein! Müßiggang ist aller Laster Anfang, nicht wahr! Immer! Daniel!«

»Magister?«

»Komm in mein Zimmer! Ich habe mit dir zu reden.«

Daniel folgte ihm in sein Kontor.

»Schließ bitte die Tür!« Acilius ließ sich auf seinem hochlehnigen Sessel hinter dem Arbeitstisch so abrupt nieder, dass das Gestühl ächzte. »Und nun setz dich!« Er wies auf einen der beiden Stühle vor dem Tisch.

»Die Herrin hat mich da heute in einer Sache angesprochen, nicht wahr...«

Daniel schwieg. Wusste Acilius bereits von den Bändern? Wer mochte ihm davon erzählt haben und wozu? Seine Gedanken gingen wirr durcheinander und er hatte Mühe, Acilius zu folgen. Der war bereits fortgefahren: »Und was sie mir da, nicht wahr, mitgeteilt hat, das ist, wie soll ich sagen, das ist durchaus sehr interessant, ja.« Er lächelte vor sich hin, obwohl dafür eigentlich kein Anlass bestand. »Es geht um diesen Pilos.«

»Pilos?«, fragte Daniel verwirrt. Dann begriff er: »Pilesar, Chef! Er heißt Pilesar.« Wollte er ihn etwa kaufen? »Das ist ein syrischer Name.«

»Na, meinetwegen. Syrer oder Perser – das tut nichts zur Sache. Aber was sie mir da erzählt hat . . . Sehr interessant, sehr . . . Du sagst, er ist krank?«

»So ist es. Leider.«

»Schlimm?«

»Nun, ich glaube, ein guter Arzt wird ihn wieder auf die Beine bringen.«

»Ein guter Arzt, aha.«

»Er muss vor allem raus aus diesem schrecklichen Raum. Er braucht frische Luft und gutes Essen.«

»Aha. Und dann, glaubst du, kann man die Krankheit in den Griff . . . Ich meine: Du bist also sicher, dass Pilos . . .?«

»Pilesar, Chef!«

»Gut, gut, du bist also sicher, dass er keinen Schaden davonträgt?«

»Absolut.«

»Hm.« Acilius starrte auf die Tischplatte und bewegte stumm die Lippen. Offenbar überschlug er den Betrag, den er gewillt war für einen kranken Sklaven auszugeben. Plötzlich fragte er: »Was soll er denn kosten?«

»Listenpreis: Zehntausend.«

»Sesterzen?«

»Denare.«

»Oh, das ist aber . . .« Acilius zog die Stirn in Falten.

»Das müssen wir dem Mago aber dringend, nicht wahr, ausreden! So geht das nicht, nein!«

Und Daniel: »Man muss ihm klar machen, dass er unter den gegebenen Umständen froh sein muss, wenn er diesen Mann überhaupt verkauft!«

»Wie wahr, wie wahr!«

Daniel, dem nicht entgangen war, dass Acilius diesen Sklaven nur allzu gern erwerben wollte, schürte das Feuer: »Einmal angenommen, Chef, du hast ernsthaft vor Pilesar zu kaufen...«

»Das habe ich.«

»Dann solltest du es möglichst bald tun!«

»Du meinst«, ergänzte Acilius, »solange er noch krank ist?«

»So ist es. Dann kannst du den Preis gewaltig nach unten drücken.«

»Kluger Junge!«, lobte Acilius. Dazu grinste er breit. »Aus dir wird noch etwas werden. Vielleicht sollte ich sogar dir die Verhandlungen darüber überlassen, nicht wahr. Selbstverständlich werde ich dabei sein. Aber du wirst reden, ja. Traust du dir das zu?«

»Ich glaub' schon.« Daniel frohlockte innerlich. »Also willst du ihn wirklich erwerben?«

»*Certo* – sicher. Der Mann spricht und schreibt fließend mehrere Sprachen, darunter Griechisch, Syrisch, Latein. Etwa auch Hebräisch?«

»Auch Hebräisch.«

»Hervorragend! Wir gehen gleich morgen in der Frühe zu Mago.«

Damit war die Sache entschieden.

Daniel kehrte in sein Arbeitszimmer zurück und

machte sich daran, die noch offenen Bestellungen zu bearbeiten. Er war gerade damit fertig, als es an der Tür klopfte und Esther hereinkam.

»Störe ich?«, fragte sie.

»Nein, ich bin gerade fertig. Warst du bei Arruntius? Hast du Neuigkeiten? Was weißt du über Mutter?«

»Oh, eine Menge...« Sie berichtete über ihre Beobachtungen bei Arruntius und das Gespräch mit der Vestalis Maxima.

Daniel lauschte voller Ungeduld. Schließlich meinte er: »Dann stickt Mutter diesen Text wahrscheinlich auf alle Bänder, die sie herstellt.«

»Das nehme ich auch an.«

»Wie lange das wohl gut geht?« Er schaute sie besorgt an.

»So lange, bis jemand, der Hebräisch kann, den Satz liest und Arruntius von der Sache in Kenntnis setzt.«

»Und wer sollte das sein?«

Esther überlegte. »Nur ein Jude. Ich kenne keinen Römer, der unsere Schrift lesen kann.«

»Ich auch nicht. Viel zu schwierig für ihn!«

So suchten sie ihre Sorge zu unterdrücken. Gingen sie doch davon aus, dass Lea große Schwierigkeiten bekommen würde, wenn Arruntius von der Sache erfuhr.

Schließlich teilte Esther dem Bruder mit, dass Cornelia sie zu sich eingeladen hätte.

»Nein!« Daniel staunte.

»Hat sie aber!«

»Für wann?«

»Sie sagte *jederzeit*. Das könnte also auch heute sein. Wirst du mich zum Haus der Vestalinnen begleiten?«

»Natürlich.«

»Wir sollten Castor mitnehmen. Zur Sicherheit.«

»Meinetwegen. Wann gehen wir?«

»Vielleicht in einer Stunde?«

»Und was sagst du der Herrin?«

»Aber Daniel!«, rief sie. »Wir sind frei! Wir müssen keine Rechenschaft mehr ablegen, wohin wir gehen.«

Daniel nickte langsam. »Entschuldige. Es sitzt immer noch in mir. Also in einer Stunde. Aber vorher sollten wir was essen.«

Er hielt inne und sie fragte: »Ist noch was?«

»Ja. Ich habe schon daran gedacht, Flavius Iosephus von ... von dem allem zu unterrichten.«

»O ja! Das wäre gut!«, rief sie. »Mit Sicherheit kann er helfen!«

Doch dann sah sie, wie sich Daniels Gesicht verfinsterte, und sie fragte: »Oder etwa nicht?«

Daniel seufzte. »Er ist nicht in der Stadt.«

»Woher weißt du das?«

»Ich traf vor etwa einer Woche einen seiner Sklaven beim Forum ...«

»Und?«

»Flavius ist unterwegs ... auf einer Geschäftsreise ... in Süditalien.«

»Für lange?«

»Mindestens einen Monat.«

»Schade. Also sind wir ganz auf uns gestellt.«

»*Ita'st.*«

Es klopfte. Titus kam herein. »Oh, störe ich?«

»Überhaupt nicht«, sagte Daniel. Das Gegenteil war der Fall.

»Bist du fertig?« Die Frage ging an Daniel.
»Ja. Warum?«
»Ich will noch in die Stadt. Geht ihr mit?«
Daniel und Esther wechselten einen Blick.
»Nun, es ist so ...«, begann Esther und hörte mitten im Satz auf, denn plötzlich wusste sie nicht, ob es richtig war, Titus einzuweihen.
»Was habt ihr denn?«, fragte Titus. »Ein Geheimnis?«
Daniel schwieg verdrossen.
»Wollt ihr nicht darüber reden?«
Daniel sagte noch immer nichts, aber Esther hatte sich bereits entschlossen Titus einzuweihen. Allein würden sie bestimmt nicht in der Lage sein, herauszufinden, wo man ihre Mutter versteckte. Sie brauchten jede Hilfe, die sie kriegen konnten. Sie sagte: »Nicht hier.«
»Wo dann?«
»Draußen.«
»Ihr macht es aber spannend!«

X

Als sie eine knappe Stunde später auf die Straße traten, dämmerte es schon. Die Sonne ging jeden Tag etwas früher unter.

Der Abend war mild, denn der Tag war heiß gewesen. Nachbarn saßen auf Hockern, Stühlen und Bänken vor ihren Häusern und sprachen über familiäre oder öffentliche Angelegenheiten: dass Asconius im Haus gegenüber nun doch hochbetagt – er wurde zweiundachtzig – gestorben war, während seine Hündin am gleichen Tag sieben Junge geworfen hatte; dass der Kaiser sich eine schlimme Erkältung mit Fieber eingefangen hatte und der Thronfolger Titus bis auf weiteres den Gang der Geschäfte kontrollierte; dass es zwischen Titus und seinem zehn Jahre jüngeren Bruder Domitian wieder einmal zu einem erbitterten Streit gekommen sei.

»Schlimm, schlimm!«, meinte eine alte Frau dazu. »Es ist nun mal nicht gut, wenn ein Junge, auch wenn er den Kaiser zum Vater hat, ohne Mutter aufwächst.«

Alle nickten beifällig.

Und eine andere: »Es heißt, er quält gern Tiere!«

Ein Mann nickte: »Habe ich auch gehört. Er fängt Fliegen, reißt ihnen die Flügel aus und ergötzt sich daran, wenn sie so hilflos auf dem Tisch herumkrabbeln.«

»Gute Göttin, wie furchtbar!« Die Alte schüttelte sich angewidert. Da gingen Daniel, Esther und Titus vorbei und sie rief: »Na, ihr wollt noch ausgehen?«

»Ein bisschen«, antwortete Titus.

»Wohin geht's denn?«

»Wissen wir noch nicht.«

»Passt auf, dass ihr nicht unter die Räuber fallt!«

»Wir haben den Hund dabei.«

Sie entfernten sich mit schnellen Schritten.

»Die ist so neugierig«, kommentierte Titus, »dass sie am liebsten mitginge, um zu sehen, was wir anstellen. Aber selbst hat sie keine Kinder! Das sind die Schlimmsten!«

Als sie die Buchhandlung von Pollius Valerianus passierten, blieb Titus stehen.

»Was ist?«, fragte Daniel.

»Also, raus mit der Sprache! Wohin wollt ihr?«

Mit der größten Selbstverständlichkeit sagte Esther: »Zur Vestalis Maxima.«

»Eh...?« Titus machte große Augen. »Soll das ein Witz sein?«

»Überhaupt nicht. Es ist so...« Und dann erklärte sie ihm mit wenigen Worten, was sich bei Arruntius zugetragen hatte.

Titus' erste Frage lautete: »Weiß meine Mutter schon davon?«

»Nein.«

»Das sollte sie aber!«

»Warum das?«, fragte Daniel misstrauisch. Er ließ Titus nicht aus den Augen.

»Na, weil... weil sie euch helfen könnte!«

»Wie das?« Daniels Stimme klang gereizt.

»Dafür ist es noch zu früh«, versuchte Esther zu vermitteln. »Wir müssen erst einmal herausfinden, wo Lea sich aufhält. Wir wissen doch so gut wie nichts«, setzte sie langsam hinzu. Ihre Stimme klang mutlos.

»Und wie wollt ihr das anstellen?«

»Das wissen wir noch nicht. Ich erzähl dir das alles, weil ich glaube, dass du uns dabei hilfst. Tust du doch – oder?«

»Wahrscheinlich.« Titus grinste, weil er zum ersten Mal seit langem wieder diese laxe Wendung benutzt hatte, die seine Mutter nicht mehr hören konnte. Dabei meinte er es jetzt durchaus ernst.

Sie gingen weiter und erreichten wenige Augenblicke später das Forum. Nur noch vereinzelt bummelten Passanten über den Platz, darunter ein verliebtes Paar. In einer halben Stunde würde es hier menschenleer und dunkel sein. Es sei denn, der Mond träte hinter einer Wolke hervor.

Castor, der sich nun weniger auf seine Augen als auf seine Nase verließ, witterte jedes Mal misstrauisch nach vorne, wenn sich jemand näherte. Esther war froh, dass sie den Hund dabeihatten. Auf dem Forum kam es in der Dunkelheit immer wieder zu Überfällen auf Bürger, die ohne Begleitung den verwinkelten Platz überquerten. Hier wohnte ja niemand – Tempel und Basiliken waren öffentliche Gebäude –, so dass auch niemand die Hilferufe der Überfallenen hörte.

Sie bogen links in die Via Sacra, die Heilige Straße, ein und passierten den Tempel des Divus Iulius, des Vergöttlichten Caesar. Genau an der Stelle, wo sein Leichnam verbrannt worden war, stand jetzt ein Altar. Dahinter erhob sich der zierliche Rundtempel der Vesta. Er stand leicht erhöht und wirkte dadurch größer, als er war.

Esther blieb stehen.

»Was ist?«, fragte Titus.

»Ab hier muss ich allein weiter.«

»Noch nicht. Der Eingang zum Atrium Vestae ist hinter dem Tempel.«

Als Römer kannte er natürlich die einschränkende Vorschrift, dass Personen männlichen Geschlechts das Haus der Vestalinnen nicht betreten durften – ausgenommen der Pontifex Maximus. Das war der Kaiser.

Unmittelbar neben dem Caesartempel ragte der gewaltige Triumphbogen des Augustus in die Höhe. Titus und Daniel gingen durch den mittleren Torbogen und weiter zum Vestatempel. Gleich dahinter befand sich der Eingang zum Haus der Vestalinnen.

»Was meinst du, wie lange es dauert?«, fragte Daniel.

»Ich weiß nicht. Ihr wartet doch – oder?«

»Aber sicher. Deswegen sind wir doch mitgekommen. Wir bleiben in der Nähe.«

Sie sahen ihr nach, wie sie die vier Stufen zum Portal nahm und im Innern des Hauses verschwand. Dort musste sie sich allein zurechtfinden. Sie wussten, Esther war nicht auf den Kopf gefallen.

»Komm, wir setzen uns auf die Stufen!« Daniel zeigte zum Vestatempel hinüber.

Sie gingen um den Rundbau herum und ließen sich nieder. Direkt vor ihnen der große mittlere Torbogen des Triumphbogens, durch den sie fast das gesamte Forum überblicken konnten. Schemenhaft erkannten sie die letzten Passanten, denn es wurde schnell dunkel. Castor untersuchte eine Weile misstrauisch die Umgebung, nahm dann zu ihren Füßen Platz und hechelte, denn es war immer noch warm.

»Jetzt erzähl mir noch mal alles genau!«, forderte Titus Daniel auf. »Es fing also mit der Schrift an, die Esther auf dem Purpurstreifen entdeckte...«

Daniel berichtete alles, was er wusste.

»Und die Vestalis Maxima hat die Schrift auch entdeckt...«

»So ist es.«

»Aber sie konnte sie nicht lesen.«

»Natürlich nicht.« Daniel grinste. »Kannst du's denn?«

»Lass den Quatsch! Du hast versprochen, mir bei Gelegenheit mal einige Zeichen zu erklären.«

»Mach ich.«

Sie schwiegen eine Weile. Hin und wieder spitzte Castor die Ohren, wenn er auf dem Platz ein Geräusch hörte, das ihm verdächtig erschien. Dann schaute er erwartungsvoll zu Daniel und Titus, denn er ging davon aus, dass sie ihm nun den Befehl »Such!« gäben. Da aber nichts dergleichen geschah, fiel er bald wieder in seine entspannte Haltung zurück, legte den Kopf zwischen die Vorderpfoten und schloss die Augen. Dennoch war er hellwach.

»Weißt du, es ist so«, nahm Daniel den Faden wieder auf. »Allein können wir nicht viel unternehmen.«

»Wer ist *wir*?«

»Na, Esther und ich.«

»Augenblick! Wir sind wahrscheinlich drei!«

»Danke!« Daniel legte Titus kurz die Hand auf die Schulter. »Trotzdem ... Es wird schwierig werden.«

»Habt ihr denn irgendeine Ahnung, wo eure Mutter sein könnte?«

»Nicht die geringste.«

»Schlimm!«

»Was heißt schlimm? Es ist furchtbar! Stell dir doch mal vor, es wäre deine Mutter!«

Titus nickte langsam. Und als ob ihm die Lage, in der sich Daniel und Esther befanden, erst jetzt richtig klar wurde, sagte er: »Furchtbar, ja.« Dann dachte er nach. »Wenn wir etwas über den Ort, an dem eure

Mutter festgehalten wird, erfahren wollen, müssen wir den Laden von Arruntius den ganzen Tag im Auge behalten.«

»Sicher«, sagte Daniel. »Wir müssten jedem Angestellten, der ihn verlässt, folgen, denn es könnte ja möglich sein, dass er uns zu dem Versteck führt.«

»Du sagst *müssten*. Wo ist da die Schwierigkeit?«

»Weil wir nur zu zweit sind und weil Esther und ich tagsüber zu tun haben. Du übrigens auch. Wir können allenfalls die Gelegenheit nutzen, wenn wir in der Stadt offiziell unterwegs sind.«

»Warum denn so umständlich?«, ereiferte sich Titus. »Wir können doch meinen Vater oder meine Mutter oder beide einweihen!«

»Und dann? Was hilft uns das?«

Titus schwieg verstimmt über Daniels schroffe Antwort, dann versuchte er es von neuem: »Vielleicht wäre mein Vater bereit Lea zu kaufen?«

»Damit ändert sich zunächst nichts, gar nichts.«

»Wieso?«

»Weil Lea von Arruntius offenbar rechtmäßig erworben worden ist. Sie ist seine Sklavin.«

»Na und?«

»Mensch, Titus! Dir muss ich das doch wohl nicht erklären! Niemand kann den Händler zwingen sie herauszurücken oder zu verkaufen!«

»Verstehe. *Malum!* – Mist!«, schimpfte Titus. Nach einer Weile sagte er: »Wir brauchen eben mehr Leute. Niger und Atto! Dann sind wir fünf. Wie vor einem Jahr. Das muss sich machen lassen.«

»Niger . . . In Ordnung. Das könnte gehen. Er ist zurzeit sowieso viel in der Stadt unterwegs. Wegen des neuen Geschäfts. Aber Atto?«

»Wir werden sehen . . .«

XI

Nachdem Esther den Innenhof, das Atrium, betreten hatte, blieb sie stehen, um sich zu orientieren. Sie stand unter dem Flachdach der gedeckten Porticus. Der elegante Säulengang lief rings um einen großen Garten. Darin waren drei Wasserbecken, ein großes, rechteckiges in der Mitte und zwei kleinere an den Schmalseiten. Dazwischen blühende Sträucher und Blumenbeete.

War es voreilig gewesen, gleich heute Abend hierher zu kommen? Die Vestalis Maxima hatte ja weder Tag noch Stunde genannt. Also wurde sie jetzt auch nicht erwartet. Vielleicht war die Priesterin überhaupt nicht im Haus. Es hatte auch niemand in der Pförtnerloge gesessen, um sie nach ihrem Begehr zu fragen. Einen kurzen Augenblick lang überlegte sie, ob es nicht besser sei, umzukehren. Unsinn! Selbst wenn sie morgen oder übermorgen wiederkehrte, würde sich an der Situation, in der sie sich befand, grundsätzlich nichts geändert haben.

Sie trat einen Schritt vor, um die weite, rechteckige Anlage überblicken zu können. Im letzten Licht des Tages sah sie, dass die Porticus zweistöckig war. Die Säulen des Erdgeschosses schimmerten in weißem, grün geädertem Marmor, die des darüber liegenden Ganges dunkelrot. Auf der gegenüberliegenden Seite erkannte sie im Schatten der Halle lebensgroße, weiße Marmorgestalten, durchweg Frauen, alle in prächtige weiße Gewänder gehüllt. Sie standen auf Sockeln und waren genauso gekleidet wie die Vestalis Maxima Cornelia. Wahrscheinlich handelte es sich um einige ihrer Vorgängerinnen, die sich in vergangenen Zeiten besonders hervorgetan hatten und dafür mit einer Ehrenstatue ausgezeichnet waren. Sie schaute nach links. Auch auf ihrer Seite reihten sich an die zwölf dieser Standbilder aneinander. Sie überschlug: Wenn jede von ihnen zwanzig Jahre an der Spitze des Kollegiums der Vestalinnen gestanden hatte, dann erstreckte sich die Ausübung des Kultes über mehr als vierhundert Jahre! Mit Sicherheit waren es mehr, wenn sie davon ausging, dass eine Vestalis Maxima vielleicht sehr alt wurde.

An einigen Stellen der Gänge waren Öllampen an den Wänden angebracht. So hätte sie erkennen können, wenn sich dort jemand bewegte. Doch es war niemand zu sehen.

Unschlüssig wartete sie. Irgendwann musste jemand vorbeikommen! Doch es blieb ruhig, nichts rührte sich. Noch nie war sie in Rom an einem so stillen Ort gewesen, und das mitten in der hektischen, lauten Stadt. Selbst am Tage musste es hier sehr still sein, vom Lärm und Getriebe des Forums und der angrenzenden Straßen würde kaum ein Geräusch hereindringen.

Sie überlegte. Hier stehen zu bleiben und zu warten,

bis vielleicht jemand aus einer der Türen trat, war unsinnig. Das konnte Stunden dauern, vielleicht länger. Aufmerksam blickte sie über das mittlere Wasserbecken zur gegenüberliegenden Seite und dort von Säule zu Säule. Links, am Ende der Halle, meinte sie eine offene Tür zu erkennen, aus der helles Licht drang. Bewegten sich da nicht auch Schatten? Oder war es Rauch? Sie kniff die Augen zusammen ... Ja, es sah mehr nach Rauch aus. Feuer? Etwa ein Brand?

Sie wollte schon laut »Feuer!« rufen, als sie zwei Gestalten erkannte, die aus der offenen Tür traten. Zwei Frauen. Nicht in weißen Gewändern. Dann konnten es keine Vestalinnen sein. Die eine sprach und die andere hörte zu. Hin und wieder nickte sie. Offenbar gehörten die beiden zum Personal.

Esther trat aus dem Schatten der Porticus und überquerte mit zügigem Schritt den Platz. Als sie näher kam, erkannte sie, dass der Lichtschein von einem flackernden Feuer stammte. Es konnte sich um die Küche handeln. Oder die Bäckerei?

Die ältere Frau, die während der ganzen Zeit gesprochen hatte, schien eine Aufseherin zu sein. Die jüngere, die Esther auf fünfzehn, sechzehn Jahre schätzte, nickte zu allem, was die andere sagte. Offenbar war sie eine Sklavin.

Esther trat in den Lichtschein. Jetzt wurde sie von den beiden Frauen bemerkt. Erstaunt, ja ungehalten schaute die Aufseherin herüber. Man sah ihr an, wie sehr sie sich wunderte, dass um diese Zeit eine Fremde das Atrium betreten hatte.

»Wie bist du hereingekommen?«, fragte sie streng.

Und Esther darauf sehr resolut: »Die Pforte stand offen.«

»Aha! Das ist aber ...« Es klang wie eine Drohung. Und zu der Sklavin: »Myriam!«

»Herrin?«

»Du wirst die Tür sofort verriegeln. Was für eine Schlamperei!«

Die junge Frau entfernte sich schweigend.

Die Aufseherin betrachtete Esther mit zusammengezogenen Brauen. »Was hast du zu dieser Stunde hier zu suchen?« Ihre Stimme klang noch arroganter.

Esther maß die unsympathische Person von Kopf bis Fuß mit einem so kritischen Blick, dass die Frau verunsichert wurde. Dann erklärte sie ganz ruhig: »Die Virgo Vestalis Maxima hat mich eingeladen.«

Esthers überraschend selbstsicheres Auftreten verfehlte seine Wirkung nicht. Obwohl sie Esther hier noch nie gesehen hatte, musste die Frau nun annehmen, dass es sich bei dem Mädchen um die Angehörige einer vornehmen Familie handelte. Wer sonst hätte es gewagt, in einem so selbstbewussten Ton mit ihr zu reden? War sie am Ende die Tochter eines Senators?

Dann fragte Esther mit der größten Selbstverständlichkeit: »Wie heißt du?«

»Wie ich ...?« Sie musste schlucken. »Avidia, ich heiße Avidia.«

Esther nickte: »Nun, Avidia, dann zeige mir den Weg zu deiner Herrin Cornelia, der Virgo Vestalis Maxima! Sie erwartet mich!« Der Anordnung folgte ein kühles Lächeln.

»Sehr wohl, Herrin!« Avidia war wie verwandelt. Sie

verbeugte sich und wies Myriam, die gerade zurückkam, an: »Geleite die junge Herrin zur Ehrwürdigen Mutter! Sie wird erwartet!«

Myriam nickte und murmelte: »Wenn ich vorausgehen darf ... Bitte!« Sie folgte dem Säulengang bis zur Mitte, wies zu einer Treppe und sagte: »Wir müssen nach oben.«

Sie gingen hinauf. Oben folgte Myriam dem Säulengang bis zur Mitte und machte vor einer dunklen Doppeltür Halt.

Sie klopfte dreimal mit den Fingerknöcheln gegen das dunkle Holz.

»*Intra!*«, kam es von drinnen. Esther erkannte sofort Cornelias Stimme. Myriam öffnete die Tür und meldete die Ankunft Esthers.

Esther trat ein.

Cornelia saß hinter einem zierlichen Arbeitstisch und beschäftigte sich mit einigen Papyrusblättern, auf denen sie mit dem Stift Notizen machte. Nun blickte sie erstaunt auf, legte das Schreibgerät in die Schale und erhob sich. ›Sie sieht jetzt viel jünger aus als bei Arruntius!‹, dachte Esther. ›Es ist sehr schwierig, ihr wahres Alter zu schätzen.‹

Cornelia kam um den Tisch herum, betrachtete Esther freundlich und sagte lächelnd: »Ich freue mich, dass du so schnell den Weg zu mir gefunden hast!«

Dann wandte sie sich an Myriam: »Danke! Du kannst gehen.«

Myriam zog sich zurück.

Cornelia wies zu einer Sitzgruppe neben der Tür. »Setz dich, Esther!« Sie selbst nahm ihr gegenüber

Platz. Der kleine Rundtisch war zwischen ihnen. Darauf eine Schale, gefüllt mit Äpfeln, Birnen und süßem Gebäck. Cornelia bot ihr davon an, doch Esther lehnte schüchtern ab. Es war ja nur eine freundliche Geste der Hausherrin.

Cornelia faltete die Hände, betrachtete sie eine Weile und begann: »Ich habe lange nachgedacht, Esther, über das, was du mir heute Morgen erzählt hast. Und ich muss dir gestehen, dass ich sehr betroffen bin.«

Auf dem Gesicht Cornelias lag ein großer Ernst.

»Ich habe«, fuhr die Vestalin fort, »lange überlegt, ob und wie ich dir in dieser schlimmen Sache helfen könnte. Aber das wird nicht einfach sein. Dieser Arruntius ist nach geltendem Recht und Gesetz Eigentümer einer Sklavin, die er – davon gehe ich aus – korrekt erworben hat. Und natürlich wird er im Besitz entsprechender Urkunden sein, die er jederzeit vorlegen kann. Mit anderen Worten: Das römische Recht ist ganz auf seiner Seite.«

Esther nickte langsam und sagte leise: »Das Gleiche, Herrin, habe auch ich mir schon klar gemacht. Aber ich danke dir, dass du an unserm Schicksal solchen Anteil nimmst. Das ist . . .«

Cornelia, die spürte, dass Esther einen Grund für ihr Zögern haben musste, fragte: »Nun? Was ist es?«

»Verzeih mir, Herrin, wenn ich das ganz offen sage: Es ist für eine Römerin ungewöhnlich!«

Über Cornelias Gesicht glitt ein feines Lächeln. Es war die einzige Bewegung an ihr, denn nach wie vor hielt sie ihre Hände ruhig im Schoß. Sie sagte: »Damit hast du völlig Recht, mein Kind. Aber das betrifft nicht nur Römerinnen. Es gilt nicht weniger für die Männer. Die meisten, die in irgendeiner Weise im öffentlichen Leben dieser Stadt eine Rolle spielen, betrachten die Bewohner unserer Provinzen lediglich unter dem Aspekt der Brauchbarkeit, der Zweckmäßigkeit, des Gewinns.«

Damit distanzierte sie sich sehr klar von den Machenschaften korrupter Statthalter und Generäle. Esther war fasziniert von der souveränen Haltung dieser Frau, die in Rang, Ansehen und Einfluss über allen anderen Frauen der Stadt und des Reiches stand. Nur der Kaiser war noch eine Stufe höher.

Plötzlich wurde ihr bewusst, dass die oberste Priesterin der Vesta, die Virgo Vestalis Maxima Cornelia, es nicht als unter ihrer Würde empfand, sie, die ehemalige Sklavin, in ihrem Arbeitszimmer im Haus der Vestalinnen zu empfangen. Warum tat sie das?

Esther schwieg, eingeschüchtert von der Situation, in der sie sich befand, und saß steif auf der Kante des Sessels.

Cornelia, der dies nicht entging, fuhr freundlich fort: »Nun möchtest du natürlich wissen, was mich veranlasst mich mit dir und dem Schicksal deiner Familie zu beschäftigen, nicht wahr?«

Esther nickte stumm.

»Dafür gibt es mehrere Gründe«, sagte Cornelia. Sie lehnte sich zurück, schlug die Beine übereinander und glättete die Stoffbahnen ihres weißen Gewandes, die den Boden berührten. »Ich darf wohl davon ausgehen, Esther, dass in deiner Familie die Religion eurer Väter immer eine wichtige Rolle gespielt hat.«

»So ist es, Herrin, eine sehr große!«, versicherte ihr Esther und nickte energisch. Worauf wollte Cornelia hinaus?

»Hier in Rom«, fuhr sie fort, »gibt es einige intelligente Leute, die von eurer Art, die Welt des Sichtbaren und Unsichtbaren, des Menschlichen und des Göttlichen zu deuten, fasziniert sind.«

»Du meinst römische Juden, nicht wahr, Herrin?«

»Durchaus nicht. Ich würde da eher von jüdischen Römern sprechen.« Sie lächelte über das Wortspiel. »Sagt dir der Name Poppaea etwas?«

Esther darauf zögernd: »Die Gemahlin Neros?«

»Richtig. Sie war sehr klug und hatte großen, mäßigenden Einfluss auf ihn, bevor er schließlich völlig verrückt wurde.«

»Hast du sie gekannt? Ich meine, persönlich?«

»Oh, sehr gut sogar. Wir waren befreundet.« Einschränkend fügte sie hinzu: »Sofern man mit einer Herrscherin befreundet sein kann. Durch sie jedenfalls habe ich einiges über eure Religion erfahren, die unter allen Glaubensvorstellungen des Erdkreises wohl einmalig ist. Dazu musst du wissen, dass Poppaea gerade vom Kern eures Glaubens angezogen war. Besonders von den so genannten Zehn Geboten eines gewissen Moyses...« Sie zitierte daraus: »*Ich bin Jahwe, dein Gott, und du sollst neben mir keine anderen Götter haben. Du sollst dir kein Gottesbild machen und keine Darstellung von irgendetwas am Himmel droben, auf der Erde unten oder im Wasser unter der Erde. Du sollst dich nicht vor anderen Göttern niederwerfen.*«

Als Cornelia das fassungslose Staunen in Esthers Gesicht sah, lachte sie erheitert auf und sagte: »Ich kenne sie alle zehn.«

»Von Poppaea?«

»Oh, das hätte sie dann doch nicht gewagt. Nein, ich habe einige jüdische Freunde. Darunter sind zwei, die du kennen dürftest.« Sie schmunzelte, während sie Esther anschaute, verriet aber nicht die Namen. »Leider«, fuhr sie fort, »kann ich eure Schrift nicht lesen, schon gar nicht schreiben. Sonst hätte ich doch heute Morgen nicht deine Hilfe benötigt, Esther.«

Cornelia griff nach einem Plätzchen und reichte Esther die Schale. Diesmal nahm auch sie eins. Es schmeckte köstlich und erinnerte sie an das Gebäck, das in ihrem Jerusalemer Haus immer vorrätig war.

»Es schmeckt wie zu Hause«, sagte Esther.

»Kein Wunder. Myriam hat es gebacken. Habt ihr euch bekannt gemacht?«

»Wir haben es.« Unvermittelt überschattete sich Esthers Gesicht, denn Myriams Stellung als Sklavin erinnerte sie lebhaft an ihr eigenes Schicksal.

Cornelia, die ein feines Gespür für Stimmungswechsel hatte, war dieser plötzliche Ernst nicht entgangen. Behutsam suchte sie gegenzusteuern: »Auch Myriam stammt aus guter Familie.«

»Leben ihre Eltern noch?«

»Der Vater nicht mehr, aber die Mutter; sie ist auch hier im Hause.«

Esther betrachtete das Gesicht der Vestalin. Deutlich konnte sie die feinen Lachfältchen rechts und links der Augen erkennen. Ihr Mund war elegant geschwungen, sehr energisch, doch ohne jede Bitterkeit an den Enden.

Esther entdeckte keine Schminke in ihrem Gesicht. Oder doch? Schimmerte da an den Augen nicht der Hauch eines dunklen Lidschattens?

Keine Frage, Cornelia war sehr zupackend. Vielleicht hatte sie selbst Myriam und deren Mutter bei einem Sklavenhändler ausgesucht. Sie schien sich um alles hier im Hause selbst zu kümmern, sogar um die gestickten Bänder, die sie für kultische Zwecke brauchte. Dabei hätte sie ohne weiteres eine ihrer Vestalinnen oder auch Myriam zu Arruntius schicken können.

Dass sie sich für jüdische Kultur und Religion interessierte, schien mehr als nur einer modisch exotischen Laune zu entspringen. Warum hätte sie sonst die Zehn Gebote auswendig gelernt? Aber, dachte Esther, kam sie da nicht in Konflikt mit ihrer eigenen Religion, besonders dem Kult der Vesta, dem sie doch vorstand?

Esther war sich sicher, dass sie bei weitem mehr über Juden, Jerusalem und den Tempel wusste, als sie bisher hatte erkennen lassen. Jüdische Freunde habe sie. War etwa auch Flavius Iosephus darunter?

Cornelia kam direkt zum eigentlichen Thema zurück. Als ob sie Esthers Gedanken erraten hätte, sagte sie: »Es gibt allerdings einen Mann, der im Fall deiner Mutter helfen könnte. Du müsstest ihn kennen – sogar gut!«

»Meinst du Flavius Iosephus, Herrin?« Ihr schoss durch den Kopf, was Daniel ihr mitgeteilt hatte: dass Flavius Iosephus für längere Zeit verreist und somit nicht erreichbar sei. Man konnte also nicht auf seine Hilfe zählen. War die Vestalin darüber nicht unterrichtet?

»Durchaus, ihn meine ich. Er ist doch ein naher Verwandter von dir, nicht wahr?«

»Ein Onkel. Eigentlich ist er ein Vetter meines Vaters.«

»Ach ja? – Interessant.« Cornelia erklärte, was sie meinte: »Dann darf ich wohl davon ausgehen, dass Flavius Iosephus und dein Vater in gewissen, den Krieg betreffenden Fragen unterschiedlicher Meinung waren?«

Esther erinnerte sich lebhaft an das Gespräch vor einem Jahr im Stadthaus des Onkels, als Daniel Iosephus voller Zorn auf dessen Zusammenarbeit mit Rom angesprochen und ihn mit härtesten Vorwürfen überhäuft hatte, die fast schon beleidigend waren.

»Das ist richtig, Herrin«, antwortete Esther. »Wenn sie zusammen waren – was nur ein-, zweimal im Jahr vorkam –, haben sie fast nur gestritten. Meine Mutter litt sehr darunter.«

Cornelia nickte bedächtig. Sie sah Esther an, doch sie schien durch sie hindurchzublicken. Worüber dachte sie nach? Schließlich zwinkerte sie mehrmals und sagte: »Nun, mein Kind, die Zeiten haben sich seit damals sehr geändert. Flavius Iosephus zählt mittlerweile zu den Freunden des Kaisers und nimmt unter ihnen eine bevorzugte Stellung ein. Das ist insofern erstaunlich, als Iosephus auf jüdischer Seite einer der höchsten Truppenführer im Krieg gegen Rom war. Ich weiß nicht, ob du den Grund für die unerwartete Gunst des Kaisers kennst?«

»Es heißt, Iosephus habe ihm prophezeit, er werde in Kürze Kaiser werden.«

»Was dann ja auch eintrat. Aber lassen wir die Vorgeschichte ruhig beiseite. Fest steht, dass Iosephus unter den gegebenen Umständen der einzige Mann in Rom wäre, der im Fall deiner Mutter etwas unternehmen könnte.«

»Aber er kann es nicht, Herrin, weil er nicht in Rom ist. Wir, Daniel und ich, haben schon überlegt, ob wir ihm einen Brief schreiben sollten. Wir sind aber schnell davon abgekommen. Da er sich wahrscheinlich nicht ständig an einem Ort aufhält, würden wir Zeit verlieren, bis wir ihn aufgespürt hätten. Und da wir das nur mit Briefen versuchen könnten, würden darüber viele Wochen vergehen.«

Cornelia war überrascht: Dieses jüdische Mädchen, das erst seit zwei Jahren in Rom war, handhabte die lateinische Sprache so souverän wie die Tochter eines römischen Senators. Sogar die Konjunktive benutzte sie fehlerfrei.

Sie betrachtete aufmerksam Esthers Gesicht, bevor sie fortfuhr: »Wir müssen also einen anderen Weg suchen.«

Cornelia hatte *wir* gesagt! Längst war Esther klar geworden, dass die Vestalis Maxima ganz persönlichen Anteil am Schicksal der Mutter nahm. War dies allgemeine Menschenfreundlichkeit – oder gab es dafür bestimmte Gründe?

Ein Klopfen an der Tür unterbrach Esthers Gedanken. Eine Dienerin trat ein und teilte ihrer Herrin mit, das Abendessen stehe bereit; dann fragte sie, ob die Herrin hier oder unten zu speisen wünsche.

»Natürlich unten! Danke, Sequana! Ich komme gleich.«

Sequana zog sich zurück. Sie hatte leuchtend rote Haare, hellblaue Augen und viele Sommersprossen im Gesicht und auf den Armen. Den seltsamen Namen Sequana hatte Esther noch nie gehört.

Cornelia erhob sich und Esther schoss in die Höhe. Die Vestalin reichte ihr die Hand und tröstete sie: »Nun lass den Kopf nicht hängen, Esther! Auch ich habe meine Beziehungen und ein wenig Einfluss in dieser Stadt.« Sie lächelte ironisch, denn das war eine gewaltige Untertreibung. »Ich werde meine Erkundigungen einziehen.«

Als Esther den Ausgang erreichte, wurde sie dort von Myriam erwartet.

»Ich muss hinter dir abschließen«, sagte sie.

Sie öffnete die Tür und Esther verließ das Anwesen. Sie hörte, wie drinnen die Riegel vorgelegt wurden.

XII

Mittlerweile war es so dunkel geworden, dass man auf dem menschenleeren Forum keine Einzelheiten mehr erkennen konnte. Esther ging vorsichtig auf den mittleren Tordurchgang des Augustusbogens zu, blieb stehen und rief leise die Namen von Daniel und Titus.

»Hier!«, kam die Antwort von Daniel.

Esther ging in die Richtung der Stimme und fand die beiden auf den Stufen des Vestatempels.

»Das hat aber lange gedauert!« Daniel stand auf und

auch Titus erhob sich. »Worüber habt ihr denn gesprochen?«

Esther fragte zurück: »Hast du Titus erzählt, worum es überhaupt geht?«

»Hat er«, sagte Titus. »Tolle Geschichte! Einfach unglaublich!«

Esther setzte sich, stützte sich mit den Händen auf der Stufe ab und schaute über den dunklen Platz. Auch die beiden nahmen wieder Platz.

»Und?«, fragte Titus. »Was hat sie gesagt?«

»Zunächst einmal...« Esther versuchte ihre Gedanken zu ordnen. »Sie will eigene Ermittlungen anstellen.«

Titus staunte gewaltig: »Das hat sie wirklich gesagt?«

»*Ita'st.*«

»Also hast du«, warf Daniel ein, »ihr alles, was wir bisher wissen – oder besser: nicht wissen –, erzählt?«

»Natürlich! Sie kennt sogar Flavius Iosephus!«

»So?«, staunte Daniel. »Woher denn?«

»Sie hat ihn bei einem Empfang im Palast kennen gelernt.«

»Aber sie hat...«, nahm Daniel den Faden wieder auf, »sie hat nichts Konkretes gesagt? Ich meine, was sie unternehmen will?«

»Nein. Kann sie doch auch nicht. Sie muss genau wie wir erst einmal Nachforschungen anstellen.«

Alle drei dachten angestrengt nach, was dabei fürs Erste in Frage käme. Schließlich sagte Titus: »Eins ist klar...«

»Was?«, fragte Esther.

»Der Laden des Arruntius muss beobachtet werden. Und zwar ab sofort!«

»Genau! Aber wer macht das?«

Und Titus: »Daniel und ich.«

»Geht nicht«, sagte Daniel. »Ich gehe morgen früh mit dem Chef zu Mago.«

»Stimmt«, sagte Titus. »Er will Pilesar kaufen.«

»Und auch danach«, fuhr Daniel fort, »muss ich mich um ihn kümmern. Erstens ist er krank, zweitens muss ich ihn in den Betrieb einarbeiten.«

»Hm . . .« Titus machte einen Vorschlag: »Dann gehe ich mit Esther!«

»Meinetwegen«, sagte Daniel, obwohl ihm das gar nicht passte. Aber Esther hatte nichts dagegen einzuwenden. Also sagte er: »Na gut, warten wir's ab.«

Sie erhoben sich und machten sich auf den Heimweg.

Dort angekommen, gingen Daniel und Titus direkt in die Küche, wo sie Martha mit Geschirr hantieren hörten, und ließen sich von ihr Brot, Käse und etwas Schinken auf Holzteller legen, denn sie waren hungrig. Esther wollte noch einmal nach ihrer Stickerei schauen und fand Domitia im Arbeitsraum, wo sie die neuen farbigen Bänder mit verschiedenen Stoffen verglich.

Ohne aufzublicken sagte Domitia: »Diese hier gefallen mir eigentlich am besten. Was meinst du dazu?«

Esther warf einen flüchtigen Blick auf Bänder und Stoffe und bestätigte die Auswahl, aber viel mehr beschäftigte sie die Frage, ob auch Domitia die Schrift entdeckt hatte oder ob die Zeichen ihren schlechten Augen entgangen waren. Sie wusste selbst nicht genau, was sie sich mehr wünschte. Wenn Domitia sie jetzt fragte, hätte sie alles erzählen können. Aber war es dafür nicht viel zu früh? Außerdem hätte sie dann auch von ihrem heimlichen Besuch bei der Vestalin berichten müssen. Esther beschloss zu schweigen, solange es ging.

Da unterbrach Domitia ihre Gedanken und fragte besorgt: »Ist dir nicht gut? Du hast ganz rote Backen! Hast du dich über etwas aufgeregt?«

Doch Esther schüttelte nur den Kopf und erklärte, dass sie furchtbar müde sei.

Domitia schickte sie ins Bett, doch Esther war sich sicher, dass sie kaum ein Auge würde schließen können. Viel zu sehr waren ihre Gedanken bei der Mutter.

XIII

Als Daniel am nächsten Morgen die Schreibstube von Philon und Theokritos betrat, hatten die beiden Schreiber noch nicht mit ihrer Arbeit begonnen.

Normalerweise übersah Daniel diese Verzögerung, doch heute gab es mehr zu tun als an anderen Tagen: Ein Stapel wichtiger Briefe musste ins Reine geschrieben werden. Es handelte sich dabei durchweg um Antworten auf Bestellungen römischer Kunden, die Daniel den Schreibern in den letzten Tagen diktiert hatte. Sie sollten am frühen Nachmittag hinausgehen. Daniel aber würde mit Acilius den ganzen Vormittag in der Stadt unterwegs sein, denn der Herr wollte heute den Pilesar kaufen.

Also hielt Daniel es für angebracht, den morgendlichen Müßiggang der beiden schleunigst zu beenden. Er blieb mitten im Raum stehen und erklärte so laut, dass selbst der schwerhörige Philon ihn verstehen musste: »Es liegt für heute einiges an. Mehr als sonst. Darum muss ich euch bitten sofort an die Arbeit zu gehen.«

Prompt schoss Philons Hand ans Ohr, er neigte sich zu Theokritos und fragte leise mit seiner belegten Stimme: »Was hat er gesagt?«

Und dieser, lässig: »Es liegt einiges an.«

»Aha. Wo denn?«

»Was? Hier natürlich.«

»Hier?« Philon blickte suchend um sich. »Ich sehe aber nichts.«

»Kannst du auch nicht sehen.«

»Aber du sagst doch, es liegt hier!«

»Nein! Es liegt *an*, aber es liegt nicht *hier!*«

»Aha. Aber ... aber wenn hier nichts ist, kann hier doch auch nichts anliegen!«

»Doch, kann es! Und zwar mehr als sonst!«

Philon schüttelte den Kopf. »Mehr als sonst? Aber wo denn?«

»Auf dem Tisch.«

»Auf dem ...? Der Kram liegt doch immer so! Wieso denn jetzt mehr als sonst?«

»Weil er das sagt.«

»Was?«

Theokritos blickte zur Decke und stöhnte verzweifelt: »Beim Hercules! Dass eben mehr anliegt!«

»Hm...« Philon kratzte sich am Kopf und wollte mit seiner Begründung des Unterschieds zwischen liegen und anliegen fortfahren, als Daniel ihm zuvorkam. In seltener Strenge sagte er barsch: »Es reicht!«

Das wiederum hatte Philon sehr gut verstanden. Also rettete er sich in ein trotzig gemurmeltes »Na, dann eben nicht...« – öffnete das Tintenfass und begann endlich mit der Arbeit.

»So ist es!«, schloss Daniel das sprachliche Verwirrspiel ab. Dabei übersah er, dass Philon noch lange tonlos die Lippen bewegte und wohl unhörbare Verwünschungen und Flüche ausstieß.

In diesem Augenblick betrat Acilius den Raum, baute seinen gewichtigen, wohl genährten Körper neben Daniel auf und tönte: »Theokritos! Philon! Herhören! Ihr seid heute Morgen euch selbst überlassen. Es liegt eine Menge an! An die Arbeit, nicht wahr! Wir sind gegen Mittag zurück. Dann aber werde ich alles genauestens kontrollieren. Und zwar gründlich! Wie sagt doch der Dichter?« Es folgte ein Spruch seines Lieblingsautors Publilius Syrus: »›*Dies quod donat, timeas; cito raptum venit* – Hüt, was der Tag dir schenkt; rasch kommt er's holen!‹ Also an die Arbeit, nicht wahr, an die Arbeit, Leute!« Und zu Daniel: »Du bist fertig?«

»Sicher.«

Sie verließen Kontor und Haus.

Acilius legte ein solches Tempo vor, dass Daniel Mühe hatte, ihn im Gedränge nicht zu verlieren.

Er war erleichtert, als sie das hektische Treiben von Argiletum, Forum und Clivus Argentarius hinter sich ließen und die etwas ruhigere Via Lata erreichten. Kurz vor dem Laden des Mago blieb Acilius stehen und winkte Daniel zu sich heran. »Wir machen alles wie besprochen. Du führst die Verhandlungen!« Acilius schwieg einen Moment, bevor er grinsend fortfuhr: »Und ich, nicht wahr, ich werde zahlen. Wie sagt doch der Dichter: ›*Pecunia unum regimen est rerum omnium* – Geld ist der einzige Herr ob allen Dingen.‹«

Damit öffnete Acilius schwungvoll die Tür zu Magos Geschäft.

»Ah, der edle Marcus Acilius Rufus selbst beehrt mich mit seinem Besuch!« Mago persönlich kam hinter der Theke hervor. »Ah, und der edle ... der edle ...«

»Daniel!«, sagte dieser knapp. Mago musterte ihn erstaunt, dann machte er eine tiefe Verbeugung und säuselte: »Oh, ich bitte um Verzeihung, mein edler Daniel. Es wird nicht mehr vorkommen. Mögen die Götter euch ...«

»Ein langes Leben! Danke!«, verkürzte Daniel die Schmeicheleien des Händlers. Er sah, wie sich ein ironisches Lächeln auf dem Gesicht von Acilius bildete. Er mochte den Punier genauso wenig wie Daniel. Leider hatte er aber das seriöseste, reichhaltigste und dennoch preiswerteste Angebot aller Sklavenhändler Roms.

»Nun«, fuhr Mago fort, »man hat mich darüber informiert, dass ihr euch für diesen Syrer, diesen Pilesar, interessiert.«

»Und? Was ist mit ihm?«, fragte Acilius.

»Nichts, es ist alles vorbereitet. Er hütet auch nicht mehr das Bett.«

»So, so!«, sagte Acilius nur. Dabei fixierte er Mago kritisch und fuhr fort: »Aber er ist doch krank, nicht wahr!«

»Oh, durchaus nicht, ich meine, nicht mehr! Er kann gehen und stehen und hat heute gut gegessen!«

»Fein. War dein Arzt bei ihm?«

»Wie? – Selbstverständlich! Es wurden keine . . .«

»Mühen und Kosten gescheut, nicht wahr«, nickte Acilius. »Wir möchten ihn sehen.«

»Selbstverständlich!« Ein Wink, und einer der Angestellten verschwand nach hinten, um den Mann zu holen.

Mago verkürzte die Wartezeit mit einem Schwall von Lobpreisungen über die herausragenden Fähigkeiten des Sklaven und in Daniel stieg der Verdacht auf, dass der Händler nicht länger gewillt war einen Sonderpreis zu gewähren. Acilius, der in die gleiche Richtung dachte, nahm Daniel beiseite und flüsterte ihm zu: »Wie gesagt: *Du* wirst den Kauf tätigen und den Preis herunterhandeln. Nun zeig, was du kannst, nicht wahr! – ›Wo Recht gebietet, beugt sich jeder gerne‹, ja!«

Man hörte Schritte. Der Angestellte kam mit Pilesar zurück. Der Syrer bemühte sich um eine gerade Haltung, hatte aber den Blick wie suchend und sichernd auf den Boden gerichtet. Schließlich blieb er vor Acilius und Daniel stehen. Er lächelte matt. Seine Augen lagen immer noch tief in ihren Höhlen, die Wangen waren eingefallen, von ungesunden roten Flecken bedeckt.

»Ein Stuhl!«, befahl Acilius.

Der Angestellte sprang zur Seite, griff nach einem Hocker und wollte ihn Acilius unterschieben, als dieser erbost rief: »Nicht für mich, du Trottel! Für ihn!« Er wies auf Pilesar. »Oder willst du, dass er umfällt?«

Ähnliches war dem Mann wohl noch nie vorgekommen: dass ein freier Römer, einer der potentesten Großhändler des Argiletums, eine Sitzgelegenheit für einen Sklaven verlangte, den er eben erst zu kaufen gedachte. Er blickte unsicher zu Mago hinüber, der ihm mit einem Wink zu verstehen gab, dass er den Wünschen des Kunden Folge leisten solle. Es blieb ihm nichts anderes übrig als ein ergebenes »Sehr wohl« zu murmeln und dem schwankenden Pilesar zu helfen auf der Sitzfläche Platz zu nehmen.

»Na also.« Acilius nickte zufrieden.

Dann wandte er sich an Mago und hob grimmig die Stimme: »Und du, nicht wahr, du wagst es, zu behaupten, dass dieser Mann auf dem Wege der Besserung ist?!« Sein Blick schien den Sklavenhändler zu durchbohren.

Ehe Mago antworten konnte, zeigte Acilius auf Daniel und fuhr fort: »Dieser junge Mann, nicht wahr, er wird hier die weitere Verhandlung führen! Er spricht für mich! Und er hat Vollmacht, nicht wahr! Fang an, Daniel!«

Daniel wusste, dies war eine Art Prüfung. Acilius stellte ihn auf die Probe, weil er wissen wollte, wie Daniel sich in einer verzwickten Situation wie dieser, bei der es um viel Geld ging, verhalten würde. Also konzentrierte er sich und begann sachlich: »Nenne den Preis, Mago! Was willst du für ihn haben?«

Auf der Stelle kam die Antwort: »Neuntausend!«

»Sesterzen?«

»Denare!«

Daniel sah ihn kühl lächelnd an: »Das ist unangemessen.«

»Aber ich bitte dich, edler Daniel! Ich, äh ... ich hatte außergewöhnlich hohe Ausgaben ... wegen dieser ... seiner Erkrankung! Ich habe meinen eigenen Arzt ...«

»Das wissen wir. Dein Arzt scheint aber nicht sehr fähig zu sein oder die falsche Behandlung gewählt zu haben. Pilesar ist so krank wie vor Tagen!«

»Aber wie kannst du so etwas sagen! Es geht ihm schon viel besser!«

»Dann schau dir doch einmal sein Gesicht an! Siehst du die roten Flecken?«

Mago betrachtete Pilesars Gesicht und meinte: »Das, äh ... das ist doch ein Zeichen seiner Gesundheit! Er sieht wirklich aus wie das blühende Leben!«

Und Daniel: »Ich muss dich doch sehr bitten bei den Fakten zu bleiben! Das sind Fieberflecke. Er hat Fieber!« Daniel legte seine Rechte auf Pilesars Stirn. »Und zwar hohes Fieber! Vor Schwäche kann er kaum gehen und stehen! Man wird Wochen, wenn nicht Monate brauchen, um ihn wieder auf die Beine zu bringen. Also wiederhole ich meine Frage: Was soll er kosten?«

»Was er ... Nun ...« Mago griff nach seiner Nase, kratzte sich am Kopf und tat, als ob er mit sich ringen müsste. Schließlich hieß es: »Ich denke, achttausend sind angemessen.«

»Dreitausend!«

»Soll das ein Witz sein?«

»Durchaus nicht. Das ist immer noch zu viel für diesen schwer kranken Mann. Möglicherweise wird er die nächsten Tage überhaupt nicht überleben. Dann aber ...« Daniel zog die Brauen zusammen, fixierte den

Händler und hob die Stimme: »Dann wird man dich vor Gericht ziehen und den Richter darüber entscheiden lassen, ob du ein Betrüger bist oder nicht! Du kennst doch das Gesetz, das da lautet: Beide, Verkäufer und Käufer, sind sich darüber einig, dass der zu verkaufende Sklave gesund ist – oder krank. Bitte, Mago, du kannst es dir aussuchen!«

Das war gewagt. Daniel wusste, dass er eine unsichtbare Grenze überschritten hatte. Einem Mago gegenüber anzudeuten, dass er vielleicht ein Betrüger und Wucherer sei, und das auch noch formuliert von einem jungen Menschen, der vor einem Jahr noch selbst als Sklave in diesem Geschäft zum Kauf angeboten worden war, das konnte auf der Stelle zum Abbruch der Verhandlung führen. Dennoch war ein Gefühl großer Genugtuung in ihm.

Mago reagierte anders als befürchtet: Sei es, dass er ein schlechtes Gewissen hatte oder Angst vor einem Prozess, der – so musste er es sehen – möglicherweise auch andere Kunden gegen ihn und seine fragwürdigen Geschäftsmethoden aufbringen konnte, Mago stieß einen tiefen Seufzer aus, blickte mit weinerlichem Gesicht zur Decke, dann von Daniel zu Acilius und erklärte kleinlaut: »Also gut, dreitausendfünfhundert!«

Daniel blieb hart: »Dreitausend! Und keinen Denar mehr!«

Nach einem erneuten Seufzer hauchte Mago: »Dreitausend, einverstanden.«

Daniel blickte zu Acilius hinüber. War er bereit diese Summe zu zahlen? Als er sah, dass Acilius bereits seine Börse hervorholte, wusste er, dass er gut verhandelt hatte. Acilius zählte die Summe in Gold- und Silberstücken auf die Theke.

»Eine Quittung, nicht wahr, eine Quittung! Man kann nie wissen...«

»Sehr wohl, eine Quittung.«

Missmutig stellte der Händler sie aus. Dann erhitzte er Siegellack über der Flamme einer Öllampe, ließ ihn auf das Blatt tropfen und drückte seinen Siegelring in das noch weiche Wachs.

»Bitte!« Er reichte Acilius die Urkunde.

»Danke, wenn du nun noch für eine Sänfte sorgen könntest, nicht wahr. Der Mann kann unmöglich den langen Weg durch die Stadt zu Fuß gehen, nein!«

»Sehr wohl, eine Sänfte.«

Mago schickte den Angestellten nach draußen. Da sich in unmittelbarer Nähe des Geschäfts ein Sänftenstand befand, wurde schon nach wenigen Augenblicken gemeldet, der Tragstuhl stehe bereit.

Obwohl er ein schlechtes Geschäft gemacht hatte, begleitete Mago Acilius, Daniel und Pilesar nach draußen, wo er sich mit einer tiefen Verbeugung verabschiedete. Es folgte das übliche »Mögen die Götter...«

»Ein langes Leben! Danke, ja! Bis zum nächsten Mal, nicht wahr!« Acilius brach unverzüglich auf und folgte mit Daniel der Sänfte.

»Davor sei Apollon!«, murmelte Mago hinter ihnen her und drohte mit erhobener Faust. Dann fuhr er seinen Gehilfen wütend an: »Zum Hades mit den beiden! Wir hätten doch den Arzt holen sollen!«

»Aber Herr...« Der Mann sperrte den Mund auf. »Du selbst warst doch dagegen!«

»Nicht mehr, nicht mehr. Ab sofort nur noch mit Arzt! Klar? Er hätte wenigstens das Fieber drücken können. Das passiert mir kein zweites Mal.«

Sie verschwanden im Laden.

XIV

Esther und Titus warteten immer noch in der Nähe von Arruntius' Geschäft. Ihre Aufmerksamkeit begann bereits nachzulassen, denn es war schon eine gute Stunde verstrichen, ohne dass jemand vom Personal oder Arruntius selbst den Laden verlassen hatte. Nur vier Kunden waren hineingegangen und nach kurzer Zeit wieder herausgekommen.

Sie hatten einen guten Beobachtungsplatz hinter dem Verkaufsstand eines Obsthändlers gefunden: Halb verdeckt von der rückwärtigen Plane, konnte man sie vom Eingang des Ladens aus unmöglich erkennen. Außerdem kamen und gingen ununterbrochen Käufer, hielten einen Schwatz mit dem Händler und verdeckten die beiden Beobachter noch mehr. Diese aber konnten den Platz vor dem Geschäft immer gut im Auge behalten.

Nach langem Schweigen fragte Titus: »Hast du auch Hunger?«

»Etwas«, sagte Esther. Dabei knurrte ihr Magen in immer kürzeren Abständen.

»Bleib hier! Ich hol uns was! Magst du Obst?«

»Eigentlich nicht.«

»Dann geh' ich zu dem Bäcker auf der Via Lata.«

Esther wollte noch etwas sagen, doch er eilte schon davon.

Sie schaute nach dem Stand der Sonne. Sie mussten bald zurück, wenn sie daheim kein Aufsehen erregen wollten, und noch hatten sie nichts herausgefunden.

Aufmerksam beobachtete Esther die Straße bis zur Einmündung in die Via Lata. Um diese Zeit waren immer weniger Menschen unterwegs. Die meisten waren nun auf dem Weg nach Hause.

»Hier, nimm!«

Esther erschrak fürchterlich, denn Titus war unbemerkt hinter sie getreten.

»Hast mich nicht gesehen, wie?« Er lachte über ihr Zusammenzucken. »Bin auf der anderen Straßenseite gegangen. Hier...«

Er reichte ihr ein großes Stück Honigkuchen und sie bedankte sich.

»Ist sehr lecker!«, lobte Titus und fuhr sich mit der Hand über den Mund. Er hatte bereits die Hälfte seiner Portion verdrückt.

Mit Heißhunger machte sie sich über das süße Gebäck her. »Schmeckt wunderbar!«

Beide redeten mit vollem Mund. Zu Hause hätte es dazu prompt einen strengen Tadel von Domitia gegeben, die größten Wert auf gute Umgangsformen legte.

Frisch gestärkt beobachteten sie wieder konzentriert die Straße. Drüben hinkte eine alte Frau vorbei. Sie stützte sich auf einen derben Stock. Lange noch hörten sie das durchdringende Klack... Klack... Klack, wenn die eiserne Spitze hart auf den Steinplatten aufsetzte.

»Sag mal...« Titus blickte der alten Frau nach. »Worauf warten wir hier eigentlich?«

Esther zeigte zum Eingang des Geschäfts: »Auf meine Mutter.«

»Aber sie ist doch nicht hier! Das hast du selbst gesagt!«

»Ja, aber es kann doch sein, dass sie irgendwann herkommt... oder dass man sie hierher bringt. Sie ist die beste Stickerin, die Arruntius beschäftigt. Da ist es doch denkbar, dass sie hier im Geschäft neue Anweisungen oder Aufträge bekommt.«

»Und wenn nicht? Du hast gesagt, die Werkstatt ist nicht hier.«

»Richtig. Aber dann muss jemand von hier zur Werkstatt gehen, um ihr neue Aufträge mitzuteilen.«

»Du meinst also: Entweder kommt Lea hierher oder jemand verlässt den Laden und führt uns in die Werkstatt.«

»Genau. In jedem Fall könnten wir so herausfinden, wo sie ist.«

»Na, meinetwegen.« Dabei war sich Titus nicht sicher, ob das zum Erfolg führte. Woher sollten sie wissen, wer der Richtige war, der sie zu Lea führen würde? Doch er gewann der Sache das Beste ab: Immerhin konnte er stundenlang mit Esther zusammen sein. Darum beschloss er erst einmal abzuwarten.

Auf einmal hörten sie eine Stimme: »Worauf wartet ihr eigentlich, he?«

Esther und Titus schraken zusammen. Vor ihnen

stand der Obsthändler, der sie seit Stunden beobachtet haben musste.

»Auf eine Freundin«, log Esther schnell.

»Hm. Ihr wartet aber schon lange!«

»Sie muss jeden Augenblick kommen.«

»Hm. Und wenn sie nicht kommt?«

Esther warf Titus einen Blick zu und erklärte leicht ungehalten: »Dann gehen wir eben wieder nach Hause.«

»Hm. Wo wohnt ihr denn?«

»Im Argiletum.«

»Hm.«

Beim Hercules, war dieser Mensch neugierig!

Er wollte es ganz genau wissen: »Im Argiletum? Wo denn da?«

»Gleich am Anfang. Neben der Buchhandlung von Pollius Valerianus.«

»Aber da hat doch Acilius Rufus sein Kontor!«

Titus darauf, mit Betonung: »Der ist mein Vater.«

»Oh . . .« Der Mann war sehr beeindruckt.

Esther musterte ihn einen Moment lang, dann kam ihr eine Idee. Sie fragte: »Bist du eigentlich jeden Tag hier?«

Sie spürte, wie Titus sie überrascht anblickte. Was sollte diese Frage? Der Händler hingegen schien von dem Interesse des hübschen Mädchens geschmeichelt zu sein und antwortete: »Jeden Tag. Hm . . . Aber heute ist nicht viel . . .«

»Also auch morgen, übermorgen und in den nächsten Tagen?«

»Hm. Auch dann, sicher. Warum fragst du?«

»Weil ...« Sie zögerte einen Augenblick.

»Nur heraus mit der Sprache!«, ermutigte sie der Händler und es klang keineswegs ungehalten, sondern nur neugierig.

Und Esther: »Würdest du mir einen Gefallen tun?« Sie strahlte ihn mit ihrem schönsten Lächeln an.

Das zeitigte auf der Stelle seine Wirkung. Überaus freundlich erklärte der bärbeißige Mann mit seinem tiefen Bass: »Hm. Wenn ich kann, gern. Schieß los!«

»Es ist so. Pass auf! Du bist also jeden Tag hier ...«

»Ich bin es.«

»... und du kennst wahrscheinlich auch den Arruntius ...«

»Und ob ich ihn kenne! Der lässt bei mir immer frische Datteln holen. Er isst nämlich den ganzen Tag Datteln! Widerlich!«

»Dann kennst du bestimmt auch seine Leute, ich meine, seine Sklaven und Angestellten ...«

»Ich kenne sie. Alle.«

»Sehr gut.«

»Hm. Warum?«

»Du kannst von hier aus gut den Eingang des Geschäftes beobachten.«

»Hm, das kann ich.«

»Hast du dann schon einmal eine Frau gesehen, die zu einer bestimmten Zeit hierher gebracht wird?«

»Hm ... Eine Frau? Was für eine Frau?«

»Sie ist nicht sehr groß, dabei zierlich, und sie hat blauschwarze Haare und blaue Augen. Sie ist Anfang vierzig.«

»Hm ...« Er fuhr sich ratlos mit der Hand über den

Mund. »Nee, so eine Frau ist nie hergekommen. Ist das denn wichtig?«

»Sehr wichtig!« Esther versuchte es anders: »Übrigens, ich heiße Esther. Und du?«

»Ich...? Ich bin Cispius, Tiberius Cispius Montanus.«

»Ein schöner Name!«

»Wie? Meinst du wirklich?«

Sie lächelte wieder reizend. »Sicher.«

Montanus war ganz gerührt und knetete verlegen seine Hände.

»Darf ich Montanus sagen?« Cispius war der Familienname, Montanus der Beiname, den gewöhnlich nur gute Bekannte benutzten.

»Aber sicher.« Er konnte ihrem Charme nicht widerstehen.

»Sag mal, Montanus...«, fuhr Esther fort. »Du kennst ja nun alle Angestellten des Arruntius...«

»Ich kenne sie!«

»Gut. Kommen und gehen sie zu bestimmten Zeiten?«

»Zu bestimmten...? Hm... Meistens, ja.«

»Aha. Das ist dann wohl frühmorgens und am Abend?«

»*Ita'st.*« Er überlegte. »Aber da ist einer, der erst später... immer um diese Zeit... kurz bevor der Laden schließt...«

»Jeden Tag?«

»Hm... Jeden Tag.«

»Auch schon heute?«

»Nee, noch nicht... Müsste aber bald...« Er schaute zum Eingang des Ladens, beugte sich zu Esther und sagte leise: »Das ist er!«

Ein Mann mit einer Umhängetasche verließ das Geschäft.

»Wie heißt er?«, flüsterte Esther.

»Hm ... Weiß ich nicht.«

Esther war schon auf dem Sprung. »Danke, Montanus!«

»Wie? Keine Ursache. Aber was wollt ihr denn mit ihm ...?«

Doch Esther und Titus achteten nicht mehr auf das, was er sagte. Sie warteten, bis der Mann mit der Tasche die Via Lata erreichte, wo er um die Hausecke bog. Dann machten sie sich an die Verfolgung.

Um diese Zeit hatte das Gedränge auf der Via Lata zwar nachgelassen, aber in der Dämmerung mussten sie aufpassen, ihn nicht aus den Augen zu verlieren, falls er plötzlich in eine Seitenstraße einbiegen würde.

»Wir müssen näher an ihn ran!«, flüsterte Esther.

Titus nickte nur und schloss mit Esther auf, bis sie nur noch sieben, acht Schritt hinter ihm waren. Der Mann trug die große Ledertasche an langem Riemen über der Schulter. Er bewegte sich wie jemand, der zwar einen Auftrag zu erledigen hatte, aber nicht gewillt war deswegen sein Tempo zu beschleunigen. Er ging unbeirrt auf dem Bürgersteig der Via Lata. Bei der Baustelle wechselte er auf die Straße, kehrte aber sofort wieder auf den Bürgersteig zurück und eilte weiter.

»Hörst du das?«, fragte Titus leise.

»Was?«, fragte Esther.

»Er pfeift!«

Sie lauschte: Tatsächlich, er pfiff eine unbekannte Melodie, die er ständig wiederholte. Also schien er guter Dinge zu sein. Und jung. Nur junge Leute pfiffen. Vielleicht war er verliebt.

So erreichten sie das Ende der Via Lata. Hier gab es verschiedene Möglichkeiten, die Richtung zu ändern: Links zweigten kurz nacheinander Gassen ab, die in die Subura führten, das dicht besiedelte Viertel, das ans Argiletum grenzte; unmittelbar vor ihnen ging die Via Lata in den Clivus Argentarius über, der im gestreckten Bogen das Capitol umrundete und direkt zum Forum führte; rechts gelangte man über den Vicus Pallacinae auf schnellstem Weg zum Theater des Pompeius.

Welchen Weg würde er einschlagen?

Zielsicher bog der Mann rechts in den Vicus Pallacinae ein. Esther war nur einmal in dieser Gegend gewesen, vor einem Jahr, als sie sich auf dem Heimweg verlaufen hatte – und sie hatte das schäbige Viertel in unangenehmer Erinnerung. Das uralte, von Flechten und Algen bedeckte Gemäuer der Stadtbefestigung umschloss hier die Rückseite des Capitols mit den großen Tempeln von Iupiter und Iuno. Steil fiel das Gelände nach unten ab. Am Fuß des Hügels standen sehr alte, heruntergekommene Häuser, und das, obwohl sie in einer der teuersten und besten Wohngegenden Roms lagen. Aber das konnte sich schon in wenigen Jahren ändern. Keine zweihundert Schritt entfernt schossen rechts und links der Via Lata Neubauten in die Höhe, vier-, fünf-, ja sechsstöckige *insulae**. Nur wohlhabende

---

* Wörtlich »Inseln«, gemeint sind große Mietshäuser.

Bürger konnten die dort verlangten Mieten zahlen. Doch hier, direkt vor der alten Mauer, hauste immer noch großstädtisches Proletariat in verwahrlosten Häusern. Fragte sich nur, wie lange noch.

Der Mann folgte dem Vicus Pallacinae vielleicht hundert Schritt, dann bog er links in eine enge Gasse ein. Vorsichtig folgten sie ihm.

Eine Kreuzung. Geradeaus stieg der Weg steil an bis zur Höhe des Capitols. Der Mann ging nach links. Da er sich während der ganzen Zeit kein einziges Mal umgeblickt hatte, fühlte er sich völlig sicher. Wie sollte er auch ahnen, dass jeder seiner Schritte scharf beobachtet wurde.

Esther dachte angestrengt nach: Endete dieser Weg nicht als Sackgasse? Es war schon so düster hier, dass man den weiteren Verlauf der Straße kaum erkennen konnte. Die zurückliegenden Eingänge der Häuser, dunkle, konturlose Löcher, konnte man nur erahnen. Hier saß niemand wie im Argiletum auf Stühlen, Hockern oder Bänken vor dem Haus, um mit Nachbarn und Freunden Ereignisse des Tages zu besprechen. Sollte hier etwa die Werkstatt sein? Das passte nicht zur Vornehmheit des Geschäftes. Es sei denn ... Esthers Gedanken schweiften in eine neue Richtung: Hielt Arruntius ihre Mutter hier etwa versteckt? Wenn ja, warum? Der Ort wäre dafür geeignet. Er lag mitten in der Stadt und war von allen Seiten gut zu erreichen. Umgekehrt galt das Gleiche, von hier aus gelangte man schnell zum Tiber, zu den Brücken oder zu einer der Ausfallstraßen, falls man die Stadt schnell verlassen wollte. Aber das ergab doch keinen Sinn!

Nun hieß es: Aufpassen! Da die Straße ein Stück weiter endete, konnte der Unbekannte nur in einem der Häuser verschwinden. Esther blieb stehen und hielt Titus am Arm zurück. Gespannt lauschten und spähten sie nach vorne. Der Mann war im schwachen Licht der engen Gasse kaum zu erkennen. Sie huschten an einer Hauswand weiter. Blieben stehen. Lauschten. Seine Schritte waren kaum wahrzunehmen. Er schien bis zum Ende der Gasse zu gehen. Eine Weile war es still. Dann hörten sie, wie mit einem Schlüssel an einem Schloss hantiert wurde. Er fand offenbar nicht gleich das Schlüsselloch, das Metall schürfte am Holz der Tür entlang. Endlich fand er die richtige Stelle. Ohne sich umzublicken trat er ein, verriegelte die Tür von innen.

Sie hatten sich die Lage genau eingeprägt, schossen nach vorn, erreichten das Haus und seinen Eingang. Stille. Sie warteten, ob sich oben im ersten oder zweiten Stock etwas regte. Aber es blieb ruhig. Also musste der Mann in einen der hinteren Räume gegangen sein. Oder in den Innenhof, falls es hier einen gab.

Sie konnten einige markante Einzelheiten erkennen. Das Haus hatte zwei Balkone. Vom steinernen Geländer des unteren hingen die Ranken von Schlingpflanzen herab. Die Haustür befand sich genau darunter. Unten war ein Stück vom Holz herausgebrochen. Die Öffnung war groß genug, um einem kleinen Hund oder einer Katze als Durchschlupf zu dienen. Sonst gab es keine Besonderheit. Außer dem Geruch. Es roch widerlich nach Fäulnis, nach Fäkalien, nach Schimmel. ›Oh Gott!‹, dachte Esther. ›Sollte Mutter in diesem Haus sein? Wie schrecklich!‹

»Hier stinkt es wie in einer Jauchegrube!«, murmelte Titus.

Esther schwieg dazu und lauschte weiter. Schließlich sagte sie leise: »Jedenfalls wissen wir nun, dass Arruntius einen Mann hierher geschickt hat. Und aus dem, was Montanus sagte, ist zu schließen, dass er wahrscheinlich täglich um diese Zeit hierher kommt.«

»Langsam!«, meinte Titus. »Vielleicht wohnt der hier.«

»Das glaube ich nicht. Er hat einen Auftrag. Dafür spricht die Umhängetasche. Wenn er einer von Arruntius' Sklaven ist, wohnt er bestimmt im Geschäft, in einem der hinteren Räume oder im Obergeschoss des Hauses. Wenn er aber freier Angestellter ist, wird er genug Geld verdienen, um sich ein besseres Quartier als das hier leisten zu können.«

»Möglich.« Titus trat zurück und begutachtete die Hausfront von oben bis unten, links und rechts.

»Was überlegst du?«, fragte Esther.

»Ob man noch woanders reinkann.«

»Geht nicht.«

»Seh ich.« Er kam nahe heran. »Aber vielleicht kann man . . .«

»Was?«

»Vielleicht kann man von hinten ran.«

»Dann müsste da ein schmaler Weg sein. Ist aber nicht.«

»Vielleicht doch.«

»Das können wir jetzt nicht mehr klären. Wir müssen nach Hause! Sonst gibt's Ärger.«

Sie lauschten noch eine Weile zum Haus hin, aber

drinnen regte sich nichts. Nur aus einem offenen Fenster des Nachbarhauses kamen Stimmen. Zwei kleine Kinder plärrten. Die Stimme der Mutter wurde lauter, schärfer, schriller. Es nützte nichts. Die Kinder weigerten sich heulend, irgendeiner Anordnung Folge zu leisten. Plötzlich brüllte eine Männerstimme nur ein Wort: »*Satis!*«[*]

Auf der Stelle trat Ruhe ein.

»Komm, wir gehen«, sagte Esther. Sie machten sich auf den Heimweg und erreichten schon eine Viertelstunde später das Tor zum Innenhof.

XV

Sie gingen sofort in die Küche. Martha, wie immer besorgt um das körperliche Wohlergehen ihrer Schützlinge, legte ihnen frisches Brot, sizilischen Räucherkäse und kaltes Hühnerfleisch auf die Brettchen. Dazu servierte sie Hühnerbrühe in Bechern. Titus und Esther machten sich mit Heißhunger darüber her, während Martha sich zu ihnen an den Tisch setzte und ihnen zufrieden beim Essen zusah.

Mit bedeutungsvoller Miene sagte sie: »Ihr sollt euch gleich beim Herrn melden.«

»Wo?«, fragte Titus mit vollem Mund.

»Im Tablinum!«

---

[*] Wörtlich: *genug* – hier im Sinne von »Basta!«

Titus sah Esther an. Es würde wohl eine gesalzene Strafpredigt geben, weil sie so lange und ohne Erlaubnis fort gewesen waren. Aber warum im Tablinum? Das war das offizielle Empfangszimmer des Hauses, in dem sonst vornehme Besucher und potente Handelspartner begrüßt wurden.

»Daniel auch?«, wollte Titus wissen.

»Daniel auch.« Martha nickte energisch.

»Können wir wenigstens in Ruhe zu Ende essen?«

»Aber sicher, Jungchen. Ich habe noch frischen Schinken. Magst du welchen?«

»Immer!«

Esther wurde nicht gefragt, da sie als Jüdin wie Martha und Daniel kein Schweinefleisch aß.

Titus wollte mehr wissen. »Hat er gesagt, worum es geht?«

»Nein. Ich hab's auch nicht von ihm, sondern von der Herrin.« Martha reichte ihnen eine Wasserschüssel zum Reinigen und ein Tuch zum Abtrocknen der Hände. »Ihr solltet jetzt gehen. Sie warten schon.«

»Sie? Wer denn noch?«, fragte nun Esther.

»Alle.«

»Du auch?«

»Ich auch.«

Esther sah Titus an. Mit gemischten Gefühlen verließen sie die Küche. Martha folgte ihnen.

»Ah, da seid ihr ja, nicht wahr! Ihr kommt spät, aber ihr kommt!« Acilius Rufus unterbrach das Gespräch, das er gerade mit Daniel führte, und wies Titus und Esther Plätze auf zwei freien Stühlen an. Er schien überraschenderweise bester Laune zu sein.

Esther warf ihrem Bruder einen fragenden Blick zu, doch Daniel zuckte nur mit den Schultern. Auch er setzte sich.

Die meisten Angehörigen der *familia** waren im Raum versammelt: Acilius, Domitia, Titus, Daniel, Esther, Martha und sogar Philon und Theokritos. Martha, Philon und Theokritos mussten stehen. Die Herrin saß im großen Korbsessel mit der hohen Rückenlehne. Er war ein Erbstück ihrer Mutter. Acilius würde im Stehen bekannt geben, worum es sich handelte.

Er ging zwei, drei Mal vor der Gruppe auf und ab – dabei rieb er gut gelaunt seine Hände –, blieb abrupt stehen und ließ seinen Blick über die Versammelten schweifen. Dann hieß es: »Es ist, nicht wahr, wie soll ich sagen ... es ist, wie mir scheint, höchst angebracht, dass ihr alle gemeinsam das, was ich euch zu sagen habe, aus meinem, nicht wahr, aus dem Munde eures Herrn vernehmt, was er euch, äh, zu sagen hat, ja.«

Daniel und Titus wechselten einen Blick: Immer diese umständlich verklausulierte Eröffnung wichtiger Erklärungen! Titus presste die Lippen aufeinander und schaute zur Decke, Daniel konnte kaum ein Grinsen unterdrücken.

»Dabei handelt es sich, nicht wahr«, fuhr Acilius unbeirrt fort, »um, äh, um zwei Dinge von durchaus einiger Bedeutung, ja.«

Daniel, Esther und Titus sahen, wie sich Philon mit

---

* *familia* ist die Hausgenossenschaft mit den zum Hause gehörenden Sklaven.

großen Augen zu seinem Kollegen neigte, die Hand zum Ohr führte und flüsterte: »Was hat er gesagt?«

»Beim Hercules!«, gab Theokritos ungehalten zurück. »So hör doch zu!«

»Wie? Aber ich hör doch nichts!«

»Dein Problem.«

»Wieso denn das?«

»Solltest dir endlich ein Hörrohr zulegen!«

»Aber ich hab doch eins!«

»Na, wo ist es denn, he? Wo ist es?« Theokritos gestikulierte wild mit den Händen.

Dieser Disput über den Gebrauch von Hörrohren war immer lauter geworden und wäre wohl noch eine Weile fortgegangen. Doch das war Domitia zu viel. Ein strenger Blick traf Philon und sie rief in schneidendem Ton: »Das ist unerhört!«

›Wie Recht sie hat‹, dachte Daniel, ›er hört ja wirklich nichts‹ – wobei es ihm schwer fiel, über die unfreiwillige Komik dieser Formulierung nicht laut aufzulachen.

Die Herrin fuhr im Befehlston fort: »Philon!«

»Hier!«, kam es zerknirscht von dem Unglücksraben.

»Ich darf doch wohl um Ruhe bitten! Der Herr hat euch etwas Wichtiges mitzuteilen und ihr faselt dummes Zeug von Hörrohren daher!«

Das saß. Philon senkte den Kopf, murmelte aber: »Na, dann eben nicht . . . Wenn man nichts hört, braucht man auch nicht zuzuhören.« Er verschränkte die Arme und blickte schmollend zu Boden.

Während die Herrin das überhörte und übersah, fuhr Acilius gelassen fort: »Zunächst dies, nicht wahr: Es wird eine, ja, eine Veränderung von einigem Belang in eurem Kreise geben. Ihr werdet einen neuen Kollegen bekommen.«

Das *Ihr* wandte sich vor allem an Philon und Theokritos, während Daniel mit einem wissenden Lächeln bedacht wurde, was dieser ebenso zurückgab.

In einer kurzen Beschreibung stellte Acilius den neuen Mann vor: Er heiße Pilesar, habe bis vor kurzem in Diensten eines gewissen Rutilius gestanden und sei durch widrige Umstände erneut auf dem Sklavenmarkt gelandet. Er sei zwar noch krank, doch werde er »mit Hilfe der Götter, besonders des Aesculapius, nicht wahr, bald genesen«. Und zu seiner Frau: »Wir müssen dem Gott noch einen Hahn opfern!«

Domitia nickte. Sie würde es nicht vergessen.

Weiter führte Acilius aus: »Pilesar ist gebürtiger Syrer. Er spricht und schreibt fließend mehrere Sprachen, darunter auch und besonders Hebräisch. Das aber war einer der Gründe, nicht wahr, die mich veranlasst haben diesen klugen und fähigen Mann zu erwerben, ja. Ich erwarte, dass alle Angehörigen dieses Hauses Rücksicht nehmen auf seinen angegriffenen Gesundheitszustand, wenn es auch noch eine Weile dauern wird, bis er wieder einsatzfähig sein wird. Im Übrigen habt ihr euch ...« – das ging besonders an Philon und Theokritos – »wie stets an die Weisungen unseres Daniel hier zu halten, nicht wahr. Philon, hast du alles verstanden?«

Philon nickte.

»Sehr gut. Dann komme ich nun also zum zweiten Punkt dessen, was ich, äh, euch mitzuteilen habe.«

Wieder ging er einige Schritte auf und ab und knetete

seine Hände, ehe er fortfuhr: »Wie sagte doch der klügste aller Dichter, der äußerst scharfsinnige Publilius Syrus: ›*Mehr als Verstand vermag das Glück beim Menschen.*‹ Wie wahr, wie wahr! Wissen wir doch alle aus eigener Erfahrung, nicht wahr, dass es . . .«

Er kam nicht weiter, denn mitten hinein schmetterte Philon laut und deutlich den Satz: »*Die Tat, die sich aufs Glück verlässt, missglückt!*«

»Wie bitte?« Acilius starrte seinen Schreiber perplex an. »Sag das noch mal!« – womit er natürlich genau das Gegenteil meinte, und es klang wie eine Drohung.

Prompt wiederholte Philon den Spruch, diesmal noch lauter: »*Die Tat, die sich aufs Glück verlässt, missglückt!*«

Acilius stand wie vom Donner gerührt und murmelte fassungslos: »Aber wieso, äh, ich meine . . . von wem hast du das?«

Philon darauf, mit dem unschuldigsten Gesicht: »Mit deiner Erlaubnis, Herr, von Publilius Syrus.«

»Von Pub-. . . Unmöglich!« Acilius musste schlucken, sein dreifaches Kinn erbebte. »Das kann nicht sein! Ist es doch, was den Inhalt, nicht wahr, betrifft, genau das Gegenteil dessen, was ich soeben, nicht wahr, von ebenjenem Publilius zitiert habe!«

»Aber gewiss doch, Herr«, beharrte Philon. »Es ist vom klügsten aller Dichter!«

»*Philon, mira narras!* – Du erzählst Märchen! Nein, nein, das kann nicht sein!« Acilius lächelte mild, doch nur kurz, dann fragte er entrüstet: »Oder besitzt du am Ende eine neuere Ausgabe seiner Spruchweisheiten?« Er hielt den Kopf schief und drohte mit dem Finger:

»Du hast dir eine besorgt, nicht wahr! Bei Pollius Valerianus! Ist es so? Sprich!«

»Nein.«

»Was heißt das?«

»Ich besitze sie nicht. Aber das ist auch nicht notwendig, Herr.«

»Nicht not- ... Warum denn das?«

»Weil ich sie alle auswendig kenne.«

»Aha, aha, höchst lobenswert, ja! Aber du musst diesen Satz doch ... ich meine, jemand muss ihn dir ... Kurz: Von wem hast du ihn? Sprich!«

»Von dir, Herr!«

»Nein!«

»Aber sicher!«

»Philon, ich bitte dich! Das würde doch bedeuten...« Acilius dachte offenen Mundes nach, fuhr dann leiser fort: »Es hieße in der Tat, dass diese Aussagen in Widerspruch zueinander stehen, nicht wahr!«

Philon darauf, ungerührt: »*Sic est, domine.*«

»Und du sagst, ich habe gesagt, dass er das gesagt hat?«

Da legte Philon die Hand aufs Herz und rief mit Pathos: »*Ne vivam, si quid simulo!* – So wahr ich lebe! Es ist so!«*

»*Incredibile!* – Unglaublich! Aber lassen wir das für den Augenblick. Ich werde es überprüfen, ja.«

Acilius schüttelte verwirrt den Kopf. Es machte ihm ganz offensichtlich Mühe, sich auf den zweiten Punkt

---

* Wörtlich: »*Ich möge nicht leben, wenn ich das erheuchle (simuliere).*«

dessen, was er mit seinen Leuten besprechen wollte, zu konzentrieren. Daniel aber, der dem Schreiber Glauben schenkte – Philon vergaß nie etwas! –, nahm sich vor selbst der Lösung dieses Widerspruchs nachzugehen. Bei nächster Gelegenheit wollte er den Buchhändler Pollius Valerianus darauf ansprechen und ihn um eine Stellungnahme bitten.

Währenddessen hatte Acilius sich wieder in der Gewalt, er reckte sich und erklärte sachlich: »Wie auch immer... Ich komme nun trotzdem zum zweiten Punkt dessen, was ich, äh, euch zu sagen habe.«

Alle waren gespannt, worum es sich handelte.

»Die Herrin und ich«, fuhr Acilius fort, »werden morgen, und zwar schon in der Frühe, nicht wahr, aufbrechen, ja.«

»He...?« Titus blickte erstaunt seine Mutter an, Domitia aber schüttelte beschwichtigend den Kopf und gab ihm mit dem Zeigefinger zu verstehen erst die weiteren Mitteilungen seines Vaters abzuwarten. Acilius erklärte: »Die unerwarteten Sturmböen, die vor zwei Tagen über die Albaner Berge gefegt sind, haben auch unser Landhaus bei Tusculum in... äh, in...«

»... in Mitleidenschaft gezogen«, vollendete Daniel und nickte.

»Wie? – In Mitleidenschaft, ja! Leider habe ich das erst heute Morgen erfahren. Das aber heißt, wir müssen nach dem Rechten sehen. Am Dach sind Schäden aufgetreten, die unverzüglich repariert werden müssen. Und das duldet keinen Aufschub, nein. Wie schon der Dichter sagte: ›*Iactum tacendum crimen facias acrius.* – Leicht wächst aus kleinstem Schaden größter Vorwurf.‹ Wie wahr, wie wahr! Im Übrigen sind ja auch noch gewisse, äh, Dinge zu regeln im Zusammenhang mit der bevorstehenden Verleihung der *Toga Virilis* an Titus, nicht wahr, auf die ich hier nicht näher eingehen muss.«

Daniel, Esther und Titus wechselten Blicke: Die unerwartete Abwesenheit der Eltern würde ihre Unternehmungen in der Stadt erleichtern!

Titus wechselte einen kurzen Blick mit Daniel und Esther, der verriet, dass er dasselbe dachte wie sie, und fragte: »Wann werdet ihr denn wieder zurück sein?«

Und Acilius: »Das, nicht wahr, hängt ganz von der Größe des Schadens ab. Das lässt sich jetzt noch nicht sagen, nein. Wenn es sich nur um ein paar zerstörte Dachziegel handelt, dürften wir schon morgen Abend... Ansonsten später. Und nun, nicht wahr, geht an eure Arbeit!«

XVI

Der folgende Tag brachte nichts Neues außer der Beobachtung, dass der gleiche Mann, den Esther und Titus gestern bis zum Capitol verfolgt hatten, auch heute wieder unterwegs war. Daniel, der zu dieser Zeit – es war eine halbe Stunde vor Ladenschluss – in der Nähe des Obststandes auf seinem Posten stand, war ihm vorsichtig bis zum Viertel am Capitol gefolgt. Doch auch diese Beobachtung brachte sie der Lösung des Problems keinen Schritt näher, wie sie ohne Verdacht zu erregen in das Haus gelangten.

Wie erwartet konnte Atto nicht aus dem Haus. So waren sie bis auf weiteres nur zu dritt. Allerdings hatte sich Nigers Vater, der Tierhändler Maurus Bocchus, bereit erklärt seinen Sohn stundenweise »auszuleihen«, wie er sich ausdrückte. Er hatte dies allerdings nicht ganz freiwillig getan. Erst als Daniel ihn daran erinnerte, wie hoch seine Schulden bei Acilius seien und dass es durchaus in seinen, Daniels Aufgabenbereich gehöre, den Kaufmann daran zu erinnern, hatte Maurus Bocchus zugestimmt.

Esther wusste von Daniel, dass Bocchus Maurus nicht gerade der pünktlichste Zahler unter Acilius' Kunden war. Er beglich offen stehende Rechnungen gerne erst nach zwei, drei, manchmal sogar erst nach vier Mahnungen. Und da sie außerdem von Titus wusste, dass Maurus am Abend erhebliche Mengen Wein zu sich zu nehmen pflegte, sah sie durchaus eine Verbindung zwischen dem übermäßigen Weinkonsum und der schlechten Zahlungsmentalität.

Also wechselten sich am nächsten Tag Daniel, Esther und Titus bei der Beobachtung von Arruntius' Geschäft ab. Jeder stand etwa zwei Stunden auf seinem Posten. Damit sie kein Misstrauen erregten, verließen sie in unregelmäßigen Abständen ihren Standort und schlenderten zur Via Lata und zurück. Und wenn sie nach Hause gingen, baten sie Montanus, den Obsthändler, weiter die Augen offen zu halten. Doch auch ihm fiel nichts Verdächtiges auf.

Als Esther gegen Ende der elften Stunde wieder den

Torbogen im Argiletum erreichte, kam ihr Zenon, der Arzt der Familie, entgegen, wie immer in großer Eile. Sie grüßte ihn freundlich, doch er reagierte nur mit einem kaum hörbaren »Salve! Keine Zeit, keine Zeit!«, denn in Gedanken war er schon bei seinem nächsten Patienten.

Da sie sehr hungrig war, ging sie in die Küche.

»Und?«, fragte Martha neugierig.

»Wieder nichts.«

»Na, wenn schon. Nicht aufgeben! Ihr werdet schon irgendwann Erfolg haben. Übrigens, der Arzt war hier. Es geht aufwärts mit Pilesar!«

»Wirklich?«

Martha berichtete, dass der Patient alles, was sie ihm gekocht hatte, zu sich genommen und bei sich behalten habe. Auch Zenon sei sehr zufrieden mit dem Genesungsprozess. Wenn er so weitermache, könne Pilesar in zwei Tagen aufstehen.

»Endlich mal eine erfreuliche Nachricht!«, kommentierte Esther das Gehörte.

Martha erkundigte sich: »Hast du schon was gegessen?«

»Ich habe es. Warum?«

»Weil du gleich wieder wegmusst.«

»Wohin denn?« Esther sah sie fragend an.

»Ein Bote war hier, als du in der Stadt warst.«

»Für mich? Von wem?«

»Von einer Domina namens Cornelia.«

»Und was sagte der Bote?«

»Du sollst noch heute Abend zu der Herrin kommen. – Aber Kind, wer ist das denn?« Martha schien besorgt zu sein.

»Das erzähl ich dir später.«

Schon in Eile, dachte Esther nach: Das konnte nur bedeuten, dass Cornelia neue Erkenntnisse hatte. Sie rief: »Dann muss ich mich frisch machen und umziehen!«

Esther war schon an der Tür, als Martha ihr nachrief: »Frisch machen, gut. Aber du brauchst dich nicht umzuziehen. Du siehst gut aus.«

»Wirklich?«

»*Certo* – sicher. Ich würd's sonst nicht sagen.«

Esther ging in die Küche und wusch sich ihr Gesicht mit kaltem Wasser. Danach ließ sie sich von Martha kämmen und das schwarzbraune Haar am Hinterkopf zu einem Knoten hochstecken.

Sie bedankte sich, ging in Daniels Arbeitszimmer und bat ihn sie in die Stadt zu begleiten. Sofort machten sie sich auf den Weg.

Wie beim letzten Mal ließ sich Daniel auf einer der Stufen des Vestatempels nieder, während Esther den Tempel umrundete und den Innenhof des Atrium Vestae betrat. Da sie sich jetzt auskannte, steuerte sie direkt auf die Backstube zu, wo sie Licht gesehen hatte. Avidia, die Aufseherin, hantierte mit einer Sklavin, die Esther nicht kannte, in der Stube und gab ihr Anweisungen, was noch zu tun sei.

Obwohl ihr die Frau so unsympathisch war wie selten jemand, kam Esther nicht umhin, sie anzusprechen. Dabei kehrte sie wie beim letzten Mal die stolze Tochter altadliger Herkunft heraus und rief im Befehlston: »Avidia! Komm bitte einmal her!«

Avidia sah auf, und als sie Esther trotz der hereinbrechenden Dunkelheit wiedererkannte, verfinsterte sich ihr Gesicht. Doch sie trat näher. Eine barsche Antwort wagte sie nun nicht mehr von sich zu geben. Stattdessen hieß es: »Die Vestalis Maxima erwartet dich, Herrin.«

»Danke. Das wollte ich wissen.«

Als Avidia sich anschickte die Besucherin nach oben zu geleiten, hob Esther abwehrend die Hand und sagte: »Danke, ich finde den Weg allein.«

Wie beim letzten Mal saß die Vestalis Maxima hinter ihrem Arbeitstisch, wo sie Briefe oder Akten studiert und sich auf einem Papyrusblatt Notizen gemacht hatte. Esther verbeugte sich angemessen, was Cornelia mit einem leichten Neigen des Kopfes entgegennahm. Dann erhob sie sich und lud Esther ein auf einem der Sessel Platz zu nehmen, während sie sich ihr gegenüber niederließ.

»Fein, dass du sofort gekommen bist, Esther.«

»Das war doch selbstverständlich, Herrin.«

Die Vestalin studierte ruhig Esthers Gesicht und meinte: »Du siehst müde aus.«

»Ich bin es aber nicht, Herrin. Es mag freilich sein, dass all die Aufregungen der letzten Tage ihre Spuren hinterlassen.«

»Das glaube ich dir gern, Esther. Sogar mir geht die ganze Geschichte sehr nahe. Gibt es in der Sache irgendetwas Neues?«

»Nun, vielleicht dies. Es gibt eine neue Spur.«

Esther berichtete, dass der Laden von Arruntius ununterbrochen bewacht werde und dass es den Verdacht gebe, der Händler halte Lea, die Mutter, in einem Haus auf der Rückseite des Capitols versteckt. Es sei aber schwierig, wenn nicht gar unmöglich, ungesehen ins Innere des Gebäudes zu gelangen.

Nach kurzem Nachdenken über das Gehörte sagte Cornelia leise: »Interessant.« Und sie fügte hinzu: »Du hast natürlich Recht, Esther: Um zu klären, ob sich die Mutter überhaupt in diesem Gebäude befindet, müsste man hineingehen und jeden Raum, auch Speicher und Keller – falls einer vorhanden ist –, genauestens überprüfen. Aber da liegt die Schwierigkeit. Natürlich könnte ich mir in meiner Eigenschaft als Vorsteherin aller Vestalinnen ohne weiteres Eintritt verschaffen. Aber du wirst verstehen, dass dies gänzlich unmöglich ist. Es würde einen Auflauf geben. Gerüchte würden entstehen und im Viertel, schließlich in der ganzen Stadt die Runde machen. Gewisse Leute würden fragen: Was macht die Vestalis Maxima in diesem heruntergekommenen Hause? Am Ende würde die Nachricht über meinen Besuch im Palast und auf dem Arbeitstisch des Kaisers landen. Und dann hätte ich ihm, der ja mein Vorgesetzter ist, Rechenschaft zu geben und wichtige Gründe zu nennen, die mich zu einem solchen Gang veranlasst hätten.«

Cornelia stand auf und ging zum Fenster, von wo der Blick auf die Via Nova, die Neue Straße, ging – und weiter zum steil abfallenden Hang des Palatins. Sie öffnete einen Flügel und sagte: »Er hat noch Licht in seinem Arbeitszimmer . . .«

Wen meinte sie? Den Kaiser?

»Komm her, Esther!« Das Mädchen trat neben sie. »Siehst du das große, erleuchtete Fenster im zweiten Stock?«

»Ich sehe es.«

»Der Kaiser sitzt noch an seinem Arbeitstisch. Wahrscheinlich studiert er noch Akten, die man ihm heute vorgelegt hat. Und er studiert sie sehr genau! Um alles kümmert er sich persönlich, selbst wenn er krank ist.«

Esther schaute hinüber und bemerkte: »Am Tag kann er von da oben fast das ganze Forum überblicken!«

»So ist es. Und das tut er auch.«

»Warst du dort schon?«

»Aber sicher. Vespasian und ich haben bisweilen wichtige Dinge miteinander zu besprechen.«

Esther lief ein leichter Schauer über den Rücken, als sie sich einmal mehr bewusst machte, dass diese Frau in Rang und Ansehen unmittelbar dem Kaiser folgte.

Cornelia ging zurück zur Sitzecke, nahm aber nicht Platz, sondern fuhr fort: »Du wirst wissen wollen, warum ich dich hergebeten habe. Nun, ich denke, ich habe eine Lösung gefunden, die von allen wohl die beste ist...«

Gespannt sah Esther sie an.

»Ich werde Lea kaufen!«

Esther erschrak. Das war doch keine Lösung! Dann wurde Lea eine Sklavin der Vestalis Maxima! Und diese schreckliche Avidia konnte ihr nach eigenem Gutdünken Befehle erteilen wie Myriam! Es sei denn...

»Was machst du für ein betroffenes Gesicht, Esther?« Cornelia lächelte ihr freundlich zu. »Selbstverständlich werde ich deine Mutter unmittelbar danach in die Freiheit entlassen.«

»Ja, aber...«

Unwillkürlich war Esther ins Hebräische gewechselt,

doch Cornelia hatte diese Wendung verstanden. »Mach dir keine Sorgen, Mädchen! Du wirst deine Mutter wieder sehen.«

Esther begriff nicht, woher Cornelia diese Sicherheit nahm, doch die Zuversicht der Vestalin tat ihr gut.

»Danke, Ehrwürdige Mutter!«

Cornelia lächelte über die plötzliche formelle Anrede, dann schien ihr noch ein Gedanke zu kommen: »Willst du dabei sein, wenn ich mit Arruntius verhandle?«

Esther, immer noch sprachlos vor Staunen über die Großzügigkeit und Menschlichkeit der Vestalin, brachte nur ein leises »Danke!« über die Lippen und verbeugte sich.

Cornelia schloss die Unterredung: »Das war's, was ich dir sagen wollte. Wir treffen uns um die zweite Stunde bei Arruntius vor dem Eingang.«

Esther konnte nur nicken. Cornelia warf einen kritischen Blick auf die Papiere, die auf ihrem Arbeitstisch lagen, und fügte hinzu: »Die Arbeit ruft. Also ... dann bis morgen!«

Esther verbeugte sich tief und verließ den Raum.

XVII

So schnell sie konnte, eilte sie die Säulenhalle entlang, zum Ausgang und nach draußen, umrundete den Vestatempel und steuerte den Platz an, wo Daniel sitzen musste. Als sie sich näherte, rief er schon von weitem: »Und? Gibt's was Neues?«

»Ja. Sie ... sie hat gesagt ...« Esther war ganz außer Atem. »Ach, Daniel, ich kann es immer noch nicht glauben!«

»Was denn?«

»Sie will Mutter dem Arruntius abkaufen!«

»Nein!«

»Aber ja doch!«

»Hat sie das wirklich gesagt?«

»Ja.« Esther berichtete, was Cornelia mit ihr besprochen hatte.

Daniel schüttelte verblüfft den Kopf. »Das ist aber ...«

»Unglaublich großmütig!«, rief Esther.

»Ja, aber ...«

»Was?«

»Wir beide sind uns doch sicher, dass Arruntius Mutter rechtmäßig als Sklave erworben hat! Da kann er sich doch weigern!«

»Das glaube ich kaum. Einer Vestalin schlägt man keinen Wunsch ab.«

Daniel blieb dabei: »Warten wir's ab.«

Doch Esther, voller Optimismus: »Gleich morgen früh treffen wir uns vor Arruntius' Geschäft.«

»Wann?«

»Früh, schon zu Beginn der zweiten Stunde.«

Sie machten sich auf den Rückweg. Mittlerweile war es so dunkel geworden, dass man die Hand nicht vor Augen sehen konnte. Hier, am Forum, standen nur Tempel und öffentliche Gebäude und keine Privat-

oder Gasthäuser, aus deren Eingängen oder Fenstern der Schein von Öllampen oder Kerzen nach draußen drang. Wolken waren aufgezogen, nur hier und da rissen sie auf und ließen das fahle Licht der Sterne passieren. Hoffentlich gab es nicht erneut einen solchen Sturm wie den, der das Landhaus des Acilius verwüstet hatte. Das Licht reichte gerade aus, die Fronten der Tempel und Basiliken vom Straßenpflaster zu unterscheiden.

Plötzlich blieb Daniel stehen.

»Was ist?«, fragte Esther.

»Da waren Schritte!«, flüsterte er.

»Ich habe nichts gehört«, gab Esther ebenso leise zurück. Doch sie hielt eine Weile den Atem an und spitzte die Ohren. Auch Daniel lauschte angestrengt in die Dunkelheit.

Sie befanden sich schon in der Nähe der Stelle, wo das Argiletum das Forum verließ. Die fensterlose Seitenwand der Curia auf der anderen Straßenseite konnte man jetzt nur erahnen.

Da waren sie wieder! Schritte! Auch Esther hörte sie jetzt, aber nur kurz, dann war alles still. Ihr war, als ob da jemand stehen blieb, um selbst zu lauschen. Wurden sie etwa verfolgt?

Daniel zog Esther zwischen zwei Säulen in die Arkaden der Basilika. Am Tag tätigten hier die Geldwechsler ihre Geschäfte. Jetzt waren die Stände, Bänke und Tische leer. Die Zwillinge bewegten sich mit größter Vorsicht, um keinen Lärm zu machen. Das war nicht einfach, denn hier war es absolut finster. Dafür würde sie aber niemand, der über den Platz ging, hier entdecken.

Angestrengt spähten sie von ihrem Versteck aus über den Platz. Die Schritte waren verstummt. Zwar hatten sich ihre Augen mittlerweile an die Finsternis gewöhnt, doch zu sehen war nichts außer dem Schein des heiligen Herdfeuers der Vesta. Das Licht reichte freilich nicht aus, um den Platz zu erhellen. Nur ein schwacher Schimmer kam aus der runden Dachöffnung des Tempels, und nur weil er dort auf den aufsteigenden Rauch des Feuers traf, konnte man das Licht überhaupt erkennen.

Daniel stieß die Schwester an. »Weiter! Bis zur Ecke! Äußerste Vorsicht!«

Lautlos schlichen sie von Säule zu Säule, bis sie das Ende der Arkaden erreicht hatten. Dort flüsterte Daniel Esther kaum hörbar ins Ohr: »Wir gehen an der Wand der Basilica entlang bis zum Forum Pacis. In der dunklen Eingangshalle warten wir ab.«

Geräuschlos verließen sie den Schatten der Arkaden und bewegten sich auf Zehenspitzen an der Seitenwand der Basilica entlang. Ohne Zwischenfall erreichten sie das Forum Pacis. Es war an einigen Stellen noch im Bau und sie mussten aufpassen nicht gegen herumliegendes Baugerät, gegen Bretter, Balken, Fässer und Ähnliches zu stoßen. Die Eingangshalle war schon frei von Gerüsten, denn der Kaiser führte gerne bevorzugte Gäste ins Innere, um ihnen die fertigen Teile der Anlage zu zeigen.

Sie versteckten sich hinter einer Säule und lauschten mit angehaltenem Atem. Eine Weile war es ruhig. Dann näherten sich wieder Schritte. Es schien sich um zwei Personen zu handeln. Jetzt blieben sie stehen, unmittelbar vor ihnen auf der Straße.

Eine männliche Stimme sagte mit fremdem Akzent: »Mensch, die sind doch längst über alle Berge.«

Sie kannten die Stimme nicht, auch nicht die der zweiten Person, die meinte: »Aber sie müssen hier entlanggegangen sein!«

»Bist du sicher?«

»Vollkommen! Neulich sind sie auch hierher gegangen. Und das war am hellen Tag!«

»Na und?«, brummte der Erste. »Pech! Dann sind sie eben weg.«

Daniel und Esther hatten jedes Wort verstanden. Ihnen lief ein Schauer über den Rücken: Sie wurden also beobachtet! Nicht erst jetzt, sondern schon seit Tagen!

Sie warteten, bis sich die Schritte entfernt hatten, dann erst wagten sie sich wieder auf die Straße. Falls die beiden Verfolger weiter ins Argiletum gegangen waren, konnte es brenzlig werden. Aus den zahlreichen Gaststätten und Thermopolien drang helles Licht auf die Straße. Jetzt wäre es ihren Verfolgern ein Leichtes, sie zu erkennen. Andererseits saßen um diese Zeit immer noch viele Anwohner vor ihren Häusern. Man kannte sich. Die Nachbarn würden nicht zulassen, dass zwei Fremde sich an Daniel und Esther vergreifen würden. Also machten die Geschwister sich auf den Heimweg und überquerten im Laufschritt die Kreuzung des Vicus Cuprius mit dem Argiletum. Von da bis zum Torbogen von Acilius' Haus waren es höchstens zweihundert Schritt. Ohne Zwischenfall erreichten sie die Einfahrt, den Innenhof und die Haustür.

»Geschafft!«, stieß Esther erleichtert hervor und Daniel nickte. Beide atmeten befreit auf.

XVIII

Am nächsten Morgen machten sich Daniel, Esther und Titus auf den Weg. Sie durften die Vestalis Maxima auf keinen Fall verfehlen. Und Titus wollte unbedingt dabei sein. Sechs Augen sahen mehr als vier. Freilich würde er nicht mit ins Geschäft gehen.

Zu dieser frühen Stunde waren vorwiegend Menschen unterwegs, die geschäftlich oder privat Dinge zu erledigen hatten, die keinen Aufschub duldeten; darunter viele Sklaven und Sklavinnen, auf dem Weg zu den verschiedenen Victualienmärkten, um dort Gemüse und Obst zu kaufen. Bauern aus der Umgebung der Stadt hatten es in der Nacht angeliefert. Am Morgen waren die Salate, Kohlköpfe, Selleriestangen, Kohlrabi und Möhren am frischsten.

Touristen und Besucher vom Lande tauchten erst später auf. Nur die Bettler nahmen, wie immer pünktlich, schon in der Frühe ihre Stammplätze an den Tempeln und öffentlichen Gebäuden ein, in der Hoffnung, dass sich einer der frühen Passanten ihrer erbarmen würde. Doch die erfahrenen Stadtbewohner würdigten die heruntergekommenen Gestalten keines Blicks. Wurden sie von ihnen angebettelt, scheuchten sie »das lumpige Gesindel« mit unwilligen, herrischen Gesten davon. Man kannte das ja.

Schon seit langem wussten Daniel und Esther, dass viele dieser graugesichtigen, verschmutzten Männer sich vorsätzlich Haar und Gesicht mit Asche beschmierten, alle möglichen Gebrechen vorspiegelten, indem sie humpelten, ihre Rücken krumm und die Hände so verkrampft hielten, als ob Gicht, Rheuma oder Arthrose im Endstadium die Ursache wäre. Allerdings gab es auch Fälle, die waren zum Erbarmen: Männer, Frauen, manchmal auch Kinder, die aus unbekannten Gründen ihre Beine oder Füße verloren hatten und sich nun auf Brettern mit hölzernen, quietschenden Rädern fortbewegten, indem sie sich mit den Händen am Boden abstießen. Diesen warf immer mal wieder ein Passant eine Münze in den Korb. Zum Dank wünschte der so Beschenkte dem Geber »den Segen der Götter! Glück, langes Leben und Gesundheit«.

In der Via Lata wurde es ruhiger, sie kamen gut voran und erreichten bald die Abzweigung der Straße, in der Arruntius' Laden lag. Gegenüber war Tiberius Cispius Montanus damit beschäftigt, seinen Stand aufzubauen und die verschiedenen Früchte hübsch zu ordnen.

Als er sie kommen sah, rief er schon von weitem: »Es gibt nichts Neues!« Er blickte zum Eingang des Geschäfts.

»Beim Mercurius! Nicht so laut!«, tadelte ihn Titus, als er ihn erreichte.

Montanus darauf: »Hm. Wieso laut? Ich spreche immer so.«

Während Daniel mit Esther einen langen Blick wechselte, lenkte Titus ein und sagte: »Versuch es nächstens leiser! Sie dürfen auf gar keinen Fall wissen, dass wir sie beobachten! Klar?«

Es folgte das übliche »Hm«, was wohl so viel wie »Klar, geht in Ordnung!« heißen sollte.

Während Montanus sich wieder seinen Victualien

zuwandte und die ersten Kunden bediente, behielten die drei den Laden im Auge. Aber es kam nur Dionysios. Nun sah man deutlich, dass ihm schnelles Gehen nicht möglich war. Er zog ein Bein nach und hatte anscheinend Mühe, das Gleichgewicht zu wahren.

»Erstaunlich!«, meinte Daniel.

»Was meinst du?«, fragte Titus.

»Na, dass Arruntius diesen behinderten Mann bei sich beschäftigt. Das tut er bestimmt nicht aus reiner Nächstenliebe!«

»Nächstenliebe?« Titus sah ihn verständnislos an, denn Daniel hatte, da es für den Begriff keine lateinische Entsprechung gab, die für einen Römer unverständliche Formulierung *caritas erga proximos* – Liebe zu den Nächsten, den Nachbarn – gebildet. »Was ist Nächstenliebe?«

Also erklärte ihm Daniel, dass es im Judentum seit alters her die Forderung gebe, seinen Nächsten, also seinen Mitmenschen, mit Liebe und Achtung zu behandeln. »Es gibt bei uns sogar den Satz: *Liebe deinen Nächsten wie dich selbst!*«[*]

»Das gibt's doch nicht!«, rief Titus. »Das ist unmöglich!«

»Mag sein. Aber diese Forderung ist ein Kernsatz unserer Religion. Moyses hat das gefordert und aufgeschrieben. Der Satz steht im Buch Levitikus, dem dritten der fünf Bücher Moyses. Und die sind unser Grundgesetz, wie bei euch ein Erlass des Kaisers.«

Titus schüttelte verblüfft den Kopf. Eine solche For-

---

[*] Altes Testament, Drittes Buch Mose, Kap. 19, Vers 18

derung wäre in Rom niemals zu Papier gebracht worden. Und er fügte hinzu: »Und? Sind die Juden darum bessere Menschen als die Römer? – Ihr habt doch den Krieg begonnen, nicht wir!«

»Das ist etwas anderes. Du vergleichst Äpfel mit Birnen!«

Darin steckte unausgesprochen der Vorwurf, dass es nicht gerade eine Stärke von Titus sei, differenziert zu denken.

»Hört auf damit!«, rief Esther aufgebracht. »Die Vestalis Maxima kommt!«

Sie blickten hinüber. Ein gedeckter Reisewagen war vorgefahren. Einer der begleitenden Herolde sprang zur Wagentür, öffnete sie, verbeugte sich tief und half seiner Herrin beim Aussteigen.

›Sie will heute Eindruck machen‹, dachte Esther. Sie wusste, dass die Vestalis Maxima zu den wenigen Privilegierten zählte, die am Tag mit dem Wagen durch die Stadt fahren durften. ›Das wird dem Arruntius nicht entgangen sein!‹

»Bis gleich!«, rief sie und eilte über die Straße zum Wagen.

Sie hörte, wie Cornelia dem Kutscher befahl: »Warte in der Nähe! Am besten da vorne, da ist es ruhiger.« Sie wies in die Richtung und der Wagen setzte sich in Bewegung.

Esther verbeugte sich angemessen, schwieg aber. Cornelia schaute über die Straße, zum Stand von Montanus, und fragte: »Der Dunkle, Große da drüben, ist er dein Bruder?«

»Er ist es, Herrin.«

»Ich möchte ihn gern kennen lernen.«
»Sofort, Herrin.«

Esther gab Daniel mit lebhaften Handzeichen zu verstehen, dass er herüberkommen sollte. Daniel folgte der Aufforderung, legte aber beim Näherkommen kein besonderes Tempo vor.

Auch er verbeugte sich vor der ganz in Weiß gekleideten Frau und wartete, dass er von ihr angesprochen würde.

Cornelia ließ ihren Blick zwischen den Gesichtern der Geschwister hin- und herwandern und meinte schließlich lächelnd: »Für Außenstehende ist es ein großer Vorteil, dass man euch als Zwillinge auseinander halten kann. Ihr hättet ja auch beide Jungen oder Mädchen sein können.«

Die Geschwister lächelten dazu. Was sollten sie sonst tun?

Cornelia wandte sich an den Bruder: »Daniel, ich hätte dich gern dabei, wenn ich mit Arruntius rede. Würdest du mitkommen?«

»Selbstverständlich, Herrin!«

»Gut. Dann wollen wir keine Zeit verlieren. Gleich beginnt der Kundenandrang und den möchte ich vermeiden, wo immer es geht. Kommt!«

Als sie sich dem Eingang näherten, wurden sie bereits erwartet. Jemand musste Arruntius über den hohen Besuch benachrichtigt haben. Er eilte nach draußen, verbeugte sich schon während des Gehens, das ein halbes Laufen war, und ging vor der Domina fast in die Knie.

»Welch eine Ehre!«, murmelte er. »Die hochwohlgeborene, die alleredelste Vestalis Maxima beehrt mich und mein Haus mit einem Besuch!«

»Dem dritten, mein Lieber!«, korrigierte Cornelia in gespieltem Ernst und hob dazu mahnend den Zeigefinger.

»Dem dritten, aber sicher, dem dritten! Wie konnte ich nur...?« Verbeugung. »Welch eine Ehre! Welch eine große...« Erneute Verbeugung. »Darf ich vorausgehen, Herrin?«

»Du darfst.«

Es folgte eine dritte Verbeugung, bei der er sich mit ausgebreiteten Armen fast bis zum Boden verneigte. Als er sich wieder erhob, war sein Gesicht rot angelaufen. Kein Zeichen einer guten Gesundheit.

Es entging Esther nicht, dass Cornelias Blick deutlich ausdrückte, wie zuwider ihr die Liebedienerei des Arruntius war.

Esther und Daniel kannten sich hier mittlerweile gut aus. Dionysios stand schon erwartungsvoll neben der Theke, bereit jeden Auftrag seines Herrn auszuführen. Drei Sklaven hielten sich verschüchtert im Hintergrund, betrachteten aber von dort neugierig das Geschehen.

»Womit kann ich heute dienen, Herrin?«, fragte Arruntius und sah erst sie, dann die Geschwister mit einem falschen Lächeln an. Offensichtlich konnte er sich die Anwesenheit der beiden Jugendlichen, die offenbar zum Gefolge der Obersten Vestalin gehörten, nicht erklären.

»Brauchst du«, fuhr er fort, »noch weitere Bänder? Dann werde ich auf der Stelle veranlassen, dass man...«

»Danke, nein.« Cornelia drehte ihren Siegelring. War sie nervös?

»Erlaubst du mir dann zu fragen, Herrin, was dich heute zu mir führt?« Verbeugung!

»Aber gern.« Cornelia blickte sich um. »Allerdings möchte ich das mit dir unter vier Augen besprechen. Nicht hier!«

Da sie dazu weder lächelte noch irgendeine freundliche Geste machte, witterte Arruntius Unheil. Für den Bruchteil eines Augenblicks zogen sich seine Pupillen zusammen. Es war Daniel und Esther nicht entgangen.

Doch er hielt seine Rolle durch: »Natürlich, natürlich ...« Er strich sich nervös übers Haar. »Wenn ich dann bitte vorausgehen darf?«

»Soll ich mitkommen, Herr?«, wagte Dionysios mit belegter Stimme zu fragen.

Arruntius fuhr herum, maß ihn mit strafendem Blick und fuhr ihn scharf an: »Wie? Du hast doch gehört, was die Herrin sagte! Unter vier Augen!«

»Selbstverständlich!«, beeilte sich der Gerügte zu murmeln und neigte demütig den Kopf.

›Eigentlich unter acht!‹, fuhr es Daniel durch den Kopf.

Arruntius führte sie zum hinteren Gang, machte bei der dritten Tür Halt, öffnete sie und bat seine Besucher einzutreten. Sie blickten sich um. Es handelte sich um eine Art *tablinum*, einen mit kostbarsten Möbeln aus dunklem Ebenholz eingerichteten Raum, in dem Arruntius Besucher, Handelspartner oder andere Personen, die ihm wichtig waren, empfing. Wandfresken von hoher künstlerischer Qualität zeigten Girlanden aus

Weinlaub, bevölkert von bunten Vögeln und Schmetterlingen. Dazwischen immer wieder kleine nackte Putten, die Tätigkeiten aus dem Bereich des Weinbaus spielerisch darstellten. Die ganze Einrichtung war darauf angelegt, einen gediegenen, kultivierten Eindruck zu machen. Die Botschaft lautete: Schaut her! Das alles kann ich mir leisten! Und ich habe Geschmack!

Die Möbel – zwei Sessel und Stühle mit hohen Lehnen – waren unbequem. Esther und Daniel machten es sich auf der geflochtenen Sitzfläche so bequem, wie es eben ging, und lehnten sich zurück.

Cornelia blickte sich in aller Ruhe im Zimmer um, während Arruntius in schnellem Wechsel zwischen ihren Augen und den von ihnen anvisierten Objekten hin- und herfuhr.

»Sehr schön!«, stellte sie schließlich fest. »Wirklich, sehr geschmackvoll.«

»Oh, es freut mich ganz außerordentlich, dass dir diese...« Arruntius verbeugte sich im Sitzen.

»Wer ist der Maler?«, wollte sie wissen.

Arruntius nannte den Namen, doch er sagte ihr nichts.

Daraufhin erklärte Arruntius eifrig: »Er ist noch sehr jung. Aber ein großes Talent! Ich kann ihn dir nur empfehlen, Herrin, falls du...«

»Das kann durchaus sein. Danke.«

Daniel und Esther beobachteten dieses Geplänkel mit wachsender Spannung, wobei sie sich sicher waren, dass es Cornelias Absicht war, eine entspannte Atmosphäre zu schaffen für das Folgende.

Dann kam sie unvermittelt zum Thema und steuerte

den Punkt, um den es ihr ging, ohne Umwege an: »Ich komme noch einmal auf die herrlichen Bänder zurück, die du seit kurzem im Angebot hast...«

»Aber bitte...« Erneute Verbeugung. »Wenn du weitere brauchst, werde ich veranlassen, dass man...«

»Danke, das ist nicht nötig. Mir geht es auch weniger um die Bänder als um die Stickerin, die sie gestaltet.« Dabei sah sie ihn so prüfend an, dass er Mühe hatte, ihrem Blick standzuhalten.

Daniel und Esther verfolgten, wie sich Arruntius' Augen wieder verengten und sein Gesicht einen harten, abweisenden Zug bekam.

»Ich möchte dir ein Angebot machen«, fuhr Cornelia fort.

»Ein Angebot? Mir? Aha, ein An...«

»Ich möchte dir diese Frau abkaufen. Und zwar zu einem Preis, den du auf dem freien Markt wohl nicht erzielen würdest.« Dann fragte sie ganz direkt: »Was hast du für sie bezahlt?«

Daniel und Esther warteten gespannt, wie er reagieren würde. Jetzt musste er Farbe bekennen. Offenbar hatte ihn das Angebot der Vestalin völlig überrascht und seinem Gesicht war abzulesen, wie sich alles in ihm gegen diesen Vorschlag sträubte. Doch die Vestalis Maxima hatte ihn damit gezwungen Stellung zu nehmen. Sein Blick wanderte unstet durch den Raum, er begann seine Hände zu kneten und murmelte: »Oh, das ist... Wie soll ich sagen... Ich meine...«

Er scheute vor einer klaren Antwort zurück und suchte ganz offensichtlich Zeit zu gewinnen, wobei er sich in allgemeinen, nichts sagenden Wendungen erging: »Das ist ... ich meine, es ist wirklich ein höchst ungewöhnliches ... ein nobles Angebot ...«

»Allerdings!« Cornelia ließ ihn nicht aus den Augen. »Du aber zögerst mit der Antwort. Warum?«

»Weil ...« Er atmete tief durch. »Ich möchte ungern auf diese Mitarbeiterin verzichten. Mehr noch: Ich kann es einfach nicht. Es gibt keine Zweite, die so wie diese ... Ich hoffe, du verstehst, Herrin, warum ich ...«

»Nein!«, kam es von ihr kühl zurück. Als sie fortfuhr, hatte ihr Ton eine ungewöhnliche Schärfe angenommen: »Das ist mir durchaus unverständlich! Du wirst mir doch nicht weismachen wollen, es gäbe in ganz Rom keine zweite Stickerin, die genauso gute Arbeit leistet wie diese. Immerhin handelt es sich dabei um handwerkliche Tätigkeiten und nicht um Werke eines Künstlers wie diese Fresken!« Sie wies auf die Wandbilder.

»Gewiss, Herrin, gewiss, aber ich erlaube mir darauf hinzuweisen, dass man diese Dinge nicht unbedingt miteinander vergleichen kann.«

Daniel und Esther sahen, wie es im Gesicht der Vestalin arbeitete. Sie hatte Mühe, eine scharfe Entgegnung zu unterdrücken. Schließlich fragte sie: »Du bleibst also dabei?«

Arruntius hob entschuldigend beide Hände. »Es tut mir wirklich Leid, Herrin, und ich würde es bedauern, wenn ich dich damit kränke. Aber ich kann nicht auf sie verzichten. Mir sind die Hände gebunden.«

Mit einem Ruck erhob sich Cornelia, Arruntius schoss in die Höhe und die Geschwister standen auf.

Arruntius, dessen Gesicht von Skrupeln gezeichnet war, hielt eine letzte Beschönigung für angebracht: »Ich hoffe wirklich nicht, dass ich dich mit meiner Ablehnung brüskiert habe.« Er verbeugte sich.

Cornelia schaute von Daniel zu Esther und erklärte knapp: »Wir gehen!«

Mit schnellem Schritt verließ sie den Raum, eilte durch den Gang, den Verkaufsraum und ohne Abschied nach draußen. Daniel und Esther hatten Mühe, ihr zu folgen. Arruntius schaffte es gerade noch, vor ihr die Ladentür zu erreichen, er riss sie auf und verbeugte sich fast bis zum Boden. Die Vestalis Maxima würdigte ihn keines Blicks.

Draußen beugte sie sich zu den Geschwistern und sagte leise: »Kommt mit zu meinem Wagen! Ich habe mit euch zu reden.«

Ihrem Begleitpersonal gab sie Anweisung zu warten und kletterte in die große Kabine des Wagens. Daniel und Esther folgten ihr. Sie nahmen auf den gepolsterten Sitzbänken Platz, die sich gegenüberlagen, und warteten, was die Vestalin ihnen zu sagen hatte.

Esther warf einen Blick aus dem Fenster und sah, wie Titus hinter dem Obststand hervortrat und ihr lebhafte Zeichen mit den Händen machte. Offenbar wollte er wissen, was das alles zu bedeuten hatte. Doch unter den gegebenen Umständen konnte sie ihm weder antworten noch mit Gesten zu verstehen geben, dass sie und Daniel keineswegs mit dem Wagen davonfahren würden, sondern in Kürze wieder bei ihm wären.

»Also, ich muss euch sagen«, begann Cornelia langsam, »ich habe so etwas befürchtet.«

»Aber warum?« Daniel hatte Mühe, den Zorn und die Ungeduld in seiner Stimme zu zügeln.

»Ich begreife das alles nicht«, sagte Esther verzweifelt. »Wie kann Lea, unsere Mutter, diesen Leuten so wichtig sein, dass man sie nicht aus der Hand geben will? Ich verstehe dieses Spiel nicht. Zumal du dem Mann ein ganz außergewöhnliches Angebot gemacht hast!«

»Nun«, erklärte die Vestalis Maxima nach kurzem Nachdenken, »das alles bestätigt meinen Anfangsverdacht. Dieser Arruntius verbirgt etwas und ist in sehr großer Sorge, dass ihm jemand auf die Schliche kommt. Habt ihr gehört, wie er gesagt hat: ›Mir sind die Hände gebunden‹? Da steckt noch jemand anders dahinter, jemand, der Arruntius unter Druck setzt.«

»Aber Herrin!«, rief Esther. »Dir schlägt man keinen Wunsch ab! Du bist die Vestalis Maxima!«

»Sicher.« Sie lächelte fein. »Aber das dürfte ihm im Hinblick auf seine Gefährdung gleichgültig sein.«

Erschrocken rief Daniel: »Dann ... dann solltest du dich bei deinen Fahrten durch die Stadt unbedingt von bewaffneten Männern schützen lassen! Er ahnt sicher, dass du ihn durchschaut hast!«

Da lachte Cornelia belustigt auf. »Nun aber mal langsam, ihr beiden Heißsporne! Niemand wird es wagen, mir ein Leid zuzufügen. Mein Amt schützt mich. Sie werden mich nur beobachten, um herauszufinden, mit wem ich in Kontakt stehe. Denn sie wissen sehr wohl, dass ich nach dem heutigen Treffen gewisse Schlüsse aus dem Verhalten des Arruntius ziehen werde. Seinen Hintermännern – wer auch immer das ist – wird er von meinem Besuch und meinem Angebot erzählen. Kann ich mich darauf verlassen, dass ihr den Laden im Auge behaltet? Aber seid vorsichtig! Geht nie allein in die Stadt! *Ihr* seid in Gefahr, nicht ich!«

Sie nickten und überdachten einige Zeit das Gehörte. Schließlich fragte Esther: »Herrin, darf ich dich etwas fragen? Etwas Persönliches?«

»Aber bitte!«

»Warum tust du das alles für uns? Du bist nicht nur eine Römerin, sondern gehörst zur allerhöchsten Gesellschaftsschicht dieser Stadt! Die Menschen achten und verehren dich – fast wie eine Göttin!«

Die Vestalin antwortete nicht, sondern schaute aus dem Fenster auf die Menschen und schien sie doch nicht wahrzunehmen, denn ihr Blick ging in weite Ferne.

»Das ist eine sehr lange Geschichte«, begann sie schließlich. »Sie liegt weit zurück. Ich werde sie euch erzählen – zu gegebener Zeit, nicht jetzt. Erst muss das hier zu einem erfolgreichen Ende gebracht werden.« Sie wandte sich wieder den Geschwistern zu. »Ihr aber solltet nun zurück auf euren Posten gehen.«

Esther nickte und verließ mit Daniel den Wagen. Das Fahrzeug setzte sich sofort in Bewegung, wendete auf der Straße, rollte zur Via Lata und bog nach links ab in Richtung Innenstadt.

Im Laufschritt überquerten sie die Straße. Drüben wurden sie von Titus bereits ungeduldig erwartet.

»Beim Hercules!«, rief er. »Wisst ihr, wie lange ihr weg wart?«

»Keine Ahnung«, sagte Daniel. »Aber das ist doch vollkommen unwichtig!«

»So, meinst du!«

Titus mochte es überhaupt nicht, wenn Daniel in diesem Ton mit ihm redete. Zorn stieg in ihm hoch und es war wieder einmal kurz vor dem Ausbruch eines dieser Wortgefechte, die am Ende zu nichts führten. Doch in Esthers Gegenwart riss er sich zusammen und fragte: »Und? Wie hat er reagiert? Ging er auf das Angebot der Vestalis Maxima ein? Was hat er gesagt?«

Esther berichtete ihm kurz vom Gespräch mit Arruntius und seiner Weigerung, Lea zum Verkauf freizugeben.

»Das ist doch nicht zu fassen!« Titus pfiff durch die Zähne. »An der Sache ist was faul! Sogar oberfaul!«

Sie stellten allerlei Vermutungen an, die natürlich zu nichts führten außer dem, was sie bereits wussten – oder besser: nicht wussten.

»Ich gehe jetzt zurück nach Hause. Martha wartet.« Esther strich sich eine Haarsträhne aus der Stirn. Titus hatte diese Geste sehr gern. Er lächelte ihr zu. Daniel registrierte das sehr wohl, doch er schwieg.

Zu Esther sagte er: »Ich begleite dich bis ins Argiletum. Dort bist du sicher.«

»Warum?«, fragte Esther. »Im Hellen kann ich die beiden Kerle von gestern gut erkennen. Und falls sie sich mir nähern, lauf ich ins Atrium Vestae! Das ist näher als das Argiletum.«

»Ich bestehe darauf!«, erklärte Daniel ernst. Und zu Titus: »Ich bin gleich zurück.«

»In Ordnung.«

Titus sah ihnen nach, bis sie um die Ecke in die Via Lata einbogen. Dann kaufte er sich bei Montanus eine Tüte Datteln und steckte mechanisch eine nach der anderen in den Mund, denn er behielt den Eingang des Ladens im Auge.

XIX

Ohne Zwischenfall erreichten Esther und Daniel das Argiletum. Esther wurde von Martha bereits ungeduldig erwartet und sofort nach der Reaktion des Arruntius ausgefragt.

Nachdem sie alles berichtet hatte, rief Martha aufgebracht: »Das ist aber höchst unklug von dem Mann! Er muss doch wissen, dass man sich die Vestalis Maxima nicht zum Feind macht! Wofür hält er sich denn! Was hat sie ihm denn geboten?«

Esther gab an, dass die Vestalin keine bestimmte Summe genannt, sondern allgemein einen Betrag angeboten hatte, der weit über dem Kaufpreis liegen sollte.

»Und das hat ihn nicht zum Verkauf bewegen können?«

»Nein.«

»Dann steckt etwas anderes dahinter!«

»Dieser Meinung sind wir alle, auch die Vestalis Maxima.«

»Hat sie das gesagt?«

»Sie hat es.«

»Oh, das ist aber...« Martha sah Esther an, schaute aber durch sie hindurch und sagte in Gedanken: »Weißt du, ich denke schon seit einigen Tagen darüber nach. Die Vorsteherin der Vestalinnen kümmert sich um eine unbekannte Sklavin. Verzeih, wenn ich das so sage, Esther, aber die Verhältnisse sind nun einmal, wie sie sind. Warum interessiert sie das alles so sehr?«

»Das habe ich sie auch gefragt.«

»Was hast du?« Martha starrte sie entgeistert an. »Das hast du sie gefragt? Einfach so?«

»Nun, es ergab sich so.«

»Und wie reagierte sie?«

»Sie wich zunächst einer klaren Antwort aus«, sagte Esther zögernd. »Aber sie hat versprochen Daniel und mir zu gegebener Zeit die Gründe zu nennen.« Esther seufzte. Alles war so verworren. Und nicht einmal die Vestalis Maxima war einflussreich genug, um die Sache zu lösen.

Aber Marthas Augen leuchteten auf. »Kind«, rief sie, »weißt du, was das heißen könnte?«

»Was denn?«

»Nach allem, was du mir gesagt hast, bin ich ziemlich sicher, dass die Vestalis Maxima deine Mutter persönlich kennen muss.«

»Unmöglich!«, rief Esther. »Ich habe Mutter nie mit ihr zusammen gesehen! Wo denn auch?! Cornelia war nie in Jerusalem.«

Sie wurden unterbrochen, denn draußen polterte jemand heftig gegen die Tür.

»Herein!«, rief Martha. Und zu Esther, leise: »Wer mag das sein?«

Die Tür öffnete sich und herein kam ein völlig mit Staub bedeckter Niger. Alles an ihm war aschgrau: Gewand, Haare, Gesicht, Arme, Beine und Sandalen.

»Wie siehst du denn aus?!« Esther betrachtete ihn von oben bis unten.

»Ich Unglück!«, stammelte er. »Ich viel Unglück!« Er begann sich den puderfeinen Staub von der Tunica zu klopfen. »Aber ich pünktlich! Viel pünktlich!«

»Askalis, bitte!«, rief Martha verzweifelt und hob abwehrend beide Hände. »Würdest du das bitte draußen machen!« Sie musste husten.

»Ja, warte draußen!«, sagte Esther. »Ich hole eine Bürste!«

Sie rannte in ihren Arbeitsraum, kehrte von dort mit einer Kleiderbürste zurück und begann auf dem Hof den beinahe unkenntlichen Askalis gründlich zu säubern. »Wie ist das denn passiert?«

»Prudens schuld, ich nicht!«, erklärte Askalis.

»Wieso Prudens?«, fragte Martha, die von der Haustür aus die Prozedur verfolgte. »Er ist doch so klug!« Sie lächelte ironisch.

»Eigentlich nicht Prudens«, fuhr Askalis fort.

»Wer denn dann?«, fragte Esther ohne das Bürsten zu unterbrechen. Auch sie musste nun mehrmals husten.

»Hund blöder! Viel blöd! Idiot!«

Dem folgenden Bericht, den er in einer unglaublich verqueren Sprache von sich gab, war mit einiger Fantasie zu entnehmen, dass ein großer »Köter« den Esel auf der Straße ohne ersichtlichen Grund plötzlich angesprungen und ihn aggressiv verbellt hatte, als ob er ein

Wild gestellt hätte; Prudens habe sich dabei so sehr erschrocken, dass er – was bislang noch nie vorgekommen sei – sich aufgebäumt und die beiden Säcke mit dem grauen Farbpulver auf die Straße geworfen habe. Dabei habe sich ein Sack geöffnet und das Farbpulver sei in weitem Umkreis auf dem Pflaster verstreut worden. Mit bloßen Händen habe er, Askalis, dann das meiste wieder in die Säcke befördert; ein Großteil aber sei verloren, weil er verunreinigt war.

»Mir dabei keiner gehelft!«, schimpfte er. »Das typisch! Viel typisch!«

»Geholfen!«, verbesserte ihn Esther und blickte zum Himmel. »Du musst dich noch waschen!«

»Warum? Ich heute Morgen schon gewaschen.«

Esther schaute zu Martha, die Mühe hatte, nicht in lautes Gelächter auszubrechen.

Esther brachte Askalis über den Hof zur Waschküche, füllte einen Bottich mit frischem Wasser und ermunterte ihn sich zu säubern. Nach der Reinigung von Gesicht, Händen, Beinen und Füßen reichte sie ihm ein Handtuch.

»So, jetzt kannst du dich wieder unter Menschen sehen lassen.«

Währenddessen hatte der Esel geduldig neben dem Eingang gewartet, wo Askalis ihn an einem Ring festgebunden hatte. Sein Fell hatte nichts abbekommen.

Martha bat Askalis ins Haus und in die Küche, wo sie ihm Käse, Wurst, Schinken und Brot vorsetzte. Mit großem Appetit machte er sich schweigend darüber her, denn er sprach nie, wenn er aß.

Er war in der Tat sehr pünktlich. Das heißt, eigentlich war er fast eine halbe Stunde vor der ausgemachten Zeit erschienen.* Also ließ er sich Zeit mit dem Essen, zumal ihm Martha, die ihn seltsamerweise mochte, weitere Schinken- und Käsescheiben aufs Brett legte. Er dankte nicht, sondern nickte nur, völlig mit dem Vertilgen der Köstlichkeiten beschäftigt.

Als er endlich fertig war, spülte er sich den Hals mit einem großen Schluck Wasser sauber.

Wenige Augenblicke später machten sich Esther und Askalis auf den Weg. Da der Esel den Weg kannte, trottete er am lockeren Seil neben ihnen her, ohne dass Askalis ihn in die eine oder andere Richtung ziehen musste.

Als sie die Baustelle des neuen Ladens von Bocchus Maurus erreichten, verschwand Askalis für eine Weile drinnen und kam dann ohne den Esel zurück.

»Ich zwei Stunden Zeit. Dann zurück.«

»Na, gut«, meinte Esther. Das war nicht viel. Aber sie wusste, im Ernstfall konnte man sich auf Askalis verlassen. Außerdem war ja sein Vater informiert.

Beim Obststand war es wie immer: ruhig. Nur Kunden hatten das Geschäft betreten und irgendwann wieder verlassen. Weder Arruntius noch einer seiner Angestellten oder Sklaven hatten sich zu irgendeinem Ziel auf den Weg gemacht.

Daniel hängte eine Vermutung an: »Entweder fühlt er sich sehr sicher oder er trifft sich nur zu bestimmten Zeiten mit seinen Hintermännern.«

---

* Da man keine genau gehenden Uhren besaß, konnte man selten auf die Minute pünktlich sein.

»Immer vorausgesetzt, dass es sie gibt«, präzisierte Esther.

»Ist doch egal«, brummte Titus. »Hauptsache, es tut sich überhaupt was.«

Plötzlich rief Askalis: »Da! Mann aus Haus!«

»Nicht so laut!«, tadelte ihn Esther und schaute hinüber. »Das ist derselbe, dem wir schon mal gefolgt sind.«

Daniel folgte ihm mit kritischem Blick und meinte: »Er hat's aber heute eilig.«

Und Niger: »Vielleicht er jetzt woandershin. Darum er viel eilig!«

Tatsächlich bewegte der Mann sich heute schneller als gewöhnlich. Sie wurden sich rasch einig: Esther und Askalis sollten beim Obststand bleiben, Daniel und Titus ihm folgen.

»Ich auch folgen! Ich viel gut sehen!«

Daniel sah ihn grinsend an: »Beim nächsten Mal, Niger. Titus und ich gehen anschließend direkt nach Hause. Ihr bleibt hier und haltet die Stellung.«

Askalis warf einen Blick auf die köstlichen Früchte des Obststandes und tröstete sich: »Stellung gut, Stellung viel gut!«

Esther schüttelte den Kopf und seufzte. Askalis hatte also schon wieder Hunger.

Titus und Daniel aber machten sich an die Verfolgung des Mannes.

Cispius Montanus, der Obsthändler, hatte gerade zwei Kunden bedient und steckte ihnen das Obst und Gemüse in die Körbe. Er grüßte sie ziemlich wortkarg zum Abschied. Dann kam er herüber zu Esther und Askalis.

»Na, wie sieht's aus?«, fragte er interessiert.

»Nichts Besonderes«, meinte Esther. »Und bei dir? Ist dir was aufgefallen?«

»Hm ... Überhaupt nichts. Nur dieser Hinkefuß kam mal rüber. Kaufte wie üblich nur Datteln. Für Arruntius. Hm ... Schrecklich. Wie kann man nur den ganzen Tag Datteln fressen!«

Da wurde Askalis munter: »Datteln? Woher?«

Montanus, zu Esther: »Wer is'n das?«

»Askalis.«

»Hm...«

»Woher Datteln?«, wiederholte dieser hartnäckig.

»Wie, woher? Aus Africa natürlich.«

»Wo aus Africa? Africa viel groß!«

»He?« Montanus sah ihn an, als ob er an seinem Verstand zweifelte. »Menschenskind, aus Africa eben!«

»Ägyptus?«

»Nein.«

»Numidia?«

»Nein.«

»Mauretania?« Er war in Gedanken die Nordküste des Kontinents nach Westen gewandert.

»*Ita'st*«, sagte Montanus. »Warum willst du das denn wissen?«

»Weil Datteln aus Mauretania viel gut! Ich auch aus Mauretania.«

»Du auch viel gut, wie?« Montanus grinste. Dann ging er zum Stand und klaubte aus einem Korb eine Handvoll Datteln.

»Hier! Viel gut! Datteln aus Mauretania!« Er schenkte sie dem Jungen.

Askalis steckte prüfend eine Dattel in den Mund, löste den Kern mit Zähnen und Zunge vom Fruchtfleisch und spuckte ihn aus. Im Nu hatte er fünf, sechs Früchte verputzt.

»Datteln viel gut. Datteln aus...« Er schmeckte noch einmal prüfend mit der Zunge. »Aus Igilgili. Ich kennen.« Er strahlte. »Datteln aus Igilgili viel güter als aus Ampsago*. Ich Ampsago auch kennen!«

»Viel besser!«, stellte Esther richtig.

Montanus aber starrte Askalis an und sinnierte: »Beim Hercules! Ich kenne zwar einige, die mir sagen können, woher der Wein stammt, den ich ihnen anbiete. Aber dass einer Datteln! Ist ja nicht zu fassen! Tsss! Datteln!« Und zu Esther: »Hm. Den könnte ich gut brauchen.«

Askalis kratzte sich am Kopf. »Nicht gehen. Ich keine Zeit. Ich immer in Stadt unterwegs. Viel unterwegs.« Diesmal passte die Steigerungsform sogar.

»Na, macht nichts.«

Montanus ging zurück zum Stand, wo zwei Kunden zu bedienen waren.

Die nächsten beiden Stunden flossen träge dahin, weil sich drüben, beim Eingang von Arruntius' Laden, nichts tat.

Askalis kaufte sich noch ein Pfund Datteln, kaute und spuckte nun ununterbrochen Kerne und sah dabei sehr zufrieden aus. Esther aber zerbrach sich die ganze Zeit den Kopf, was der wahre Grund für Arruntius'

---

* Igilgili und Ampsago, Küstenstädte in der Provinz Mauretania

Weigerung war, Lea an die Vestalis Maxima zu verkaufen. Sie fand dafür keine Erklärung. So schlichen die Stunden dahin, und als Montanus begann seine nicht verkauften Waren in seinem Karren zu verstauen, machte sie sich mit Niger auf den Heimweg.

XX

Auch Daniel und Titus entdeckten nichts Neues, außer dass der Mann es heute sehr eilig hatte, das Viertel hinter dem Capitolshügel zu erreichen. Die Jungen hielten sich eine gute halbe Stunde in der Nähe auf, doch der Mann verließ das Haus nicht mehr. Also machten sie sich auf den Rückweg ins Argiletum. Ihre Laune war nicht die beste.

Zu Hause erwartete Martha sie bereits mit der üblichen Frage: »Habt ihr Hunger?«

Sie bejahten die Frage lebhaft und ließen sich von der Köchin einige Leckereien vorsetzen. Martha hatte köstliches Apfelkompott zubereitet, mit Honig gesüßt und mit Zimt bestreut. Dazu reichte sie süße Plätzchen, reichlich gespickt mit knusprig braunen Mandelsplittern.

Anfangs hatten Daniel und Esther gewaltig darüber gestaunt, dass Zimt in diesem Haushalt immer vorhanden war; musste man doch in ihrer Heimat sehr viel Geld für ein paar Gramm ausgeben. Zimt kam von weit her aus dem fernsten Asien – aus Ländern, deren geheimnisvolle Namen sie immer fasziniert hatten: Vindia, Argyra und Jih-nan*. Daniel hatte Acilius einmal darauf angesprochen und nach der Herkunft gefragt, doch selbst der erfahrene Großkaufmann vermochte nicht zu sagen, in welchem Land genau die Sträucher wuchsen, aus deren Rinde der herrliche Aromaspender gewonnen wurde. Seine Lieferanten hielten sich in dieser Frage strikt bedeckt. Sie machten geradezu ein Staatsgeheimnis daraus, das zu lüften sie nicht bereit waren.

Eigentlich benutzte man Zimt als Aromastoff bei Rauch- und Brandopfern, als Parfüm- und Salbenzusatz sowie als Arzneimittel, um die Verdauung zu aktivieren. Es war Martha gewesen, die der Herrin empfohlen hatte Kompotte mit etwas Zimt zu würzen. Nach anfänglicher Skepsis hatte Domitia zugestimmt. Das Ergebnis schmeckte allen vorzüglich und so wurde von nun an Apfelkompott eben mit *cinnamum* gewürzt.

Für Daniel war es höchste Zeit, endlich einmal seinen Arbeitstisch in Augenschein zu nehmen. Zusammen mit Titus ging er hinüber.

Als sie den Arbeitsraum betraten, erhoben sich Philon und Theokritos auffallend langsam, ja schwerfällig, dabei scheinheilig grinsend. Standen sie doch nicht, wie es sich für sie gehörte, an ihren Pulten und schrieben, sondern hatten am großen Tisch Platz genommen, wo sich – Daniel traute seinen Augen nicht – zwei halb gefüllte Becher neben einem Weinkrug befanden. Ein beschrifteter Papyrusbogen war am unteren

---

* Vindia ist in Indien; Argyra und Jih-nan sind Regionen in Hinterindien.

Ende von einer roten Lache bedeckt und sog gerade die Flüssigkeit in sich auf. Philons und Theokritos' Augen glänzten silbrig, ihre Wangen waren gerötet. Ein Zeichen, dass sie schon reichlich dem Rebensaft zugesprochen hatten.

»Was ist denn hier los?«, rief Daniel nicht ohne Schärfe und warf Titus einen Hilfe suchenden Blick zu. Doch Titus schwieg. Er fühlte sich in diesem Raum nicht zuständig. Das war Daniels Reich.

Prompt fuhr Philons Hand ans Ohr und der Schreiber fragte seinen Kollegen: »Wawa ... was hat er gesagt?«

Sein Lallen war ebenso wenig zu überhören wie sein leichtes Schwanken zu übersehen. Sie mussten bereits tüchtig gebechert haben.

Korrekt wiederholte Theokritos: »Was hier los ist.«

»Aha. Was hier ... – Und was ist hier los? Ich meine, es ist doch nicht das Geringste los. Wie immer ist hier nicht das Geringste los. – Theokritos?!« Er starrte den Kollegen in Erwartung einer bestätigenden Antwort an.

Doch Theokritos, beharrlich nickend: »Er will es aber wissen!«

»Was?«

»Was hier los ist!«

»Aber hier ist doch nichts los! Hier ist nie was ...! Ich will damit sagen: Hier ist nie etwas ...« Er rülpste. »Wie sagte schon der erhabene Publilius Syrus: ›*Longinquum est omne, quod cupiditas flagitat* – Was Sehnsucht wünscht, liegt stets in weiter Ferne.‹ Immer! Und darum ist hier ... ist hier nie was los! – Theokritos?!«

»Möglich. Er will es trotzdem wissen!« Theokritos

bestand auf einer Antwort Philons! Ging er doch davon aus, dass der dann folgende Rüffel allenfalls Philon und nicht ihn treffen würde.

»Seltsam...« Philon zwinkerte mehrmals und fuhr sich über die Augen. Er schien sich zu besinnen, kam aber zu keinem Ergebnis und schüttelte verwirrt den Kopf.

»Das ist ja nicht zu fassen!«, schimpfte Daniel mit erheblicher Lautstärke. »Sobald die Katze aus dem Haus ist, tanzen die Mäuse auf dem Tisch!«

Die Hand fuhr zum Ohr: »Was hat er gesagt?«

»Dass die Katze aus dem Haus ist.«

»Aha. Aber hier gibt's doch überhaupt keine Katze! – Theokritos?!«

»Möglich. Er hat's aber gesagt.«

»Dann ist hier einer nicht ganz bei Trost! Hier gibt es keine Katze! – Theokritos?!«

»Das ist richtig.«

»Dann sag's ihm doch! Sag's ihm!«

»Nein, sag du's ihm!«

Philon wandte sich tatsächlich an Daniel und erklärte im Brustton der Überzeugung: »Hier gibt es keine Katze.«

Das war Daniel zu viel. Er brüllte: »Schluss jetzt! Oder wollt ihr mich in den Wahnsinn treiben?«

»Was hat er gesagt?«

»Wir wollten ihn in den Wahnsinn treiben.«

»Wieso wir? Ich nicht! Willst du das denn?«

»Nein, natürlich nicht.«

»Aha. Ich auch nicht.«

Daniel wechselte einen weiteren Blick mit Titus, der

Mühe hatte, nicht laut herauszuplatzen. Kannte er doch die verbalen Kunststückchen der beiden seit seiner Kindheit. Schon oft hatten sie damit seinen Vater zur Verzweiflung getrieben. Und am Ende war er sich nicht sicher, ob das Ganze nicht vorsätzlich als Theaterspiel in Szene gesetzt wurde. Dabei war er überzeugt, dass Philons Schwerhörigkeit bei weitem nicht das Ausmaß hatte, das er hier inszenierte: Immerhin verstand er alles, was der Kollege ihm auf seine stereotypen Fragen antwortete, obwohl Theokritos meist ziemlich leise redete. Titus war gespannt, wie Daniel die Sache zu Ende bringen würde.

»Ich fordere von euch eine Erklärung!«, rief dieser. »Beim Hercules! Wie könnt ihr es wagen, während der regulären Arbeitszeit ausgelassen zu zechen? Was soll ich denn dem Chef...?«

Theokritos knetete zerknirscht seine Hände und stammelte: »Weil... äh... er hat heute Geburtstag!« Er wies auf Philon. »Und da hat er natürlich einen ausgegeben, wie es sich gehört.«

»So, so.« Daniels Zorn beruhigte sich etwas. »Und wieso weiß ich nichts davon, he? Wie alt wird er denn?«

»Was hat er gesagt?«

»Wie alt du wirst.«

Zum ersten Mal seit langem kam eine prompte und korrekte Antwort: »Fünfundvierzig.«

»Das hätte man mir sagen müssen!«, fuhr Daniel fort, doch sein Zorn war bereits verflogen. »Dann hätten wir gemeinsam...«

»Ging nicht, weil...« Theokritos grinste. »Er ist doch so bescheiden.«

»Ach! Mal ganz was Neues! Habt ihr noch zwei Becher?«

Erstaunlich! Auch diesmal hatte ihn Philon sofort verstanden. Ungemein flink entfernte er sich und kam schon nach wenigen Augenblicken mit einigen Bechern aus der Küche zurück, von denen er zwei randvoll mit Wein füllte und sie Daniel und Titus mit einer sehr schönen Verbeugung darbot.

»Na dann, prosit!«, rief Titus. »Auf das Geburtstagskind! Gesundheit und langes Leben!«

Sie stießen an und tranken die Becher in einem Zug leer.

In diesem Augenblick öffnete sich die Tür und herein kam – der Chef!

Alle fuhren sichtlich erschrocken zusammen. Acilius hielt mitten in der Bewegung inne, blickte von einem zum andern, zwinkerte mehrmals und fragte: »Was ist denn hier los? Findet hier etwa eine Familienfeier statt?«

Die Frage klang durchaus nicht unfreundlich, eher überrascht neugierig, so dass sich die vier Angesprochenen abwechselnd verdutzt anschauten, bis Titus sachlich erklärte: »Philon hat Geburtstag.«

»Aha, aha! Dann wird er... warte... er wird fünfundvierzig! Stimmt's?«

»Stimmt«, nickte Daniel, während Philon bereits seinen Becher füllte und auch dem Herrn einen anbot: »La-la... langes Leben, Herr!«, lallte er. »U... und Gesssun... Gesundheit! Es möge nützen!«

Dann schüttete er den Inhalt des Bechers in sich hinein und alle andern, auch der Chef, taten es ihm gleich.

»Nun denn, nicht wahr, es ist ... Es ist ja immer mal wieder, wie soll ich sagen: Es ist durchaus notwendig, ja, dass in der *familia* ein, nun, äh, ein entspanntes ...«

»... Arbeitsklima herrscht«, vervollständigte Daniel und nickte energisch dazu. Sein Gesicht hatte sich vom ungewohnten Wein leicht gerötet.

»Wie? Ja, natürlich!«, stimmte Acilius zu. »Und da haben wir nun eine gute, nicht wahr, eine sehr gute Gelegenheit, unseren Kreis zu erweitern, ja!«

Daniel und Titus wechselten einen Blick: War Pilesar etwa schon einsatzfähig?

»Titus!«, wandte sich Acilius forsch an seinen Sohn.

»Vater?«

»Geh nach oben und teile Pilesar mit, er möge herunter und hierher kommen!«

»Ist er denn dazu in der Lage?«

»Er ist, er ist! Er brennt geradezu darauf, endlich wieder in dem Bereich, äh, tätig werden zu können, der ihm zusteht, nicht wahr!«

Während Titus davoneilte, wandte sich Acilius an Philon: »Nun schenke mir noch etwas von dem Falerner ein! Es ist doch Falerner[*] – oder?«

»*Est, domine! Est!*«, beeilte sich Philon und hatte ein Auge darauf, dass der Becher fast randvoll wurde. »Aus dem Sssie ... aus dem Sssiebengestirn!«

Diesmal brachte der Herr selbst einen Trinkspruch auf das Wohl Philons aus, so dass dieser sich genötigt sah einen weiteren Becher in sich hineinzuschütten.

---

[*] Wein aus dem nördlichen Kampanien beim heutigen Monte Cassino

›Das wird ein böses Ende nehmen‹, dachte Daniel, der nur einen kleinen Schluck zu sich nahm, während Theokritos es dem Kollegen gleichtat.

Die Tür ging auf und ein immer noch blasser, aber gut gelaunter Pilesar betrat den Raum. Alle schauten ihn neugierig und prüfend an.

»Komm her, komm!«, rief Acilius und wies auf den nächsten freien Hocker. »Setz dich, nicht wahr!« Und zu Philon: »Ein kleiner Schluck dürfte ihm nicht schaden. Schenk ein!«

Pilesar griff vorsichtig nach dem Becher, den Philon ihm reichte, und nahm einen kleinen Schluck zu sich. Philon kommentierte dies auf seine Weise; er reckte sich, ahmte in Gestik und Mimik den Herrn nach und deklamierte wie im Theater: »Wie sagte doch schon der erha... der erhab... der erhabene Publilililius Ssssyrus, nicht wahr: ›Wer Wackren gibt, gibt einen Teil sich selber!‹ Wie wahr, wie wahr! Theokritos?!«

Und der, im Brustton der Überzeugung: »*Mehercule! Sic est! Prosit!*«*

Daniel sah, wie Acilius gut gelaunt dazu schmunzelte, obwohl dergleichen Späße üblicherweise nur an den Saturnalien im Dezember gebräuchlich waren, wenn die Sklaven im Hause das Regiment führten und ihre Herrschaften sie zu bedienen hatten.

Pilesar hatte Platz genommen, blickte sich scheu um und fragte mit leiser Stimme: »Hier werde ich also arbeiten?«

»Hier?« Acilius riss die Augen weit auf. »Natürlich

---

* »Beim Hercules! So ist es! Es möge nützen!«

nicht!« Offenbar hatte er während seiner Abwesenheit auf dem Lande Pläne geschmiedet, wo und wie er Pilesar einsetzen könnte. Und nun wollte er alles zügig in die Tat umsetzen. »Wenn es Daniel recht ist, nicht wahr, werden wir dir in seinem Kontor einen Platz einrichten. Ich gehe davon aus, dass es dir recht ist.«

»Gewiss, Herr. Wenn Daniel nichts dagegen ... Ich meine, das kommt für ihn doch sehr plötzlich!«

Und dieser: »Aber ich bitte dich!« Er freute sich auf die Zusammenarbeit.

»Na also, nicht wahr. Zunächst aber bitte ich dich und Daniel in mein Arbeitszimmer.«

Acilius ging zur Tür, drehte sich noch einmal um und erklärte: »Philon! Theokritos!«

»Herr?!«, riefen beide gleichzeitig.

»In Anbetracht der, äh, der besonderen Umstände erteile ich euch hiermit für den Rest des Tages dienstfrei. Die verlorene Zeit werdet ihr in Anbetracht der noch zu erledigenden Arbeiten in den nächsten Tagen nachholen, nicht wahr. Noch Fragen?«

Diesmal fuhr weder Philons Hand zum Ohr noch folgte das übliche »Was hat er gesagt?« – sondern der gewöhnlich äußerst schwerhörige Schreiber tönte wie ein Legionär zu seinem Centurio: »Keine Fragen, Herr!«

»Na also. Hier ...« Acilius kramte nach seinem Brustbeutel und entnahm ihm einige Münzen, die er zu gleichen Teilen beiden in die Hand drückte.

»Danke, Herr!« Theokritos verbeugte sich. »Das ist sehr ...«

Und Philon, lallend: »Phäno ... nicht wahr, das ist phänomelan, ja! Theokritos?!«

»Genau!«

»In Ordnung!«, winkte Acilius ab. »Zuvor werdet ihr aber hier aufräumen, nicht wahr. Wie sagte doch schon unser Dichter ...«

Doch Philon, seit kurzem Spezialist in Sachen Publilius, kam ihm zuvor, hob mahnend den Zeigefinger und rief, so laut er konnte: »*Inertia indicatur, cum fugitur labor* – Faulheit erkennt man an der Flucht vor Arbeit!«

»*Sane!* – Allerdings! Wem sagst du das! – Also dann, an die Arbeit!«

Zusammen mit Titus, Daniel und Pilesar verließ er den Raum.

In seinem Kontor konnte es Acilius kaum erwarten, bis alle saßen – er trommelte ungeduldig mit den Fingern auf der Tischplatte –, und kam unverzüglich zu dem Thema, das ihn bewegte: »Mein lieber Pilesar, du wirst also ab morgen deine, äh, Tätigkeit in diesem unserm Hause aufnehmen, ja. Freilich wirst du noch eine Weile mit deinen Kräften haushalten. Allzu leicht kann es nämlich zu einem Rückfall kommen, der die ... äh, die vorausgegangene ...«

»Krankheit!«, half ihm Daniel weiter.

»Wie? – Genau, eben diese Krankheit, ja ...«

»... erneut ausbrechen lassen könnte«, schloss Daniel den Satz und Acilius nickte ihm dankbar zu.

»Darum haben wir uns für den Anfang überlegt dir eine leichtere Tätigkeit, äh ... also sie dir zuzuweisen.«

Daniel wusste: Wenn Acilius von sich selbst in der

ersten Person Plural sprach und *wir* sagte, dann ging es ihm um sehr wichtige Dinge.

Er wechselte mit Titus einen Blick, doch dieser zuckte nur mit den Schultern. Also wusste auch er nicht, was sein Vater mit dem neuen Mann vorhatte.

»Um es kurz zu machen: Du wirst wieder in deinem vor Jahren erlernten Beruf tätig werden, ja!«

Pilesar, aber auch Daniel und Titus schauten den Chef verdutzt an: Was meinte er damit?

Pilesar sagte leise: »Verzeih, Herr, ich verstehe nicht . . .«

»Nun, Pilesar, ich meine damit dies: Du wirst uns in diesem unserm Hause eine hübsche, kleine, aber feine Bibliothek einrichten! Nun freue dich!« Er strahlte.

Titus aber sperrte staunend den Mund auf und auch Daniel glaubte nicht recht gehört zu haben. Eine Bibliothek? Davon war in den vergangenen Wochen und Monaten nie die Rede gewesen. War das am Ende der Hauptgrund für den Erwerb Pilesars gewesen?

»Sag mal«, wandte Titus sich nüchtern an seinen Vater, »weiß Mama schon davon?«

»Wie? Du meinst, ob deine Mutter . . .?« Acilius zwinkerte lebhaft und knetete seine Hände. »Bis jetzt noch nicht, nein. Es soll durchaus eine Überraschung werden, ja. Aber ich werde ihr noch heute, nicht wahr, ausführlich darüber . . .«

»Da wird sie sich aber freuen!«, meinte Titus in einem Ton, der an Ironie nicht zu überbieten war.

Doch Acilius nahm das wörtlich und ergänzte: »Durchaus, ja. Das hoffe ich auch. Nein, ich bin mir sicher, ja.« Und zu Pilesar gewandt: »Du wirst sofort damit beginnen, eine ausführliche Liste jener Bücher zusammenzustellen, die du für unabdingbar ... ich meine, die für den Anfang einen gewissen, äh, vernünftigen, sinnvollen Grundstock, nicht wahr ...«

». . . bilden«, ergänzte Daniel.

»So ist es.« Er hob die Stimme: »Daniel!«

»Chef?«

»Du wirst ihm dabei zur Hand gehen!«

»*Libentissime!* – Sehr gern!«

»Fein. Das muss nämlich alles gut – was sage ich: es muss penibel überlegt sein, ja. Also gleich morgen früh werdet ihr zusammen den Pollius Valerianus aufsuchen, vielleicht auch den Quintus Cossinius Afer, nicht wahr, und ihre Angebote vergleichen.« Und zu Titus: »Du gehst mit!«

»He...? Zu Pollius?«

»Nein, äh, in Daniels Arbeitszimmer! Du kannst dabei einiges, nicht wahr, lernen.«

Sie waren kaum draußen, als Titus dies durch den Kopf ging: Die Eltern sind wieder da! Viel früher als gedacht. Das verändert die Situation total! Wie sollen wir da unsere Beobachtungen fortsetzen? Und was ist mit Pilesar? Kann er helfen?

Ein kurzer Blick zu Daniel sagte ihm, dass er Ähnliches dachte, denn er presste die Lippen aufeinander und schaute besorgt zur Decke.

Sie blieben beide stehen, so dass Pilesar, der den Raum schon betreten hatte, fragte: »Kommt ihr?«

»Augenblick!«, rief Titus leise und wandte sich an Daniel: »Sollen wir ihn einweihen?«

Und Daniel: »Ich weiß nicht . . . Dann muss er auch wissen, dass deine Eltern noch nicht informiert sind.«
»Hm . . . Bist du dafür?«
Daniel nickte.
»Gut. Ich auch.«
Sie betraten den Raum.

XXI

Nachdem sie um den großen Arbeitstisch Platz genommen hatten, wandte sich Daniel an Pilesar, sah ihn eine Weile an und begann: »Ich wollte dich um deine Meinung fragen . . .«

»Bezüglich der Bücher?«, fragte dieser.

»Nein, das nicht . . . Es handelt sich um etwas ganz anderes, um eine sehr traurige Geschichte. Sie betrifft vor allem meine Schwester Esther und mich – das heißt, eigentlich betrifft es unsere Mutter.«

»Eure Mutter? Ich verstehe nicht . . .« Pilesar blickte ihn fragend an.

Daniel holte tief Luft, bevor er zögernd begann: »Ich werde dir jetzt alles Wesentliche berichten. Titus weiß, worum es geht.«

Titus nickte.

»Entschuldige! Heißt das etwa«, fragte Pilesar erstaunt zurück, »dass der Herr es nicht weiß?«

»*Ita'st.* Und die Herrin auch nicht.«

Und dann breitete Daniel alles, was er für wichtig

hielt, vor Pilesar aus. Er berichtete von der Entdeckung der Schriftzeichen auf den Purpurbändern für die *Toga Virilis*, von Esthers Beobachtungen im Laden von Arruntius, vom Erscheinen der Vestalis Maxima, von deren Angebot zu helfen und ihrem Entschluss, Lea dem Arruntius abzukaufen und sie unmittelbar danach in die Freiheit zu entlassen.

»Und?«, fragte Pilesar. »Hat sie es getan?«

»Nein. Der Händler hat sich geweigert. Mit fadenscheinigen Gründen.« Daniel schilderte sehr genau die Szene im Laden, bei der er und Esther Zeugen gewesen waren. »Außerdem werden wir, ich meine Esther und ich, beschattet.«

»Beschattet?«

Daniel beschrieb den Vorfall und Titus ergänzte: »Wir sind überzeugt, dass hinter der Sache eine große Schurkerei steckt.«

Pilesar dachte nach, nickte und meinte ernst: »Das könnte durchaus der Fall sein; ja, es sieht ganz danach aus. Wie sonst ist zu erklären, dass du und Esther von zwei Leuten des Arruntius verfolgt wurden! Er heißt doch Arruntius – oder?«

Titus nickte.

»Kennst du ihn etwa?«, fragte Daniel.

»*Ita vero* – ja, durchaus.«

»*Itane?* – Wirklich? Aber woher?«

»Nun, Arruntius war einige Male im Haus meines ehemaligen Herrn.« Pilesars Mund verzog sich zu einem bitteren Lächeln.

»Bei Rutilius Varus?«, fragte Titus.

»*Ita'st.*«

»Sehr interessant.« Die jungen Leute schauten sich an. Daniel fragte: »Was wollte er denn?«

»Das weiß ich nicht, denn ich war bei ihren Gesprächen nicht anwesend. Aber wahrscheinlich ging es um teure Stoffe, schwere Vorhänge und kostbare Bänder für die Ausstaffierung des Hauses. Sie wurden dann in den folgenden Tagen geliefert und angebracht. Dir, Daniel, dürfte doch nicht entgangen sei, dass Rutilius stets darauf aus war, seine Freunde mit der Zurschaustellung seines Reichtums zu beeindrucken. Wie konnten wir ahnen, dass dies alles nur eitel Blendwerk war. – Worüber sie sonst gesprochen haben, weiß ich nicht.«

Daniel nickte abwesend und blickte gedankenverloren auf die Tischplatte. Pilesars Anwesenheit, besonders aber seine letzte Bemerkung riefen in ihm unangenehme Bilder und Szenen in Erinnerung, die er zwar nicht vergessen, aber verdrängt hatte: die kalte, stets arrogante Art und Weise, mit der Rutilius ihn behandelte; seine ständige Angst, wegen kleiner Versehen scharf zurechtgewiesen und, ganz nach der jeweiligen Laune des Herrn, bestraft zu werden. Am schlimmsten gebärdete sich Rutilius, wenn er getrunken hatte – und er trank viel und oft. Dann wurde er unberechenbar.

Heute wusste Daniel, dass der Mann sich mehr und mehr in den Wein flüchtete, um dem immensen Druck, den seine Gläubiger auf ihn ausübten, für die kurze Zeit seines Rausches zu entfliehen. Für ihn, Daniel, war es damals ein Glück gewesen, dass sein direkter Vorgesetzter Pilesar war. Und Pilesar hatte stets die Hand über ihn gehalten.

»He! Sag mal, bist du weggetreten?« Titus stieß Daniel mit dem Ellbogen an. »Pilesar hat dich was gefragt!«

»Wie?« Daniel fuhr aus seinen Gedanken hoch und blickte den Syrer an. »Entschuldige! Was wolltest du wissen?«

Und Pilesar: »Ich fragte dich gerade, ob die Vestalis Maxima bereits etwas entdeckt hat, was uns weiterhelfen könnte.«

»Nein.« Daniel schüttelte den Kopf. Aber es tat gut, dass Pilesar *uns* gesagt hatte.

»Wirklich nicht? Bei ihrem Einfluss?«

»Ich weiß, was du meinst. Dasselbe habe ich mich auch schon gefragt. Allerdings habe ich den Eindruck, dass sie mehr weiß, als sie uns mitteilt – aber sie hält damit hinter dem Berg.«

»Wie meinst du das?«

»Nun, auf Esthers Frage, warum sie sich so sehr für das Schicksal unserer Mutter interessiere, hat sie geantwortet: Das werde sie uns zu gegebener Zeit erklären.«

Pilesar nickte bedächtig und sagte leise: »Sonderbar. Sie hat also ein Geheimnis, will es aber nicht lüften – noch nicht. Und dein Onkel? Ich meine Flavius Iosephus. Er hat doch Zugang zum Kaiser!«

»Schon – aber er ist nicht in der Stadt, sondern in Süditalien unterwegs, wohl für längere Zeit. Wahrscheinlich im Auftrag des Kaisers.«

»Schade.«

»Allerdings.«

Sie schwiegen eine Weile, bis Titus sich erhob, reckte und erklärte: »Ich sollte noch mal in die Stadt gehen.«

Sofort fragte Daniel: »Du willst Esther abholen?«

»*Ita'st*. Ich weiß nicht, ob Niger der richtige Schutz für sie ist.«

»Hm.« Daniel bemühte sich ruhig zu bleiben. »Aber das kann ich doch auch machen!«

»Lass nur. Pilesar und du, ihr wolltet doch anfangen die Bücherliste zusammenzustellen. Und ich bringe Niger gleich mit. Jetzt, wo meine Eltern zurück sind, wird es nicht mehr so leicht sein, das Geschäft des Arruntius im Auge zu behalten! Wir müssen alles neu besprechen.«

Dagegen konnte man nichts einwenden. Titus ging nach draußen. Sie hörten, wie er im Flur seiner Mutter mitteilte, dass er noch einmal in die Stadt gehe. Domitia hatte nichts dagegen.

»Sag mal . . .« Pilesar wandte sich an Daniel. »Wenn es dir recht ist, könnten wir doch gleich rüber zu Pollius gehen.«

»Du kannst es wohl kaum erwarten, wie?« Daniel grinste. Zugleich war er froh über die Perspektive, etwas tun zu können, was ihn von seinen Gedanken an die Mutter etwas ablenken würde.

»*Ita'st*«, sagte Pilesar. Obwohl er jetzt Hebräisch mit Daniel sprach, benutzte er die römische Form der Bejahung, so sehr war sie ihm, wie auch Daniel, in Fleisch und Blut übergegangen. »Bei Gott!« Er seufzte. »Es ist lange her, dass ich die Gelegenheit hatte, eine Bibliothek von Grund auf neu einzurichten.«

»Nun darfst du's! Bevor wir gehen, müssen wir aber den Chef informieren und ihn um Erlaubnis bitten.«

»Dann komm!«

»Augenblick!« Daniel sah ihn kritisch, ja besorgt an. »Ist das nicht zu anstrengend für dich?«

»Ganz im Gegenteil! Es ist die beste Medizin!«

Wie erwartet hatte Acilius nichts dagegen, dass die beiden noch heute den Laden des Pollius Valerianus in Augenschein nehmen wollten; konnte er es selbst doch kaum erwarten, dass die ersten Buchrollen ins Haus kamen.

»Nun«, erklärte er, »ich freue mich über euren Eifer, nicht wahr. Und der Tag ist ohnehin aus dem Ruder gelaufen, ja. Aber...« – er hob den Zeigefinger und riss die Augen weit auf – »ich verlasse mich in dieser, äh, ungemein wichtigen Angelegenheit völlig auf euer Geschick, nicht wahr. Auf euer Geschick! Das soll heißen: Fallt nicht sofort mit der Tür ins Haus! Das macht bei Geschäften einer solchen Größenordnung immer einen schlechten Eindruck! Immer! Ihr sollt euch nur informieren und nichts einkaufen! Nichts ein...! Geht die Sache gemächlich an! Gemächlich! Schritt für Schritt, nicht wahr! Wusste doch schon der lebenskluge Publius: ›*Cavendi nulla est dimittenda occasio* – Bei keinem Vorgang darf die Vorsicht fehlen!‹ Wie Recht er hat! Wie Recht er... Nun geht also, nicht wahr, geht!«

Er entließ sie mit der huldvollen Geste eines Königs.

Als die zwei draußen waren, rieb er sich gut gelaunt die Hände, klopfte dreimal auf die hölzerne Tischplatte und pfiff den Anfang einer bekannten Volksweise – zwar völlig falsch, aber das hörte ja keiner.

XXII

Schon wenige Augenblicke später betraten Daniel und Pilesar den Laden von Pollius Valerianus. Er lag ja nur zwei Häuser weiter zur Innenstadt hin. Wie immer um diese Zeit – es war früher Nachmittag – gingen interessierte Kunden an den Regalen entlang, beugten sich hier und da vor, um die Beschriftung der Rollen besser entziffern zu können. Auf schmalen Zetteln standen der Name des Autors, der Titel des Werkes und die Anzahl der Kapitel oder – bei einem umfangreicheren Opus – die Zahl der Buchrollen. Einige Kunden hatten sich auf bereitstehenden Hockern niedergelassen und waren ganz in den Inhalt einer Geschichte oder wissenschaftlichen Abhandlung vertieft, so dass sie nicht mehr wahrnahmen, was um sie herum vorging.

»Oh, Pilesar! Was für eine Überraschung! Bei Apollo, wir haben uns eine Ewigkeit nicht gesehen!«

Ein großer, hagerer Mann näherte sich: Pollius Valerianus. Schon in einiger Entfernung streckte er die Hand aus, wobei er den rechten Zeigefinger anhob. Längst wusste Daniel, dass dies eine besonders herzliche Art der Begrüßung war. Sie wurde noch dadurch gesteigert, dass Pollius Pilesar nicht nur die Hand reichte, sondern ihn anschließend kurz an sich drückte und auf die Wange küsste. Daniel hatte sich mit dem üblichen »Salve!« zu begnügen.

Pollius betrachtete Pilesar intensiv und rief geradezu bestürzt: »Beim Aesculapius! Du hast aber gewaltig abgenommen!«

»Ich war lange krank«, erwiderte Pilesar höflich, doch in einem Ton, der klar machte, dass er nicht länger über die Sache reden wollte.

Doch Pollius Valerianus schien bereits Kenntnis von Pilesars Schicksal zu haben, denn er fragte weiter: »Du bist nicht mehr in Diensten des Rutilius Varus?«

»Nein.«

»Aha? – In wessen denn?«

Daniel gab ihm die Antwort: »Er arbeitet jetzt für uns.«

»Ach!« Pollius reagierte überrascht. Also war ihm diese Neuigkeit noch nicht zu Ohren gekommen. Da seine Neugier fürs Erste befriedigt war, wechselte er das Thema und kam zum aktuellen Anlass des Besuchs der beiden: »Nun sagt an: Womit kann ich euch heute dienen?«

»Wir würden uns gern in Ruhe etwas umschauen«, erklärte Daniel.

»Ich verstehe. Gern! Sucht ihr etwas Bestimmtes?«

Die beiden sahen sich kurz an, dann meinte Pilesar vage: »Eigent ... eigentlich nicht – oder?«

Und Daniel: »Nein, eigentlich nicht.«

»Na gut. Wenn ihr Hilfe und Rat braucht, meldet ihr euch.«

Die beiden nickten. Pollius wurde von einem vornehm gekleideten Kunden angesprochen, der eine bestimmte ältere Ausgabe des griechischen Historikers Thukydides erwerben wollte, und bat ihn ihm in den hinteren Teil des Ladens zu folgen.

»So, dann fangen wir mal an!« Pilesar rieb sich die Hände und ließ seinen Blick über das nächste Regal wandern. »Reiseberichte!«, stellte er fest. »Lauter Reiseberichte! Brauchen wir sie?«

»Das musst *du* doch wissen!«, gab Daniel zurück.

»Wieso ich? Du kennst den Herrn besser als ich. Interessiert er sich für ferne Länder?«

»Ich denke schon. Besonders für die im Orient.«

»Du denkst an Iudaea?«

»Auch. Aber da gibt es ja noch andere: Syria, Ägyptus, Arabia. Da sitzen überall unsere Lieferanten und Handelspartner.«

Pilesar sah den Jüngeren an und meinte lächelnd: »Du redest schon ganz so, als ob es sich um deinen eigenen Betrieb handelte!«

»So? Tu ich das?«

»Durchaus, ja. Es scheint dir offenbar sehr zu gefallen, für das Handelshaus des Acilius Rufus zu arbeiten, nicht wahr?« Das *nicht wahr* sprach er ganz genauso wie Acilius aus. Und er grinste dabei.

»Aber sicher!«, erklärte Daniel. »Die Arbeit ist interessant. Ich lerne viele Menschen kennen und kann eigene Entscheidungen treffen. Außerdem haben Esther und ich Acilius sehr viel zu verdanken.«

»Ich verstehe.« Pilesar wandte sich wieder den Buchrollen zu. »Ich denke, einige dieser Titel sollten wir in die engere Wahl ziehen.«

»Einverstanden«, nickte Daniel. »Aber wie ich Acilius kenne, wird er sich selbst auch etwas bilden wollen. In seinen frühen Jahren hatte er dazu keine Gelegenheit.«

»Denkst du an etwas Bestimmtes? Zum Beispiel Philosophie, Geografie, Geschichte ... oder Kunst?«

»Philosophie? Auf keinen Fall. Er ist doch mehr ein praktischer Mensch. Obwohl...«

»Ja?«

»Er wird nur zu gern seine zahlreichen Freunde, Besucher und Gäste damit beeindrucken wollen, dass er einige Schriften von berühmten Denkern in seinem Hause hat.«

»Das klingt aber sehr nach Rutilius Varus!«

»In keiner Weise. Dafür ist Acilius viel zu gutmütig.«

»Gut, dann schaun wir doch mal!«

Wie erwartet war das Angebot von Pollius überaus reichhaltig. Alle geistigen Größen der letzten vier, fünf Jahrhunderte aus Athen, Alexandria, Pergamon, Ephesos und Rom waren in den verschiedensten Ausgaben vertreten, geografische Werke waren teilweise reich illustriert und die Zeichnungen koloriert. Sogar Übersetzungen des berühmtesten Buches der Karthager, Mago des Puniers Traktat »Über die Landwirtschaft«, war in mehreren Exemplaren vorhanden. Magos kluge, ganz aus der Praxis erwachsene Ratschläge zu Viehzucht, Obst-, Gemüse- und Getreideanbau galten immer noch als unübertroffen.

Daniel war wie Pilesar ein Bücherwurm, darum brauchte er sich die Titel nicht zu notieren, sein Gedächtnis speicherte sie genau ab.

»Na, kommt ihr zurecht?« Pollius war wieder da.

»Sicher.« Daniel legte eine Rolle zurück ins Regal.

Pollius Valerianus, der die beiden aus dem hinteren Teil des Ladens beobachtet hatte, konnte nun nicht mehr an sich halten und fragte neugierig: »Wozu macht ihr das eigentlich, he? Ihr wisst doch ohnehin, was ich im Angebot habe!«

Pilesar und Daniel wechselten einen Blick und Daniel erklärte: »Wir wollen es aber ganz genau wissen.«

»Ach! Warum das?«

»Weil... Wir werden in Kürze einen größeren Kauf tätigen...«

»Einen größeren...? Habt ihr etwa eine Erbschaft gemacht?«

»Leider nicht«, fuhr Daniel fort. »Es geht auch nicht um uns.«

»Nicht um euch? Ich verstehe nicht.« Pollius zwinkerte. »Du sagst doch gerade, ihr wollt einen größeren Kauf...«

»*Ita'st.*«

»Also für einen Dritten?«

»Genau.«

»Darf ich fragen, für wen?«

»Sicher.«

»Für einen betuchten Mann?«

»Das kann man wohl sagen, nicht wahr, Pilesar?«

Und dieser: »Oh ja, ich denke schon. Er ist durchaus ein betuchter Mann.«

»Aha. Dann lasst mich raten... Meint ihr etwa den Acilius Rufus?«

»Genau den meinen wir«, sagte Daniel und nickte bedächtig.

»Oh, das ist aber...« Der Buchhändler wurde auf einmal sehr lebendig. »Und Acilius... Er hat also vor... Ich meine, er will gleich mehrere Bücher kaufen?« Pollius reihte den wohlhabenden Großhändler offenbar unter jene Zeitgenossen ein, die in ihrem ganzen Leben höchstens drei Bücher gelesen hatten.

Pilesar bestätigte das: »Mehrere, sicher.«

»Aha. Wie viele denn?«

Pilesar wandte sich an Daniel: »Sag du's ihm!«

Und dieser: »Nun, es handelt sich allem Anschein nach mindestens um ... na, sagen wir: um circa hundert.«

»Nein!« Pollius staunte mit offenem Mund.

»Doch, doch, es können auch mehr sein. Nicht wahr, Pilesar?«

»*Ita'st.*«

»Es können auch mehr sein?« Der Buchhändler starrte sie entgeistert an. »Wisst ihr überhaupt, was ihr da sagt?! Ihr wollt mich doch auf den Arm nehmen!«

»Sehen wir so aus?« Daniel griff sich eine Rolle aus dem Regal und las den Titel: »*Publilii Syri Sententiae* – Die Sprüche des Publilius Syrus.« Er lächelte. »Sag, Pollius, auf welcher älteren Ausgabe fußt diese Sammlung?«

»Oh, auf mehreren.«

»Wie das?«

Pollius reckte sich und erklärte mit wichtiger Miene: »Ich hatte das große Glück, auf eine Ausgabe des Philosophen Seneca zurückgreifen zu können. Die umfangreichste, die es überhaupt gibt.«

»Meinst du etwa den Minister Neros, der vom Kaiser zum Selbstmord gezwungen wurde?«

»Ich meine ihn.«

»Und Seneca selbst hat diese Sentenzen veröffentlicht?«

»*Ita'st!* Nicht nur das: Er hat sich sogar um die Aufführung der Stücke des Syrus gekümmert und sie mit großem Erfolg wieder auf die Bühnen der Stadt gebracht!«

»Das wusste ich nicht. – Aber zurück zu dieser Ausgabe, Pollius: Enthält sie mehr Sprüche als die gängigen?«

»Sicher. Seneca hatte hervorragende Gewährsleute. Außerdem stand ihm natürlich die Palastbibliothek zur Verfügung.«

Daniel schaute Pilesar an und fragte: »Was meinst du, wäre das was für den Chef?«

»Unbedingt. Er braucht mal Abwechslung.« Pilesar grinste.

»Allerdings. In letzter Zeit wiederholt er sich zu oft.«

Pollius, der das Gespräch der beiden genau verfolgt hatte, unterbrach höflich, aber bestimmt: »Gut, gut. Aber zurück zu eurem Anliegen! Er meint es also – ich spreche von Acilius – er meint es ernst?«

»Vollkommen.«

»Aha. Und wie soll ich die Bücher ... Ich meine, wird er, wenn es so weit ist, selbst hierher kommen und den Kauf tätigen?«

»Nein«, sagte Daniel knapp. »Das machen wir.«

»Oh, das ist aber ...« Pollius suchte nach Worten: »Das ist ein großer Vertrauensbeweis, denn immerhin geht es dabei um eine Menge Geld!«

»Das wissen wir. Darum werden wir uns natürlich auch noch an anderer Stelle umschauen.«

Pilesar blickte Daniel überrascht an. Das überaus

selbstbewusste Auftreten des Jungen schien ihm nicht zu gefallen.

Auch Pollius erschrak: »An anderer ... umschauen? Wen meinst du denn? Etwa den Ausonius?«

»Vergiss ihn! – Nein, ich denke da zum Beispiel an Quintus Cossinius Afer.«

»Cossinius? Aber der hat bei weitem nicht die Bücher im Sortiment, die ich führe!«

»Das werden wir dann ja feststellen.«

»Aber bitte!« Pollius presste die Lippen aufeinander. »Selbstverständlich steht euch das frei. Aber ich bin sicher, ihr werdet am Ende zu mir zurückkommen!«

»Wir werden sehen. Vale, Pollius!«

Daniel war bereits halb an der Tür, als er hinter sich die Stimme des Buchhändlers vernahm: »Valete! – Nein wartet!«

Er ging zurück zu dem Regal mit der Neuausgabe des Publilius und holte sie herunter.

»Diese ... diese Neuausgabe der Sentenzen des Publilius ...«

»Was ist damit?«, fragte Daniel.

»Sie gehört jetzt schon euch!«

»Aber wir haben sie doch gar nicht gekauft!«

»Das ist richtig. Darum schenke ich sie euch. Nein, nicht euch! Ich meine natürlich dem edlen Acilius Rufus!«

»Danke!«

»Oh, bitte! Keine Ursache.«

Pollius begleitete sie bis zum Ausgang, machte die Andeutung einer Verbeugung und rang sich ein freundliches Lächeln ab, das die beiden zurückgaben.

»Warst du nicht ein bisschen zu rigoros?« fragte Pilesar, als sie draußen waren, wobei der Tadel nicht zu überhören war. »Mir ist er jedenfalls immer sehr entgegengekommen, wenn ich bei ihm einkaufte.«

»Du vergisst«, stellte Daniel klar, »dass es hier um eine sehr große Summe geht. Pollius wird dabei in jedem Fall auf seine Kosten kommen; denn auch ein Buchhändler ist zunächst einmal ein Kaufmann!«

»Du übrigens auch!« Pilesar blieb stehen, betrachtete Daniel kritisch und schüttelte den Kopf. »Es ist kaum zu glauben, was aus dem Jungen geworden ist, den ich vor über zwei Jahren kennen lernte.«

»Was denn?« Daniel lachte. »Sag's nur, Pilesar!«

»Nun, vor mir steht ein ziemlich gerissener, nach allen Regeln der Kunst agierender Geschäftsmann!«

»Aber Pilesar, du übertreibst!« Daniel wurde plötzlich ernst.

»Keineswegs.«

»Pilesar...« Daniel fasste den Älteren am Arm und sah ihm in die Augen. »Du müsstest mich mittlerweile kennen! Ich musste mich mit den neuen Verhältnissen arrangieren, das Beste daraus machen – oder untergehen.«

»Schon gut, schon gut. Offenbar haben deine Eltern – wenn ich mir diese Bemerkung erlauben darf – bei deiner Erziehung großen Wert darauf gelegt, dass du in der Öffentlichkeit ungemein selbstsicher auftrittst und dich von niemandem einschüchtern lässt.«

»Ja, das haben sie.« In Daniels Augen blitzte es auf. »Und das Gleiche gilt für meine Schwester. Du kennst sie doch!«

»Sicher. Aber Esther würde niemals in einem solchen Ton mit dem angesehensten Buchhändler Roms reden. Der Mann hat sich große Verdienste um die Verbreitung des Wissens in dieser Stadt erworben! Die Zahl derer, die ihre Kinder unterrichten lassen, hat zugenommen! Man weiß mittlerweile, dass die schriftliche und mündliche Beherrschung der Sprache die wichtigste Voraussetzung dafür ist, wenn jemand, der nicht in eine alte, wohlhabende Familie geboren wurde, Karriere machen will. Und Pollius fördert junge Talente! Nicht nur Martial, auch andere, von denen man in einigen Jahren staunend reden wird. Mit einem Wort: Du hast dich im Ton vergriffen!«

Daniel schaute ihn noch eine Weile an und hörte sich selbst reden. Er musste dem älteren Freund Recht geben: »Es tut mir Leid, Pilesar.«

»Ach ja?«

»Ja. Weißt du ... Hin und wieder bricht in mir der Zorn auf alles Römische durch, auf diese Arroganz, sich für den Mittelpunkt des Erdkreises zu halten!«

»Aber doch nicht Pollius!«

»Nein, natürlich nicht. Ich werde es wieder gutmachen.«

»Ja, das solltest du tun. Und zwar möglichst bald! – Noch etwas: Bei Cossinius Afer rede ich!«

Sie überquerten die Straße und betraten die Buchhandlung von Quintus Cossinius Afer.

XXIII

Als Titus den Obststand erreichte, fand er dort weder Esther noch Niger vor. Er wartete eine Weile. Vielleicht hatten sie einen neuen Beobachtungsposten in der Nähe bezogen. Als sich nichts rührte, suchte er die ganze Gegend im Umkreis von einigen Hundert Schritt ab. Ohne Ergebnis. Er kehrte zum Obststand zurück.

»Hm ... Du suchst deine Freunde, wie?« Montanus kam näher.

»Hast du sie gesehen? Ich meine, hast du gesehen, wie sie weggegangen sind?«

»Hm ... Das habe ich.«

»Haben sie dir gesagt, wohin sie gehen wollten?«

»Nein, haben sie nicht.«

»Aber sie sind weggegangen?«

»Das sind sie.«

»Wann war das?«

»Hm ... Vor einer guten Viertelstunde.«

»Ist dir sonst was aufgefallen?«

»Hm ... Kurz vorher kam einer von Arruntius' Leuten aus dem Laden.«

»Und da sind sie ihm nach?«

»Hm ... Könnte sein, nicht?«

»Was denn nun?« Titus wurde allmählich ärgerlich, die Zeit drängte. »Sind sie ihm gefolgt?«

»Sah so aus, hm. Ich glaub' schon, dass sie ihm gefolgt sind.«

»Kennst du den Mann?«

»War derselbe, hm, nach dem ihr mich neulich schon mal gefragt habt.«

»Du weißt nicht zufällig, wie er heißt?«

»Nein, weiß ich nicht. Ist das wichtig?«

»Könnte sein.« Titus machte kehrt und wollte sich in Richtung Via Lata entfernen.

»Willst hinterher, wie?«, rief ihm Montanus nach.

»Wahrscheinlich«, gab Titus zurück. Doch er dachte: ›Beim Hercules! Ist der Mann neugierig! Und umständlich!‹ Dann rief er laut hinüber: »Pass weiter gut auf, Montanus!«

»Tu ich. Hm ... Aber du weißt doch überhaupt nicht, wohin sie gegangen sind!«

»Doch. Weiß ich.«

Montanus sah ihm nach und brummte: »Was diese jungen Leute heutzutage für komische Spiele spielen! Laufen hinter anderen her! Immer wieder! Tsss ...« Er spuckte auf die Straße und ging zurück zum Stand, um eine Kundin zu bedienen.

Titus war sich sicher, dass Esther und Niger erneut in die Straße hinter dem Capitolshügel gegangen waren. Der Mann, dem sie folgten, hatte schon mehrmals dieses Viertel angestrebt. Hoffentlich hatten sich nicht wieder die beiden Männer auf ihre Spur gesetzt, die schon Daniel und Esther auf dem Rückweg vom Atrium Vestae gefolgt waren.

Titus legte ein ziemliches Tempo vor. Da die Bürgersteige um diese Zeit – es war Nachmittag – voll von Menschen waren, rempelte er immer wieder Passanten an. Er entschuldigte sich nicht, dafür hatte er keine Zeit. Er entschuldigte sich ohnehin höchst ungern.

Eine zittrige, magere alte Frau, die offenbar auch sehr schlecht sah, hatte vor Schreck ihren Korb fallen gelassen. Nun keifte sie mit wild fuchtelndem Zeigefinger hinter ihm her: »Was sind das denn für Sitten, he?! Noch nicht mal auf alte, kranke Frauen nehmen sie heute Rücksicht!«

Ein etwa gleichaltriger Mann, der das hörte und zuvor die Rempelei gesehen hatte, blies in dasselbe Horn: »Furchtbar, nicht wahr? Aber das ist die Jugend von heute, Mütterchen! ›Ehre das Alter!‹, heißt es. Aber das interessiert die doch nicht! Es wird von Jahr zu Jahr schlimmer.« Er seufzte.

Und die Alte: »Das müsste man dem Kaiser sagen ... dem Kaiser! Er ist doch auch nicht mehr der Jüngste, darum hätte er dafür Verständnis. Aber um solche Sachen kümmert der sich nicht ... kümmert er sich nicht.«

Von all dem bekam Titus nichts mit, denn er bog schon in den Vicus Pallacinae ein, von dem die kleine Straße abzweigte, die zu den verfallenen alten Häusern führte.

Er ging langsamer. Achtete auf jede Person, die ihm entgegenkam oder die er überholte. Durchweg einfache Leute, wie er an der Kleidung erkannte. Voraus zwei dieser großen gelben Hunde, die überall in der Stadt herumstreunten. Sie machten sich über irgendetwas Essbares her, das jemand aus dem Fenster auf die Straße geworfen hatte. Vielleicht Knochen. Als er sich ihnen näherte, hoben sie misstrauisch die Köpfe und beobachteten ihn scharf. Sie waren immer auf dem Sprung und bereit zur Flucht, denn in jedem Passanten vermuteten sie einen Feind. Dazu hatten sie allen Grund, weil jeder Anwohner sie mit Drohgebärden, Flüchen und Verwünschungen davonjagte. Sie waren mager, schmutzig, voller Flöhe, hatten Geschwüre und übertrugen alle möglichen schlimmen Krankheiten. Sie suchten auch jetzt das Weite, als Titus sich ihnen näherte. Nach zwanzig Schritt drehte er sich um: Sie waren an ihren Platz zurückgekehrt. Dieser Hartnäckigkeit verdankten sie ihr Überleben.

Als er die im rechten Winkel abzweigende Sackgasse erreichte, blieb er stehen. Er konnte die Straße bis zu ihrem Ende gut einsehen. Von hier aus müsste er Esther, Niger oder den Fremden, falls sie ihm bis hierher gefolgt waren, erkennen. Doch sie waren nicht da. Das war seltsam. Aber vielleicht war der Mann woandershin gegangen? Dann war klar, dass die beiden ihm gefolgt waren. Andererseits könnte er wie immer in dem Haus am Ende der Gasse verschwunden sein. Dann hatten Esther und Niger wahrscheinlich eine Weile gewartet und, als sich nichts rührte, den Heimweg angetreten. Er hatte sie nicht gesehen, weil er zur gleichen Zeit auf der Via Lata unterwegs war.

Langsam schlenderte er auf das Haus am Ende der Straße zu. Es wurde dunkler, denn die Gasse wurde hier enger und lag bereits völlig im Schatten der vier Stockwerke hohen Häuser. Unschlüssig blieb er stehen und lauschte nach allen Seiten. Die üblichen Geräusche. Aus einem der Fenster tönte eine raue Männerstimme, dann lachten zwei Frauen laut auf. Das wiederholte sich mehrmals. In einer anderen Wohnung schrie eine Frau ihre Kinder an. Die Stimme war so schrill, dass sie Titus auf die Nerven ging. Die Frau schien übernervös zu sein. Die Kinder begannen zu plärren. Die Frau schrie noch lauter. Dann klatschten zwei Ohrfeigen. Jetzt schrien die Kinder erst recht. Die Frau schwieg endlich. Das Geschrei verebbte langsam. Ein Hund bellte. Das konnte keiner dieser gelben Streuner sein. Sie gaben nie einen Laut von sich. Er hatte jedenfalls noch nie einen von ihnen bellen gehört.

Titus konzentrierte sich auf das Haus vor ihm. Alle Fenster waren mit Läden verschlossen und dunkel. Nur aus dem offenen Klappfenster der Haustür kam ein Schimmer. Wohl eine Öllampe, im Flur an eine Seitenwand gehängt. Der widerliche süßsaure Geruch, der hier überall war, wurde ihm unerträglich. Es stank bestialisch. Wonach, vermochte er nicht zu sagen, denn die scharfe Mischung der verschiedenen Ausdünstungen deckte die einzelnen Bestandteile zu. Der Gestank kam wahrscheinlich von der Straße, die von den Anwohnern als Müllplatz benutzt wurde. Dabei war erst neulich überall in der Stadt die Mahnung an alle Bürger ergangen, verderbliche Reste nicht auf die Straße zu werfen, sondern in Tonnen zu sammeln, die einmal im Monat abgeholt würden.

»Proletenpack!«, murmelte er abschätzig und presste abweisend die Lippen aufeinander.

Er musste sich zwingen es an diesem widerlichen Ort noch einige Augenblicke auszuhalten. Vielleicht rührte sich doch noch etwas. Doch niemand kam heraus oder ging hinein, niemand öffnete in einem der oberen Geschosse ein Fenster oder machte Licht. Vielleicht wohnte in dem Haus keiner mehr. Es wirkte wie tot.

Dann ging alles sehr schnell. Er wurde rechts und links derb, ja brutal an den Armen gepackt, über seinen Kopf senkte sich ein Stoffbeutel, seine Arme wurden nach hinten gerissen und die Handgelenke mit einem Stück Seil fest verknotet. Um sicherzugehen, dass er wirklich nichts erkennen konnte, was um ihn herum vorging, band man ihm noch ein Tuch um die Augen.

»Du wirst jetzt vollkommen still sein und nicht schreien. Sonst müssen wir zu härteren Maßnahmen greifen!«

Die Stimme des Mannes klang kühl und sachlich; so sprach jemand, der das, was er ankündigte, auf der Stelle wahr machen würde. Titus kannte diese Stimme nicht. Woher auch! Er spürte, wie die Angst in ihm aufstieg und ganz von ihm Besitz ergriff. Er begann zu zittern. Sie wollten ihn umbringen! Da er nichts sah und weder Arme noch Hände bewegen konnte, geriet er in Panik, wollte schon laut um Hilfe schreien – als ihm ausgerechnet jetzt ein Spruch von Publilius Syrus einfiel, den sein Vater oft zitierte: *Consilio melius vincas quam iracundia* – Besonnenheit siegt leichter als Erregung. Er sprach ihn mehrmals leise vor sich hin, klammerte sich daran wie an einen rettenden Balken auf hoher See und war endlich wieder fähig klar zu denken.

Blitzartig schoss ihm dieser Gedanke durch den Kopf: ›Du musst jetzt aufpassen, in welche Richtung sie gehen!‹ Er wusste, dass er mit dem Blick auf das leer stehende Haus gestanden hatte. Jemand griff wieder nach seinem Arm, man führte ihn in die Richtung, in die er geblickt hatte. Wollten sie ihn in das Haus bringen?

»Mach auf!«, sagte der Mann, der ihm eben gedroht hatte. Also waren es mindestens zwei, vielleicht drei, die es auf ihn abgesehen hatten.

Titus hörte, wie ein Schlüssel ins Türschloss gesteckt, gedreht und die Tür geöffnet wurde. Die Hände, die ihn gepackt hielten, schoben ihn nach vorne, in den Gang. Sie hielten ihn auch, während sie gemeinsam die Treppe hinaufstiegen.

Auf dem Absatz des zweiten Stocks machten sie Halt. Wieder hantierte jemand mit dem Schlüssel und eine Tür – wohl der Eingang zu einer Wohnung – wurde geöffnet. Die Männer schoben ihn in den Vorraum, verriegelten die Tür und führten ihn in einen Raum. Aus dem Hall der Schritte und Stimmen leitete Titus ab, dass das Zimmer eine Art Vorraum war.

»Setz dich!«, sagte die bekannte Stimme in einem Ton, der keinen Widerspruch duldete. »Da ist ein Hocker! Direkt hinter dir.«

Vorsichtig ließ Titus sich nieder. Mit den Fingerspitzen seiner gefesselten Hände tastete er nach der Sitzfläche. Sie war glatt und fest. Der Mann, dem die Stimme gehörte, entfernte das Tuch von Titus' Augen und zog ihm den Beutel über den Kopf.

Titus atmete auf. Er blickte sich um. Erkennen konnte er nicht viel. Es war zu dunkel. Die Fensterläden waren geschlossen. In den Ritzen war ein Schimmer Tageslicht zu sehen. Drei Männer waren im Raum, er konnte sie schemenhaft erkennen. Und noch etwas: Alle drei hatten ihre Gesichter mit einem dunklen, maskenhaften Tuch verhüllt. Nur für die Augen blieb ein Spalt. Alle drei beobachteten ihn genau.

»Denk daran!«, ermahnte ihn der Mann, der allein mit ihm gesprochen hatte. »Wenn du schreist, werden wir das zu verhindern wissen.«

Titus fiel auf, dass die beiden andern sich mehr im Hintergrund hielten. Der Mann hatte hier das Sagen. Vielleicht waren die anderen Sklaven?

Der Mann wandte sich zu einem seiner Begleiter und flüsterte ihm etwas zu. Der andere nickte, entfernte sich und kam wenige Augenblicke später mit einem Becher zurück. Er gab ihn an den Mann weiter.

»Das hier wirst du jetzt trinken!«

»Warum?«, fragte Titus. Er versuchte verzweifelt, Zeit zu gewinnen.

»Da drin ist ein Beruhigungsmittel. Du wirst dann einschlafen.«

»Warum soll ich einschlafen?«, fragte Titus weiter. Ein Schauer aus Angst und Schrecken fuhr ihm erneut über den Rücken. Er merkte, dass er wieder zu zittern begann. Wollten sie ihn vergiften? Tapfer sagte er: »Ich bin nicht müde.«

»Es ist nur zu deinem Vorteil, Junge. Glaub mir!«

»Und wenn ich nicht trinke . . .?«

»Wie ich schon einmal sagte: Wenn du dich störrisch verhältst oder wenn du schreist, werden wir zu härteren Mitteln greifen. Tust du aber alles, was wir dir sagen, dann ist das nur zu deinem Besten und dir wird kein Haar gekrümmt.« Er fügte noch hinzu: »Im Übrigen kannst du unbesorgt sein: Da ist kein Gift drin!«

Der Mann beugte sich zu Titus herunter, hielt ihm den Becher an die Lippen, nickte ihm ermunternd zu und Titus probierte vorsichtig etwas von der Flüssigkeit. Sie schmeckte leicht bitter, aber auch süß. Unmittelbar vor sich sah er die Augen des Fremden in der dunklen Fläche des Tuches. Das Licht vom Fenster spiegelte sich darin. Sie waren vollkommen dunkel, fast schwarz. Widerwillig schluckte er das Gebräu herunter.

»Na also«, sagte der Mann. »Du wirst nach einer bestimmten Zeit wieder aufwachen. Das Mittel hat keine Folgen für dich.«

Titus spürte, wie das Betäubungsmittel von ihm Besitz ergriff. Sein Kopf wurde benommen, einmal hämmerte das Blut in seinen Schläfen. Er hörte die Männer wie in weiter Ferne reden, bekam auch noch mit, dass sie ihn hochhoben, aus dem Zimmer brachten, die Treppe herabtrugen und auf eine harte Fläche legten. Dann begann es zu rumpeln. ›Ich liege auf der Ladefläche eines... eines...‹ Er brachte den Satz nicht mehr zu Ende. Das Letzte, an das er dachte, war Esther: Hatten die Männer sie etwa auch in ihre Gewalt bekommen und wie ihn betäubt? Und was war mit Niger? Den etwa auch? Er sah die Gesichter der beiden vor sich, sah, wie Esther ihm zulächelte, und er lächelte zurück. Mit diesem glücklichen Gedanken fiel er in einen bodenlosen Abgrund und er konnte nichts dagegen machen...

XXIV

Was seine Figur betraf, so stand Quintus Cossinius Afer in völligem Gegensatz zu Pollius Valerianus: Er war beleibt, aber flink; nicht sehr groß, überblickte aber stets alles, was in seinem Laden vor sich ging. Seine Augen waren immer in Bewegung, ihnen entging nichts im Laden. Und er war zehn, vielleicht zwölf Jahre jünger als Pollius. Im Unterschied zu diesem war er ein quirliger Mann, redete viel und schnell, so dass sein Gegenüber oft Mühe hatte, beim schnellen Gedankenflug des Buchhändlers nicht den Faden zu verlieren. Er beherrschte neben dem Lateinischen das Griechische perfekt, so dass jene, die seine Herkunft nicht kannten, ihn für einen Athener hielten. Dabei stammte er in der vierten Generation von einem gewissen Quintus Cossinius Afer ab, der – aus einer verarmten Bauernfamilie bei Caere* stammend – als junger Mann in Alexandria ein Vermögen gemacht hatte.

Das war während des Krieges gewesen, den Gaius Iulius Caesar in Ägypten führte, um der Königin Cleopatra ihren Thron zu retten. Bei den Kämpfen um den königlichen Palast ging die in der Nähe liegende Große Bibliothek in Flammen auf. Viele Schriften, die im Feuer arg gelitten hatten und die man aus verschiedenen anderen Gründen für minderwertig hielt, landeten in den Antiquariaten Alexandrias. Bei einem völlig

---

* Kleine altetruskische Bergstadt nördlich von Rom

unbedeutenden Ramschhändler, der durchweg nur minderwertiges Zeug zum Kauf anbot, hatte Quintus eine seltsame Handschrift entdeckt: Da er in diesen Dingen ein Kenner war – er hatte in der Buchhandlung eines gewissen Pollius Valerianus, dem Ahnherrn des jetzigen gleichen Namens, den Aufstieg vom Schreiber zum persönlichen Sekretär des angesehenen Buchhändlers geschafft –, entdeckte er, dass es sich dabei um einen *Palimpsest* handelte, das heißt um eine Handschrift, die nach Tilgung des ursprünglichen Textes auf die gleichen Papyrusblätter geschrieben worden war. Als er sie näher untersuchte, stellte er fest, dass es sich bei dem ursprünglichen Text um den verschollenen Lebensbericht des karthagischen Feldherrn Hannibal handelte.

Diese Rolle nun verkaufte er an Caesar und war ein gemachter Mann; denn Caesar, ein großer Verehrer Hannibals, zahlte Quintus dafür die gewaltige Summe von 500 000 Sesterzen. Quintus, zurück in Rom, machte sich bald selbstständig und eröffnete einen neuen, großen Buchladen im Argiletum, unmittelbar dem Geschäft seines ehemaligen Dienstherrn Pollius Valerianus gegenüber.[*]

Von diesen beiden stammten also die gegenwärtigen Träger der alten Namen ab. Quintus Cossinius Afer war Anfang vierzig, wirkte aber aufgrund seines flinken Wesens wie seines rosigen Aussehens erheblich jünger als Pollius. Cossinius hatte etwas vom Geschäftssinn seines Ahnherrn geerbt, denn er legte es geradezu sys-

---

[*] Vgl. *Quintus geht nach Rom* und die Folgebände

tematisch darauf an, alle Bücher, die er im Sortiment hatte, stets um einige Prozent billiger als Pollius anzubieten.

Pollius wiederum hielt sich etwas darauf zugute, besonders wertvolle Handschriften im Angebot zu haben. Zu seinen Kunden zählten viele Angehörige der römischen Oberschicht. Sogar der Kaiser wusste seine Kenntnisse zu schätzen und ließ ihn des Öfteren in den Palast kommen, um dem Vorsteher der Hofbibliothek mit Rat und Tat beizustehen, wenn es darum ging, die Bestände zu erweitern.

Daniel und Pilesar hatten des Cossinius Laden kaum betreten, als Quintus Cossinius Afer sie schon entdeckte und mit schnellen Schritten näher kam.

»Oh, ihr habt euch bestimmt verlaufen!«, sagte er und grinste ironisch. Wusste er doch, dass Pilesar früher die teuersten Ausgaben für Rutilius Varus bei der Konkurrenz bestellte und auch Daniel, wegen der guten nachbarlichen Beziehungen des Acilius zu Pollius, seine eigenen Bücher meist bei diesem kaufte.

»Nein, das hat schon seine Richtigkeit«, stellte Pilesar höflich, doch bestimmt klar. Dass er Sklave war, wussten nur wenige Geschäftsleute im Viertel; die meisten hielten ihn für einen Freigelassenen, weil er so souverän auftrat. Hinzu kam, dass er über vollendete Umgangsformen verfügte und das reinste Griechisch sprach, so dass manche ihn für einen Alexandriner oder gar Athener hielten.

Pilesar kam direkt zum Thema: »Sag mal, Cossinius, hast du vielleicht eine neuere Ausgabe des Publilius Syrus vorrätig?«

»Wie? *Eine* Ausgabe?«, rief Cossinius. »Eine ganze Reihe!«

»Ist darunter vielleicht auch jene, die der große Seneca zusammengestellt hat?«

»Aber sicher, aber sicher!«

»Wieso sicher?«, schaltete Daniel sich ein. »Immerhin handelt es sich dabei um etwas sehr Seltenes!«

Pilesar blickte streng zu ihm herüber, um ihn an ihre Vereinbarung zu erinnern, diesmal ihn allein reden zu lassen. Daniel nickte wortlos.

»Das hat wohl Pollius behauptet – wie?«, ließ Quintus Cossinius sich hören.

»*Ita'st.*«

»Ich bitte dich! Was für ein Unsinn!« Er schüttelte aufgebracht den Kopf. »Aber er schreckt neuerdings vor nichts mehr zurück. Kommt, ich zeige sie euch.«

Er führte sie in den mittleren Teil des Ladens und holte die Rolle von einem Regalbrett.

»Bitte!« Er reichte sie Daniel.

Daniel öffnete die Rolle und überflog den Text, wobei er mehrmals wie zustimmend nickte. Schließlich wandte er sich an Pilesar: »Erstaunlich! Sie ist vollkommen identisch mit der anderen. Hier, schau selbst!«

Während sich Pilesar in die Schrift vertiefte, fuhr Cossinius schon fort mit seinen kritischen Bemerkungen über das Geschäftsgebaren seines Konkurrenten: »Ha! Er meint scheinbar immer noch, dass es nur ihm allein zustehe, das Aktuellste und Beste im Angebot zu haben. Aber da irrt er sich gewaltig!«

»Woher hast du denn den Text?«, wollte Daniel wissen.

Daraufhin grinste Quintus Cossinius erneut und sagte: »Geschäftsgeheimnis.«

Daniel und Pilesar schauten sich an und dachten beide das Gleiche: Wahrscheinlich hatte sich Cossinius über einen Strohmann ein Exemplar dieser Ausgabe verschafft und sie in seiner eigenen Werkstatt vervielfältigen lassen. So machten es alle Buchhändler, wenn sie am Erfolg einer Neuausgabe oder eines neuen Werkes teilhaben wollten.

Pilesar fragte weiter: »Hast du etwa auch die neuesten Epigramme von Martial vorrätig?«

»Natürlich, natürlich! Die allerneuesten!«, rief Cossinius und wies auf ein Regalbrett, in dem sich nur Schriften des Martial befanden. Er beugte sich vor. »Aber ihr seid doch nicht wegen Martial hier – oder?«

»Nun«, begann Pilesar bedächtig, »wir sind dabei, eine Bibliothek neu einzurichten.«

»Aha. Eine alte?«

»Eine neue.«

»Aha. Darf ich fragen, für wen?«

»Sicher. Es handelt sich um Acilius Rufus.«

»Nein!« Cossinius riss die Augen weit auf und zwinkerte. »Seit wann interessiert der sich für Bücher?«

»Seit kurzem.«

»Aha. Und woran denkt er dabei, ich meine welche Titel...?«

»Das überlässt er uns.«

»Oh, das ist aber...«

»Genau das ist es!« Ein feines Lächeln umspielte kurz Pilesars Mund.

Das folgende Gespräch über den Kauf einer erklecklichen Zahl von Büchern entwickelte sich dann genau so wie das vorherige mit Pollius Valerianus – mit einem Unterschied:

»Ihr könnt natürlich ganz auf mich zählen!«, rief Cossinius begeistert. »Ich meine, was den Preis betrifft. Ihr versteht?«

»Wir verstehen«, nickte Pilesar.

»Sehr gut. Und wann bekomme ich die Liste?«

»In den nächsten Tagen.«

»Das ist gut.«

»Und diese . . . diese Neuausgabe der Sentenzen des Publilius . . .« Er holte sie aus dem Regal.

»Was ist damit?«

»Sie gehört jetzt schon euch!«

»Aber wir haben sie doch gar nicht gekauft!«

»Warum auch? Ich schenke sie euch. Nein, nicht euch, ich meine natürlich dem edlen Acilius Rufus!«

»Danke!«

»Bitte! Keine Ursache.«

Cossinius geleitete sie sogar persönlich zur Tür, hielt sie auf und verbeugte sich tief – was er noch nie getan hatte. Sie verließen die Buchhandlung.

Sie waren kaum draußen, als Pilesar lächelnd zum Besten gab: »*»Pecunia unum regimen est rerum omnium* – Geld ist der einzige Herr ob allen Dingen.‹«

»Wie wahr, wie wahr!«, kommentierte Daniel, ganz in der Manier von Acilius Rufus. »Diesen Spruch unseres geliebten Dichters hörte ich unlängst vom Chef!«

»Ach! Wirklich?«

»*Ita'st.*« Aber er verschwieg, dass Acilius ihn in Zusammenhang mit dem Kauf Pilesars geäußert hatte.

XXV

Noch am selben Abend zog sich Daniel mit Pilesar in Daniels Arbeitszimmer zurück, wo sie mit der endgültigen Zusammenstellung einer Bücherliste begannen, von der sie meinten, dass sie für Acilius angemessen, interessant und nützlich sein könnte. Dabei waren sie so bei der Sache, dass sie Zeit und Stunde vergaßen.

Einmal schaute der Chef kurz herein, um sich über den Stand der Vorbereitungen zu unterrichten.

»Na, kommt ihr klar? Ich meine, habt ihr euch ein, wie soll ich sagen, ein klares Bild, nicht wahr, der zu kaufenden Werke gemacht?«

»Wir haben es«, sagte Daniel. »Und wir haben dir schon etwas mitgebracht.«

»Mitgebracht? Aha. Lasst sehen, was es ist!«

»Es handelt sich um eine komplette Neuausgabe der Sentenzen des Publilius Syrus, und zwar um eine, die wissenschaftlich hieb- und stichfest ist.«

»Eine Neu...? Und hieb- und stichfest? Eine wissen...? Sehr interessant, sehr inter...!«

Pilesar reichte ihm die Rolle aus Pollius' Laden, Daniel die aus Cossinius' Beständen.

»Aber ich verstehe nicht«, meinte Acilius. »Daniel, du sagtest doch *eine*, nicht wahr, das hier sind aber zwei!«

»Es handelt sich um die gleiche«, erklärte Pilesar und berichtete über die Gespräche mit Pollius und Cossinius. »Daran erkennst du, Herr, wie sehr beide darauf aus sind, mit dir ins Geschäft zu kommen. Also gehe ich davon aus, dass wir einen Endpreis aushandeln können, mit dem du wohl zufrieden sein kannst.«

Acilius öffnete beide Rollen und vertiefte sich in das Anfangskapitel. Er rief: »Sie sind tatsächlich identisch! Vollkommen identisch, ja! Aber diesen Spruch hier kannte ich noch nicht: *Verstand, nicht Alter lässt zu Weisheit kommen.* Wie wahr, wie wahr! Sehr schön! Wunderbar! Ich werde noch heute Abend mit der Lektüre beginnen, ja. Viele Sprüche, die ich noch nicht kenne – und die ihr noch nicht kennt! Ganz ausgezeichnet, ganz ausge . . .!«

In eine der Rollen vertieft verließ er den Raum.

Daniel und Pilesar schauten sich an und schmunzelten.

»Da kommt einiges, nicht wahr, auf uns zu, ja!« Daniel feixte.

»Zweifellos«, bestätigte Pilesar, vertiefte sich aber wieder in die Bücherliste.

Sie wollten sich gerade der Zusammenstellung der geografischen Werke zuwenden, als die Tür aufging und Esther hereinkam.

»Habt ihr Titus gesehen?«, fragte sie.

»Titus?« Daniels Blick fuhr hoch. »Nein. Warum?«

»Er müsste doch längst wieder hier sein!«

Daniel überlegte: »Eigentlich schon. Vielleicht hatte er noch etwas zu erledigen.«

»Nein, hatte er nicht.«

»Dann wird er noch durch die Stadt bummeln.«

»Glaube ich auch nicht. Er hätte längst hier sein müssen.«

»Hat er euch denn nicht getroffen?«

»Nein. Wir sind diesem Mann gefolgt... Na, du weißt schon... bis zu dem Haus am Capitol.«

»Vielleicht ist er auch noch dorthin gegangen. Aber da wart ihr bereits weg.«

»Das war am Nachmittag. Und jetzt ist es Abend! Er braucht doch keine zwei Stunden von da bis hier!«

Bevor Daniel dazu etwas sagen konnte, ging die Tür auf und Domitia kam herein. Acilius folgte ihr. Sein Gesichtsausdruck war nun ernst, fast ungehalten.

»Habt ihr Titus gesehen?«

Daniel und Pilesar schüttelten den Kopf.

»Gute Göttin!« Die Herrin schlug die Hände ineinander. »Der Junge müsste doch längst hier sein! Hoffentlich ist ihm nichts zugestoßen.«

»Was sollte ihm schon zustoßen, Herrin?«, sagte Daniel, doch er zweifelte bereits selbst an dem, was er sagte.

Domitia ließ sich auf dem nächsten Hocker nieder und blickte besorgt von einem zum andern. »Wo kann er nur stecken? So was tut er doch sonst nie.«

Pilesar machte einen Vorschlag: »Herrin, wir sollten noch eine Weile warten. Wenn er dann immer noch nicht zurück ist, werden wir ihn suchen.«

»Dann kann es zu spät sein. Ich habe ein ungutes Gefühl.«

Esther griff Pilesars Vorschlag auf: »Wenn überhaupt, dann sollten wir uns gleich auf den Weg machen!«

»Und wohin?« Daniel legte den Stift hin und schaute die Schwester an. »Wir können doch nicht aufs Geratewohl die ganze Stadt nach ihm absuchen!«

»Dann müssen wir uns Helfer besorgen«, rief Esther.
»Und wen?«, fragte der Bruder.
»Na, Niger ist doch noch da!«
»Wo?«
»In der Küche. Martha verpflegt ihn.«
»Und wen noch? Philon und Theokritos sind nicht da.«
»Die Männer aus dem Lager am Tiber!«
»Die haben Feierabend.«

Da entfuhr es Esther: »Dann müssen wir eben zur Vestalis Maxima!«

Daniel zuckte zusammen. Pilesar sah ihn an. Sein Blick drückte höchste Besorgnis aus: Wie würde das ausgehen?

Acilius blickte erstaunt zu Esther, dann zu Daniel. Er fragte: »Sagtest du: zur Vestalis Maxima? Was soll Titus denn mit ihr zu tun haben?« Und nach kurzer Pause: »Was ist hier los? Verheimlicht ihr mir etwas? Dafür ist nicht der richtige Augenblick, nicht wahr. Ihr müsst mir sagen, wenn ihr etwas wisst!«

Während sich auf Daniels Gesicht sein schlechtes Gewissen abzeichnete, wog Esther blitzschnell ab, welche Folgen es hätte, falls sie sich jetzt herausredete. Sie konnten die Sache nicht auf Dauer verheimlichen. Ein schneller Blick zu Daniel zeigte ihr, dass er genauso dachte, denn er nickte ihr kaum merklich zu. Also rang sie sich dazu durch, die Wahrheit zu sagen, und antwortete: »Ich sagte es.«

»Wie bitte?« Domitia behielt den Mund offen. »Ich verstehe nicht. Was hat denn die Oberpriesterin der Vesta damit zu tun?«

»Mehr als du ahnst, Herrin.« Und dann berichtete Esther – zunächst stockend, denn sie konnte kaum ein Weinen unterdrücken –, was sich bisher zugetragen hatte: »Unsere Mutter...«

»Eure Mutter? Was ist mit ihr?«

»Sie ist hier.«

»Was sagst du da? Meinst du etwa: hier, in der Stadt?«

»Sehr wahrscheinlich.«

»Aber Esther! Wie kommst du zu dieser Annahme?«

»Ich habe eine Mitteilung von ihr gelesen.«

»Aber in den letzten Tagen ist doch kein Brief abgegeben worden!«

»Es handelt sich auch nicht um einen Brief, Herrin, sondern... Ich werd's dir zeigen!« Sie stürzte aus dem Zimmer und kam nach wenigen Augenblicken mit der *Toga Virilis* zurück und fuhr mitten im Satz fort: »...um das hier!«

Sie wies auf das bereits applizierte Purpurband.

»Um das...? Was ist mit dem Band?«

»Ich weiß nicht, ob du es erkennen kannst.«

»Was denn?«

»Diese Zeichen. Es sind Schriftzeichen.«

Domitia beugte sich über die Stelle, auf die Esther zeigte. »Gut, ich sehe eigenartige Zeichen, ja, aber das sind doch keine Buchstaben!«

»Doch Herrin! In unserer Sprache, dem Hebräischen, sind das Schriftzeichen.«

Domitia studierte die seltsamen, manchmal keilförmigen Muster sehr genau, konnte aber nichts damit anfangen. Auch Acilius, der sich neugierig darüber beugte, schüttelte nur den Kopf und fragte: »Kannst du das lesen?«

»Sicher.«

»Und? Was steht denn da?«

Esther folgte mit dem Zeigefinger den Zeichen und las: »Herr, beschütze Daniel und Esther!«

»Gute Göttin!«, rief Domitia. »Das ist doch nicht möglich! Bist du ganz sicher?«

»Vollkommen, Herrin. Ich schreib's dir auf.«

Esther nahm eine der Wachstafeln, die auf Daniels Arbeitstisch lagen, schrieb den Text auf und zeigte ihn Domitia.

Domitia verglich die Zeichen, schüttelte den Kopf und musste sich setzen. »Du hast Recht. Wer außer deiner Mutter könnte das geschrieben haben? Es wäre schon ein seltsamer Zufall, wenn es eine zweite Frau in Rom gäbe, die Kinder mit den Namen Daniel und Esther hätte und die diesen Satz auch noch sticken würde. Wie hast du es denn bemerkt?«

Esther erklärte es ihr. Domitia betrachtete lange die Zeichen. Schließlich meinte sie: »Aber im Laden, ich meine bei Arruntius, da ist deine Mutter offenbar nicht – oder?«

»*Ita'st.*«

»Du siehst mich vollkommen verwirrt . . .« Domitia schaute Esther fragend an: »Nun sag endlich, was denn die Ehrwürdige Mutter damit zu tun hat!«

Da berichtete Esther von ihrem Zusammentreffen mit der Priesterin.

»Du hast sie einfach angesprochen?« Domitia starrte sie an.

»Ich habe es.«

»Weiter! Was dann? Wie reagierte sie?«

So knapp wie möglich beschrieb Esther die weiteren Ereignisse, ihren Besuch im Atrium Vestae und das Gespräch mit Cornelia; deren Entschluss, Lea dem Arruntius abzukaufen, und des Arruntius Weigerung, darauf einzugehen.

An dieser Stelle meldete sich Acilius zu Wort: »Das ist ja unerhört, nicht wahr! Einer Vestalin schlägt man keinen Wunsch ab! Und nach allem, was du bisher gesagt hast, bestätigt sich mir ein alter Verdacht, nicht wahr. Ich traue diesem Arruntius schon lange nicht über den Weg. Dahinter scheint etwas anderes zu stecken. Das gefällt mir überhaupt nicht, nein.«

Domitia aber kam auf das für sie Wichtigste zurück: »Nun sag mir aber, Esther, was das alles mit Titus zu tun hat!«

Esther wechselte mit ihrem Bruder einen Blick und Daniel nahm den Faden auf: »Wir, Esther und ich, sind dann auch noch verfolgt worden.«

»Wie bitte?«, rief Acilius. »Verfolgt? Von wem? Sprich!«

Daniel beschrieb das heruntergekommene Haus an der Rückseite des Capitols, dann den Mann, der immer vom Laden dorthin ging, und schließlich die Szene, wie er und Esther von zwei unbekannten Männern verfolgt worden waren und worüber die beiden gesprochen hatten.

»Das ist ja unglaublich!«, rief Acilius zornig. »Aber nun sagt: Titus, nicht wahr, was ist denn mit Titus? Wo ist er?«

»Das wissen wir nicht«, sagte Esther leise. »Aber ich befürchte...«

»Was? Was befürchtest du?«

»Ich habe den Verdacht...«

»Welchen Verdacht?«, rief nun Domitia und hielt verzweifelt beide Hände vor den Mund.

»... dass man ihn entführt hat.«

Domitia schrie auf: »Nein!« Sie wurde blass, verdrehte die Augen und wäre ohnmächtig zu Boden gegangen, wenn nicht Acilius und Daniel sie im letzten Augenblick beherzt aufgefangen hätten.

Schon eilte Esther davon, kam mit einem kleinen Fläschchen wieder, entfernte den Glasstöpsel und hielt Domitia die Öffnung der Flasche unter die Nase. Sie kam wieder zu sich. Acilius ordnete an sie in sein Kontor zu bringen und dort auf die Liege zu legen. Er selbst deckte sie mit einer Wolldecke zu.

»Geht es dir besser?«, fragte er besorgt, zog einen Hocker heran und setzte sich neben das Lager. Dabei streichelte er ihre Hand.

»Es geht wieder...« Domitia nickte.

Esther verschloss die Flasche und stellte sie in Reichweite auf den Tisch.

Acilius war sehr ernst geworden, zwischen seinen Augen hatten sich Zornesfalten gebildet. »Das wird er noch bereuen!«, sagte er mit tonloser Stimme und alle wussten, wen er meinte.

Daniel, Esther und Pilesar schwiegen und überlegten verzweifelt, was sie tun konnten. Da erhob sich Acilius abrupt und rief im Befehlston: »Daniel!«

»Hier!«

»Du begleitest deine Schwester!«

»Jawohl! Wohin?«

»In die Stadt! Titus suchen! Ich gehe davon aus, dass du weißt, wo er sich meist, nicht wahr, aufhält. – Esther!«

»Hier!«

»Du begleitest deinen Bruder!«

»Ich hole mir nur einen Überwurf«, rief sie, »es ist kühl geworden.«

»Tu das.«

Sie eilte nach oben.

»Daniel!«

»Hier!«

»Nehmt beide Hunde mit! Mit ihnen seid ihr sicher.«

Daniel nickte.

Domitia, die sehr mitgenommen aussah, sagte mit matter Stimme: »Ich könnte doch auch mitgehen.«

»Nein! Das kommt überhaupt nicht infrage, nicht wahr! Und ich bleibe bei dir, ja.«

Alle Betulichkeit war von Acilius abgefallen. Er war ganz bei der Sache. Er teilte zwar nicht die schlimmen Bedenken seiner Frau, doch um sicherzugehen, hielt er diese Suchaktion für notwendig.

Daniel ging nach draußen, um Castor und Pollux anzuleinen.

»Pilesar!«, fuhr Acilius fort.

»Herr?«

»Du gehst auch mit.«

»Jawohl.«

»Oder bist du zu schwach?«

»Nein, ich bin schon in Ordnung, Herr.«

»Gut.«

An der Haustür hörte man Pollux freudig bellen. Er war temperamentvoller als sein älterer Bruder Castor, doch der freute sich nicht minder auf den unerwarteten Ausgang. Die Schwänze der beiden Molosser klopften erwartungsvoll gegen den Rahmen der Haustür.

Pilesar ging zur Tür, als Daniel mit Niger und den Hunden hereinkam. Pollux und Castor ließen kein Auge von Niger, denn der steckte sich gerade den letzten Rest des kalten Bratens, den Martha ihm aufgetischt hatte, in den Mund und fuhr sich mit dem Handrücken über die fettigen Lippen. Alle starrten ihn an, so dass er verunsichert wurde.

»Warum ihr mich so ansehen? Ich etwas falsch?«

»Nein, überhaupt nicht«, sagte Acilius. »Wann musst du zu Hause sein?«

»Ich schon zu Hause sein müssen! Viel spät!«

»Ich werde mit deinem Vater reden, nicht wahr.«

»Warum du reden? Ich jetzt gehen. Viel spät. Ich sonst viel Ärger! Und Arrest morgen!«

Acilius trat vor und baute sich vor ihm auf. »Askalis! Nun hör mir einmal gut zu . . .« Und dann erklärte er ihm, wie immer recht umständlich und mit einigen *nicht wahr* und *ja* angereichert, dass sie eine Suchaktion starten müssten, wegen Titus, der nicht nach Hause gekommen sei.

»Wo er sein?«

»Das wissen wir eben nicht.«

»Das viel schlecht.«

»Eben. Na, was ist, Niger? Kommst du mit?«

Daniel glaubte, nicht recht gehört zu haben: Noch nie hatte der Chef den Askalis Niger genannt.

»Ich gern mit. Aber ich dann Gewissen!« Er meinte *schlechtes* Gewissen, aber alle hatten verstanden, was er meinte.

Esther kam herein. Sie waren vollzählig.

Acilius griff nach der Hand seiner Frau, streichelte sie und sagte leise: »Die Herrin und ich werden hier bleiben. Vielleicht, nicht wahr, kommt er ja noch.«

Dann begleitete er Daniel, Esther, Pilesar und Niger nach draußen. »Ich weiß, ich weiß«, beteuerte er, »es ist so, als ob ihr eine Nadel im Heuhaufen suchen sollt. Aber es gibt keine andere Möglichkeit, um ihn, nicht wahr . . .«

Sie nickten.

»Wobei ich allerdings davon ausgehe, dass die ehrwürdige Vestalis Maxima am ehesten weiß, was zu tun ist, ja!«

Zusammen mit den beiden Hunden verließen sie den Hof.

XXVI

Daniel führte Pollux, Esther Castor am kurzen Riemen. Sie fühlten sich in Begleitung der beiden Molosser sicher.

So schnell sie konnten, eilten sie durch die nun dunkle, leere Straße, erreichten die Kreuzung mit dem Vicus

Cuprius, dann das Forum und standen wenige Augenblicke später am Eingang zum Atrium Vestae.

»O Gott! Hoffentlich ist sie da!« Esther knetete sorgenvoll ihre Hände.

»Bleib nicht zu lange – wenn möglich!«, sagte Daniel. »Wir dürfen keine Zeit verlieren.«

Und Esther: »Ich tu, was ich kann. Bis gleich!«

»Hoffentlich ist sie da!«, wiederholte Daniel leise Esthers Stoßseufzer und er meinte die Vestalin.

Esther war sich sicher, dass die unwirsche Aufseherin ihr keine Schwierigkeiten machen würde. Sie blieb im Innenhof stehen und suchte auf der gegenüberliegenden Seite nach einem Licht. Ja, wie neulich machte sich Avidia in der Backstube zu schaffen.

Esther ging mit schnellen Schritten hinüber.

Avidia, die einen Teig knetete, blickte hoch, lächelte gekünstelt und stellte fest: »Die Vestalis Maxima ist nicht da!«

»Und wo ist sie?«, fragte Esther, immer noch aufgeregt.

»Im Palast.«

»Weißt du, wann sie wiederkommt?«

»Das kann spät werden.« Es entging Avidia nicht, wie sehr diese Nachricht Esther beunruhigte. Als ob etwas Schlimmes geschehen wäre. Darum fragte sie, nun viel freundlicher: »Soll ich ihr was ausrichten?«

»Bitte, tu das!«, sagte Esther und fuhr hastig fort: »Sag ihr, dass Esther da gewesen ist ... und dass ich mich morgen wieder melde. Wahrscheinlich schon sehr früh.«

»Ich werde es ihr ausrichten.«

»Danke! Vale!«
»Vale!«
Esther machte kehrt und verließ das Gelände.
»Und?«, fragte Daniel.
»Sie ist nicht da. Sie ist wahrscheinlich beim Kaiser.«
»Das fehlt uns noch!«
Niger, der staunend diesen Fragen und Antworten gefolgt war, wandte sich an Esther: »Du kennen Vestalis?«
Esther nickte geistesabwesend.
»Oh! Das viel spannend! Woher du sie kennen?«
»Das erzählen wir dir ein andermal«, sagte Daniel und hoffte, dass Niger sich damit zufrieden geben würde.
»Gut, andermal. Ich aber nicht vergessen. Ich viel Gedächtnis. Und wohin jetzt?«
»Gute Frage«, meinte Pilesar. Er kratzte sich am Kopf und schlug vor: »Es könnte vielleicht nicht schaden, wenn wir uns noch mal bei Arruntius umschauen. Wer weiß, vielleicht tut sich da was.«
»Dann los!«
Daniel machte den Führer. Die Hunde, die offenbar spürten, dass man jemanden suchte, zogen so kräftig an den Riemen, dass Daniel und Esther Mühe hatten, ihnen zu folgen.
An Montanus' Stand waren die Planen heruntergelassen. Sie stellten sich in den Schatten der Rückwand und lugten um die Ecke. So konnten sie den Eingang des Ladens gut einsehen.
»Da ist noch Licht. Also ist jemand drinnen«, sagte Daniel.

»Sogar draußen sind Lampen!«, flüsterte Pilesar. »Vielleicht halten sie eine Besprechung ab.«

Eine Weile tat sich drüben nichts. Esther schien laut zu denken: »Wäre es nicht möglich, dass sie Titus da drinnen in ihrer Gewalt haben?«

»Oh, das glaube ich nicht«, sagte Pilesar. Er war immer von ausgesuchter Höflichkeit, wenn er widersprach. »Das dürfte doch wohl zu risikoreich für sie sein. Ich halte es zwar nach allem, was ich von euch erfahren habe, durchaus für möglich, dass Arruntius in irgendeiner Weise an der Sache beteiligt ist. Aber wenn er Titus hätte, dann würde er ihn bestimmt nicht hier festhalten.«

»Wo dann?«, überlegte Niger.

»Ich weiß es nicht. Ich weiß es wirklich nicht.«

Niger dachte angestrengt nach und sagte: »Ich Idee!«

»Was denn?«, fragte Daniel.

»Wenn ich Arruntius, dann ich Titus nicht in Stadt. Viel gefährlich. Wenn ich Arruntius, dann ich Titus auf Land in Haus, einsam. Oder . . .«

»Oder?«, fragte Esther.

»Bei Männern, die helfen.«

»Nicht schlecht, ich meine die erste Möglichkeit«, sagte Pilesar. »Ich habe auch schon daran gedacht. Wisst ihr, ob Arruntius in der Nähe der Stadt ein Landhaus hat?«

Daniel schüttelte den Kopf. »Wir wissen es nicht, aber es ist anzunehmen.«

Niger machte leise »Pst!« und zeigte nach drüben. Die Ladentür wurde geöffnet, zwei Männer traten in den Lichtschein der beiden Außenlampen.

»Der Linke ist Arruntius«, flüsterte Daniel.
»Und der Rechte?«, fragte Esther.
»Warte mal ...« Pilesar kniff die Augen zusammen, um schärfer sehen zu können. »Daniel!«
»Ja?«, hauchte dieser gespannt.
»Diesen Mann habe ich schon einmal ... Ja, er ist es!«
»Wer? Wer ist er?«, fragte Daniel.
»Gessius Florus!«, sagte Pilesar.
»Meinst du etwa den letzten römischen Statthalter von Iudaea?«
»Ja.«
»Aber Pilesar! Das kann doch nicht sein!«
»Aber ja doch! Er ist es!«
»Bist du sicher?«
»Vollkommen!«
Pilesar schaute angestrengt hinüber, aber der Mann wandte sein Gesicht ab. Als er sich kurz zur Straße hin umdrehte, konnte Pilesar sein Gesicht im vollen Licht der Lampen erkennen.
Leise bekräftigte er: »Er ist es.«
Daniel und Esther starrten ihn an. Daniel fragte: »Du kennst ihn?«
»Ja.«
»Woher?«
»Aus meiner Zeit in Jerusalem.«
Daniel nickte und schwieg. Er meinte sich zu erinnern, dass Pilesar schon früher einmal, als sie beide noch zur Sklavenschar des Rutilius Rufus gehörten, etwas Ähnliches erwähnt hatte. Und je länger er und Esther das Gesicht des Mannes studierten, meinten

auch sie sich vage zu erinnern: Er war einmal mitten in Jerusalem an ihnen vorbeigeritten. Das musste mindestens sechs Jahre her sein, denn damals begann der Aufstand gegen Rom und der Procurator war seines Amtes enthoben worden.* Danach hatte man ihn nie mehr gesehen.

Was hatte dieser Mann, der noch von Nero als Statthalter in Iudaea eingesetzt worden war, mit Arruntius zu tun? Von Flavius Iosephus wusste Daniel, dass Gessius in der Provinz furchtbare Verbrechen begangen hatte, die alles in den Schatten stellten, was seine Vorgänger, Pilatus inbegriffen, schon angerichtet hatten. Er war korrupt, hinterhältig und verlogen; ein Dieb, der sich bei jeder günstigen Gelegenheit an jüdischem Eigentum vergriff. Zahllose Angehörige der Oberschicht hatte er ohne Gerichtsurteil ins Gefängnis gesteckt. Schließlich scheute er sogar nicht davor zurück, den Tempelschatz zu plündern. Gessius hatte es so auf die Spitze getrieben, dass seine Verbrechen und Räubereien im Namen Roms zum Anlass für den blutigen Aufstand wurden, aus dem in kurzer Zeit der große Jüdische Krieg hervorging.

Aber hatte Iosephus nicht erwähnt, dass Gessius während der Bürgerkriegswirren nach dem Tod Neros untergetaucht war? Und dieser Mann nun hier?! Plötzlich kam Daniel ein ungeheuerlicher Gedanke: War Gessius etwa der Chef im Hintergrund und Arruntius nur ein vorgeschobener Strohmann? Hatte Gessius am Ende den Befehl erteilt, dass die jüdische Stickerin Lea

---

* Das war 66 n. Chr.

auf keinen Fall zu verkaufen sei? Was für ein Interesse konnte er an ihr haben? Es musste etwas sein, das nichts mit ihrer Tätigkeit, dem Sticken, zu tun hatte. Aber was?

Drüben trennten sich die beiden Männer. Daniel, Esther, Pilesar und Niger registrierten, wie Arruntius sich vor Gessius fast bis auf den Boden verbeugte und dienststeifrig zu allem nickte, was dieser ihm noch zu sagen hatte. Von links näherte sich langsames Pferdegetrappel. Aus dem Dunkel der unbeleuchteten Straße tauchte ein Mann mit einem Rappen auf, den er am Zügel führte. Gessius ging darauf zu. Der Knecht half ihm in den Sattel. Gessius trabte davon und verschwand in der Dunkelheit.

»Das mir viel Verdacht!«, stellte Niger fest. »Mann auf Pferd allein! Aber er viel sagen.«

Mit *viel Verdacht* meinte er wohl Gessius, denn wenn er allein wegritt, musste er auch allein hergekommen sein.

»In der Tat!«, flüsterte Pilesar. »Er hatte keine Begleitung bei sich. Wenn ein Mann seiner Herkunft mitten in der Nacht allein durch die Dunkelheit reitet, muss er einen wichtigen Grund dafür haben. Offenbar fürchtet er Mitwisser. Das Pferd war wohl auf dem Hinterhof des Arruntius untergestellt und der Pferdeknecht einer von Arruntius' Leuten. Warten wir noch eine Weile. Vielleicht geschieht noch was.«

Aber alles blieb ruhig. Arruntius hatte wohl noch im Geschäft zu tun. Vielleicht saß er über seinen Abrechnungen. Oder er dachte über die Unternehmungen nach, die Gessius ihm befohlen hatte.

»Und was machen wir nun?«, fragte Esther verzagt. »Über Titus haben wir immer noch nichts erfahren. Mein Gott! Was sollen wir nur tun?«

Daniel dachte angestrengt nach. Dabei strich er Castor über den Kopf, ohne dass er sich dessen bewusst war. »Wir könnten noch mal in das Viertel am Palatin gehen. Im Dunkeln hier ziellos herumzulaufen ist doch unsinnig. Und Gessius Florus ist längst über alle Berge. Mit den Hunden sind wir sicher. Was meinst du, Pilesar?«

»Wie? – Entschuldige, ich habe nachgedacht.«

»Worüber?«

»Über Gessius. Wir müssen darüber mit dem Herrn sprechen. Er müsste Gessius mindestens vom Hörensagen kennen.«

»Wieso das?«

»Weil er seit vielen Jahren Handel mit Partnern in Iudaea, Syrien und Arabia treibt. Da muss der Name des Procurators schon mal gefallen sein.«

»Das verstehe ich nicht«, wandte Esther ein.

Und Pilesar: »Es ist so: In den letzten Jahren Neros wurde die Steuerschraube in den Provinzen immer mehr angezogen, besonders aber in Iudaea. Und die Händler sind dann immer die Ersten, welche die negativen Folgen zu tragen haben, weil die Preise steigen.«

»Ich verstehe. Sag, Pilesar, ist dieser Gessius eigentlich ein Römer?«

»Warum fragst du das?«

»Weil er eher wie ein Orientale aussieht.«

»Gut beobachtet.« Pilesar lachte abschätzig. »Er

stammt aus Lydien*. Dieser Makel war es ja, der ihn veranlasst hat Millionenbeträge, die eigentlich der Staatskasse zufließen sollten, privat abzuschöpfen, damit er nach seiner Rückkehr hier in Rom ein fürstliches Leben führen konnte.«

»Aber man hat doch nie etwas von ihm gehört! Ich wusste überhaupt nicht, dass er noch lebt.«

»Wie denn auch? – Nachdem Vespasian endgültig fest auf dem Thron der Caesaren saß, räumte er als Erstes unter den Gestalten auf, die in den letzten Jahren unter Nero Karriere gemacht hatten. Einige von ihnen hatten so viel Dreck am Stecken, dass sie es vorzogen, blitzartig aus der Öffentlichkeit zu verschwinden.«

»Also weißt auch du nicht, wo Gessius sich aufhält?«
»Nein.«

Niger, der aufmerksam zugehört hatte – er verstand sehr wohl alles, was andere sagten –, ereiferte sich: »Lumpenpack! Viel schlecht! Gessius leben für Unkosten andere!«

»*Auf* Kosten anderer!«, verbesserte Esther. »Aber Recht hast du, Niger!«

»Ich immer Recht!«

»Wahrscheinlich.« Esther musste schlucken. Das war Titus' Wort! Wo er nur steckte? Hoffentlich war ihm nichts passiert. Doch tapfer sagte sie: »Aber jetzt gehen wir!«

Der Umweg über die Rückseite des Capitols führte zu nichts. Das verdächtige Haus lag im Dunkeln, aus

---

* In Kleinasien, der heutigen Türkei

keinem Fenster kam ein Lichtschein. Die Straße war menschenleer, der Gestank wie immer.

Daniel seufzte. Esther knetete verzweifelt ihre Hände. Niger aber tönte: »Haus tot! Titus nicht hier. Titus aber lebendig. Viel lebendig.«

»Aber natürlich!«, bekräftigte Pilesar. »Ihnen nützt nur ein lebender Titus etwas. Gehen wir!«

Esther blickte ihn dankbar an.

Als sie den Clivus Argentarius zwischen Capitol und Caesarforum erreichten, blieb Niger plötzlich stehen.

»Was ist?«, fragte Esther.

»Ihr still! Hinter uns viel Schritt!«

Alle lauschten zurück, doch es war still. Sie gingen weiter.

Schon nach wenigen Schritten blieb Niger erneut stehen, hielt den Kopf schief und sagte kaum hörbar: »Ich wieder hören! Viel Schritt! Da!« Er zeigte in die Richtung.

Wieder spitzten alle die Ohren und Pilesar flüsterte: »Niger hat Recht. Da waren Schritte!«

Sie gingen ein Stück weiter und hielten auf ein Zeichen Pilesars plötzlich an. Deutlich war zu hören, dass ihnen jemand folgte, aber ebenso unvermittelt stehen blieb, um sich nicht zu verraten.

»Wie neulich ... Als wir vom Haus der Vestalinnen kamen«, flüsterte Daniel.

»Aber diesmal haben wir die Hunde dabei«, sagte Esther. Ihre Stimme klang, als wolle sie sich selbst Mut machen.

Beide Rüden witterten mit äußerster Wachheit und Konzentration nach hinten. Castor entließ ein gefährliches Grollen aus seinem Rachen. Pollux schloss sich dem an.

»Das wollen wir doch mal sehen!«, rief Daniel laut und: »Castor, such! Such, Pollux!«

Beide Molosser nahmen die Witterung ihrer Verfolger auf, aus dem Grollen wurde lautes, aggressives Bellen in tiefer Stimmlage, das jedem Menschen mit Verstand klar machte, dass er es hier mit gefährlichen Gegnern zu tun hatte. Die Rüden zogen so stark an ihren Riemen, dass Daniel und Esther sie kaum halten konnten. Deutlich hörten sie, wie ein Mann rief: »Nichts wie weg! Sie haben große Hunde dabei! Molosser!«

»Sollen wir sie loslassen?«, fragte Esther.

»Wir haben keine Wahl.« Daniel war nicht wohl bei dem Gedanken, die Hunde vom Halsband zu lassen, aber sie mussten jetzt jede Chance nutzen.

Als ob sie während der Jagd einen flüchtenden Eber verfolgten, stürmten die Hunde los und verschwanden bald aus dem Gesichtskreis ihrer Herren.

Eine Weile blieb es ruhig. Dann hörte man, wie sie weit voraus laut anschlugen. Offenbar hatten sie die Burschen gestellt. Zu viert hasteten sie in die Richtung des Bellens. Pilesar kam als Letzter an, denn er war noch lange nicht auf der Höhe seiner Kraft.

»Sie sind da drüben!« Daniel zeigte nach rechts. Dort begann die Subura, das eigentliche Zentrum Roms mit engen Gassen, die vom Vicus Longus, der Langen Straße, abzweigten. An einigen Stellen gab es auch noch alte Gärten, von der Straße mit Mauern getrennt.

Am Bellen der Hunde konnten sie sich gut orientieren. Als sie die Molosser erreichten, sprangen diese wie von Sinnen an einer Mauer hoch, wieder und wieder. Im Haus gegenüber wurde ein Fenster geöffnet und eine Frauenstimme zeterte: »Was ist denn hier los, he!? Reicht euch der Krach am Tag noch nicht!? Lumpenpack! Jetzt haut endlich ab mit euren Viechern! Sonst sollt ihr mich kennen lernen!«

»Ist ja schon gut...«, brummte Daniel und befahl den Hunden von dem Gemäuer abzulassen. Wenn auch widerwillig, gehorchten sie, ließen aber noch einige Male ihr grimmiges Grollen hören. Daniel und Esther befestigten sie wieder an den Riemen.

»Scheiße! Viel Scheiße!«, ließ sich Niger hören. »Sie in Garten! Dann über viel Berge!«

»Über alle, Niger! Sie sind über alle Berge!«

»Ich hinterher! Ich sie finden!«

Er machte Anstalten, sich an der Mauer hochzuhangeln, doch Pilesar hinderte ihn daran und erklärte: »Das führt zu nichts, Niger. Ohne die Hunde finden wir sie nicht wieder.«

»Dann Hunde auch über Mauer!«

»Geht nicht, leider.«

»Viel schade.«

»Genau das!«

Daniel hatte bereits kehrtgemacht. Die anderen folgten wortlos. Alle dachten das Gleiche: Das wäre die Gelegenheit gewesen! Warum musste ausgerechnet an dieser Stelle ein Garten sein!

»Keine Sorge«, murmelte Pilesar. »Wir kriegen sie! Verlasst euch drauf!«

Plötzlich blieb Daniel stehen.

»Was ist?«, fragte Esther.

Daniel reichte Niger Castors Riemen. »Halt ihn gut fest!«

»Was soll das?«, fragte Esther besorgt.

Unbeirrt wandte Daniel sich leise an Pilesar: »Du und ich, wir gehen noch einmal zurück!«

»Warum?«, fragte der Syrer. Seine Stimme klang matt. War er am Ende seiner Kraft?

»Es könnte doch sein, dass sie den Garten an der anderen Seite nicht verlassen können. Weil da die Rückseite eines Hauses ist.«

»Ja, und . . .?«

»Dann müssen sie wieder vorne über die Mauer. Solange sie noch im Garten sind, werden sie sich wahrscheinlich beraten, was sie als Nächstes tun sollen.«

»Warum nehmen wir die Hunde nicht wieder mit?«

»Weil sie anschlagen, sobald sie ihre Witterung in der Nase haben. Komm!«

Und zu Esther und Niger: »Geht noch ein Stück weiter! Damit die Hunde nichts mitbekommen.«

Er wartete nicht ab, wie Esther und Niger darauf reagierten, sondern kehrte auf der Stelle mit Pilesar um. Nigers Kommentar lautete: »Wenn da viel Geschrei, wir niedliche Hündchen loslassen! Dann sie viel hören und sehen!« Esther war eigentlich nicht nach solchen Scherzen zumute.

»Du meinst: Dann vergeht ihnen Hören und Sehen!«
»Sehr korrekt!«

Esther stutzte: Das war soeben einer der seltenen Augenblicke, in denen Niger eine Wendung absolut fehlerlos formulierte. Er konnte also wie ein normaler Mensch reden – wenn er wollte!

XXVII

Bis zu der Stelle, an der die Hunde angeschlagen hatten, waren es etwa zweihundert Schritt. Als sie die Hälfte zurückgelegt hatten, flüsterte Daniel: »Jetzt nur noch auf den Zehenspitzen!«

So näherten sie sich geräuschlos der Mauer. Als sie nur noch einen Steinwurf entfernt waren, hielten sie an und lauschten. Nichts. Stille. Vorsichtig schlichen sie weiter, blieben immer wieder nach ein paar Schritten stehen und spitzten die Ohren. Nichts. Erst als sie die Mauer erreichten, hörten sie, dass sich auf der anderen Seite, im Garten, zwei Männer leise unterhielten.

Daniel und Pilesar nahmen rechts und links der Stelle, wo die Hunde angeschlagen hatten, Aufstellung und hielten den Kopf schief, damit sie besser nach oben hören konnten. Es gab keinen Zweifel, die beiden waren tatsächlich noch da!

Es war nur leises Gemurmel, was über die Mauer drang. Sie mussten sich sehr konzentrieren, um Bruchstücke des Gesprächs zu verstehen.

»Und ich sage dir«, flüsterte der eine, »sie sind misstrauisch geworden!«

»... kann doch nicht sein ... Wir ... keinen Fehler ...«

Stille.

»Wenn ich nur wüsste, wo ...«, sagte der Erste. Der Rest war nicht zu verstehen.

Und der andere: »Also, wenn du mich fragst, dann befindet sie ... in einem ...«

Ausgerechnet in diesem Augenblick bellte auf einem der Nachbargrundstücke ein Hund, so dass Daniel und Pilesar das entscheidende Wort nicht verstanden. Aber es enthielt ein ›a‹, ein langes ›a...‹.

»Bist du verrückt? Wo denn? Da gibt es viele!« Der Mann sprach nun lauter.

»Mensch, nicht so laut! Sie können doch noch in der Nähe sein!«

»Wo denn?«, wiederholte der andere hartnäckig seine Frage.

»Ich nehme an, dass ... -bicana.«

»Bist du sicher?«

»Ziemlich.«

»Und wie ... du darauf?«

Das Folgende war wieder nicht zu verstehen, da der Mann seine Stimme noch mehr gesenkt hatte. Wahrscheinlich flüsterte er dem andern direkt ins Ohr.

Und dieser: »Bist du sicher?«

»Vollkommen!«

Stille.

»Ich glaube, sie ... weg ... könnten es versuchen. Hilf mir mal!«

Pilesar stieß Daniel an. Daniel verstand. Sie mussten weg. Ohne ein Geräusch schlichen sie zurück zu Esther und Niger.

»Waren sie noch da?«, fragte Esther, sobald die beiden sie erreicht hatten.

»Ja.«

»Haben sie gesprochen?«

»Ja.«

»Worüber?«

»Später! Wir müssen hier weg! Am Ende kommen sie uns auf dieser Straße noch entgegen!«

Niger machte keine Anstalten, Castor an Daniel zurückzugeben, und dieser ließ ihn gewähren. Niger war stolz, den riesigen Hund am Riemen zu führen, noch stolzer, dass Castor sich von ihm streicheln ließ. Aber er hatte ja durch die Tierhandlung seines Vaters große Erfahrung im Umgang mit allen Vierbeinern.

Eine Viertelstunde später betraten sie das Haus des Acilius.

Martha teilte ihnen mit, dass der Herr mit der Herrin immer noch in seinem Kontor sei. Sie warteten schon ungeduldig auf ihre Rückkehr.

Unverzüglich begaben sie sich dorthin.

Acilius schoss in die Höhe, und das wollte bei seinem Gewicht etwas heißen.

»Und?«, rief er und blickte angespannt von einem zum andern.

Daniel wechselte mit den Übrigen einen Blick und erklärte leise: »Nichts. Wir haben keine Spur von ihm gefunden.«

»Nein!«, schrie Domitia auf und schlug verzweifelt die Hände vors Gesicht. Sie schluchzte. Immer wieder zuckte ihr Kopf im Schmerz auf. Acilius gab sich sehr gefasst. Er wusste, dass nun alle Verantwortung über die weiteren Schritte bei ihm lag. Er nahm wieder in seinem Sessel Platz und nickte Daniel zu fortzufahren.

»Allerdings . . .«, begann dieser und stockte, denn schon dies eine Wort genügte, um die volle, hellwache Aufmerksamkeit von Domitia und Acilius auf sich zu ziehen.

»Allerdings?«, rief Acilius und sah ihn aus großen Augen an. »Was willst du damit...? Ich meine, wenn du *allerdings* sagst, dann hast du doch... Sprich, Daniel, sprich!«

Daniel berichtete, wie er mit Pilesar zur Mauer zurückgegangen sei; die beiden Männer hätten sich immer noch in dem Garten befunden.

»Noch im Garten, aha! Redeten sie? Ich meine, redeten sie miteinander, nicht wahr?«

»*Ita'st.*«

»Und konntet ihr verstehen, was sie...?«

»Nicht alles.«

»Aber etwas!«

»*Sic est.*« Zögernd setzte er hinzu: »Und ich glaube, es war etwas sehr Wichtiges.«

»Was denn, nicht wahr, was denn?«, rief Acilius, den es vor Aufregung kaum an seinem Platz hielt.

Daniel fasste in einem Satz zusammen, was er sich aus den Bruchstücken zurechtgelegt hatte: »Es ging wohl um ein Versteck.«

»Um ein Versteck? Was für ein... ich meine, wessen Versteck, nicht wahr?!«

»Das konnten wir aus den wenigen Wortfetzen, die wir verstanden, nicht entnehmen. Aber es kann sich nur um das Versteck von Titus oder das von Lea handeln.«

»Was sagten sie denn?«

Daniel gab es wörtlich wieder: »Bicana.«

»Wie bitte? Bicana? Bist du da sicher?« Acilius zwinkerte lebhaft, wie immer, wenn er scharf nachdachte.

»Nun, das war nur der letzte Teil des Wortes.« Daniel schaute Pilesar an: »Du hast den gleichen Schluss gezogen wie ich – oder?«

»Durchaus«, sagte dieser und nickte. »Es gibt nur ein Wort – die Bezeichnung für eine Straße in Rom –, das dazu passt: Labicana. Der Mann meinte – da bin ich sicher – die Via Labicana, die bei der Porta Esquilina die Stadt nach Südosten verlässt.«

Daniel ergänzte: »Ich bin der gleichen Meinung wie Pilesar. Allerdings...«

»Schon wieder ein Allerdings, nicht wahr!«

»Nun, unmittelbar vor diesem Satz war ein verräterisches Wort gefallen. Wir konnten es leider nicht verstehen, weil ausgerechnet in diesem Augenblick in der Nähe ein Hund bellte. Allerdings...«

»Schon wieder dieses...! So sprich doch endlich, nicht wahr!«

»Das Wort enthielt ein langes ›a...‹. Er schaute zu Pilesar, der dies durch zweimaliges Kopfnicken bekräftigte.

»Aber das ist doch...« Acilius ging unruhig einige Schritte vor ihnen auf und ab und rief: »Ein Wort mit einem langem ›a...‹ an der Via Labicana...« Er spielte verschiedene Möglichkeiten durch: »Tal... Saal... Kahn... mal...« Er stutzte: »Mal? Vielleicht Denkmal?! An der Via Labicana gibt es viele Denkmäler!«

»Das Wort hatte nur eine Silbe.« Daniel glaubte sich genau zu erinnern.

»Eine Silbe, aha, nur eine...« Acilius zwinkerte nun in einem fort. Plötzlich kam es wie Erleuchtung über ihn: »Grab!«, rief er. »Es ist ein Grab!« Er schlug sich mit der flachen Hand auf die Stirn. »Es ist ein Grab an der Via Labicana! *Ita'st?*«

Daniel blieb skeptisch: »*Forsitan* – möglicherweise...«

Doch Acilius war nicht mehr zu bremsen. Als ob er laut nachdachte, fuhr er fort: »An der Via Labicana gibt es nicht so viele Gräber wie an der Via Appia, nicht wahr. Also müsste sich feststellen lassen, um welches...«

»Sagt dir der Name Gessius etwas, Herr? Gessius Florus?«, fragte Pilesar plötzlich.

Und Acilius: »Aber natürlich! Gessius war der letzte Procurator in Iudaea. Nero hatte ihn noch auf diesen Posten gebracht, leider. Denn mit ihm fing der ganze Schlamassel an.«

Erstaunt registrierte Daniel, dass Acilius tatsächlich das jüdische Wort Schlamassel gebrauchte, was so viel wie Unglück, Widerwärtiges und eine verfahrene Situation bedeutete. Er musste den Begriff von seinen jüdischen Handelspartnern her kennen und übernommen haben.

»Aber wieso... ich meine, warum nennst du in diesem Zusammenhang diesen Namen?«, wollte Acilius wissen.

»Weil ich annehme, dass das erwähnte Grab ihm gehört.«

Sprachlos vor Überraschung starrte Acilius Pilesar an. Schließlich sagte er: »Warte! Ich meine mich zu erinnern, ja, ich erinnere mich genau, dass die Gessier dort tatsächlich ihren Begräbnisplatz haben. Etwa eine halbe Meile vor der Porta Esquilina. Aber das ist doch unmöglich!« Seine drei Kinne erbebten.

»Keineswegs«, unterbrach ihn Daniel. Und dann berichtete er, dass Gessius Florus heute das Haus des Arruntius verlassen habe; mehr noch, dass sich Arruntius ihm gegenüber sehr unterwürfig verhalten habe.

»Beim Hercules!«, rief Acilius. »Ich bitte euch! Das ... das würde doch bedeuten, dass Gessius Florus seine Hände im Spiel hat! Er wäre dann, nicht wahr, sowohl für die Entführung meines Sohnes als auch das geheimnisvolle Verstecken von Daniels Mutter Lea verantwortlich! Wisst ihr überhaupt, was ihr da sagt?!«

»Wir wissen es«, beteuerte Daniel sehr ernst.

Pilesar hob den Blick und fragte: »Hattest du mit Gessius schon zu tun? Ich meine geschäftlich?«

»Wie? Geschäftlich?« Acilius zwinkerte. »Einige Male, ja. Dabei ging es auch um Sonderkonditionen im Zusammenhang mit Waren aus Iudaea. Er bestellte auch hin und wieder selber bei mir, hatte aber eine schlechte Zahlungsmoral. Aber das ist lange her. Schon damals wurde hier einiges gemunkelt. Gessius habe, nicht wahr, erhebliche Summen in die eigene Tasche gewirtschaftet statt sie nach Rom zu schicken, wie es seine verdammte Pflicht gewesen wäre, ja. Aber dass er ...« Acilius war wie vor den Kopf gestoßen. »Ich ... ich habe dafür keine Worte!«

Alle schwiegen.

Acilius aber wusste, dass er nun eine Entscheidung treffen musste. Er nahm wieder Platz, lehnte sich zurück und starrte konzentriert auf die Tischplatte. Er zwinkerte mehrmals und bewegte lautlos die Lippen.

Endlich hob er den Blick und es hieß: »Die Ehrwürdige Mutter Cornelia ist nicht zu erreichen, nein. Dabei ist es fraglich, nicht wahr, ob überhaupt und inwieweit sie in der Sache helfen kann, denn . . .«

Daniel fiel ihm ins Wort und stellte fest: »Sie wird alle ihr zur Verfügung stehenden Mittel und Wege benutzen!«

»Gut, gut, aber wir kennen nicht ihre . . . ihre Pläne, nicht wahr. Das aber heißt, wir müssen nun selbst aktiv werden, denn wir können nicht mehr warten. – Daniel!«

»Hier!«

»Du wirst gleich nach Sonnenaufgang zum Lager am Tiber eilen!«

»Jawohl!«

»Du wirst Haldavo über den Stand der Dinge informieren und ihm in meinem Namen ausrichten: Das Lager wird geschlossen!«

»Geschlossen!«, nickte Daniel.

»Haldavo wird mit allen Leuten hierher kommen! Auf der Stelle!«

»Auf der Stelle.«

Esther, die während der ganzen Zeit kein Wort gesagt, aber genau zugehört und sich ihre eigenen Gedanken gemacht hatte, meldete sich zu Wort und machte einen Vorschlag: »Wäre es nicht besser, wenn wir sofort zur Via Labicana gehen?«

»Wie? Aber es ist doch schon finstere Nacht!«, rief Acilius.

»Aber das ist doch gut! Dann können sie uns nicht erkennen, falls wir tatsächlich bis in ihre Nähe geraten.«

Niger saß auf einmal kerzengerade und meldete: »Ich auch was sagen.«

»Bitte!«, sagte Acilius.

»Ich mitgehen.«

»Sicher.«

»Aber ich nicht mit Hunden! Hunde bellen, wenn sie in Nase!«

Alle verstanden, was er meinte, und nickten.

»Ich erst nach Hause. Bescheid sagen.«

»Gut. Aber beeil dich!«

»Ich viel eilig.«

»Also dann . . .« Acilius stemmte sich stöhnend hoch. »Ich gehe natürlich mit, nicht wahr!«

Domitia sah ihn besorgt an. »Ist das denn wirklich nötig, Marcus?«

»*Est, est!*«, rief er grimmig, hob die Faust und drohte unbekannten Feinden. »Sie sollen mich kennen lernen! Verbrecherpack! Halunken! Betrüger! Diebe!«

Er war immer lauter geworden, seine Stirnadern schwollen an und die Wangen überzogen sich mit leuchtendem Rot. So hatten Daniel und Esther ihn noch nie gesehen. Und sie erschraken vor der Heftigkeit seines Zorns. Aber er hatte auch ihnen aus dem Herzen gesprochen.

Die Tür ging auf. Niger kam wieder herein und ging sofort auf Acilius zu.

Der Hausherr schaute erstaunt auf: »Nun, mein Junge, hast du vielleicht etwas vergessen?«

»Ich nichts vergessen. Ich das hier bekommen.« Er hielt eine kleine Papyrusrolle in der Rechten. Sie war mit einer Schnur zusammengebunden.

»Aha. Und was ist das?«
»Ich nicht wissen. Ich dir abgeben sollen.«
Alle wechselten erstaunt Blicke miteinander.
»Zeig her!« Acilius öffnete die Schleife, entrollte den Bogen und las. Plötzlich stöhnte er gewaltig auf. Dann schnappte er nach Luft und ließ sich auf den Sessel fallen.
»Gute Göttin!«, rief Domitia. »Was ist das, Marcus?«
»Ein Brief.«
»An wen?«
»An mich.«
Domitia streckte fordernd die Hand aus, doch Acilius reichte nicht ihr, die wegen ihrer nachlassenden Sehschärfe nicht mehr gut lesen konnte, sondern Esther das Schreiben. »Lies bitte vor, Kind!« Dann setzte er sich auf den Hocker am Kopfende der Liege.

Esther nahm das Schreiben und begann: »*Ein . . . ein Unbekannter grüßt den Handelsherrn Marcus Acilius Rufus.*

Du und deine Leute, ihr habt eure Nasen in eine Angelegenheit gesteckt, die euch nichts angeht. Ihr stört meine Kreise. Wenn du deinen Sohn Titus . . .« Esther stockte, sie musste schlucken und begann den Satz noch einmal: »*Wenn du deinen Sohn Titus . . . lebend . . . wieder sehen willst . . .*«

Da schrie Domitia auf. Wie geistesabwesend starrte sie gegen die Decke. Acilius erhob sich, beugte sich über sie und drückte sie mit beiden Armen fest an sich, bis sie sich etwas beruhigte. Und zu Esther, geradezu väterlich: »Lies weiter, Kind! Lies weiter!«

Esther fuhr leise fort: »*. . . wieder sehen willst, wirst du . . . folgende Voraussetzungen erfüllen: Du wirst . . .*

keine ... weiteren Erkundigungen einziehen! Du wirst auch deine Leute ... daran hindern, dies zu tun! Du wirst mit ... niemandem ... außerhalb deines Hauses darüber sprechen. Dann hast du ... deinen Sohn ... in drei Tagen gesund wieder.«

»Zeig mal her!« Daniel riss der Schwester den Bogen aus den Händen. Mit höchster Konzentration betrachtete er das Schriftbild. Er zwinkerte mehrmals. Und dann rief, nein, schrie er: »Ich kenne diese Schrift! Ich kenne sie sogar sehr gut! Das ist die Schrift von ...« Den Rest behielt er für sich, stürzte aus dem Zimmer und ins Archiv am Ende des Gangs.

»Was hat er denn?«, fragte Pilesar, erhielt aber von keinem der Acilier eine Antwort.

Lediglich Niger meinte: »Daniel Schrift suchen! Daniel jetzt viel vergleichen! Daniel gleich zurück sein!«

Schon wenige Augenblicke später erschien er wieder, in der Rechten einen Packen Papyrusblätter, in der Linken den Brief.

»Ha!«, rief er. »Jetzt haben wir den Beweis! Hier!« Er knallte die Papyrusblätter auf die Tischplatte. »Es ist die gleiche Handschrift! Absolut die gleiche!«

»Ja aber ...« Domitia konnte wieder klarer denken. »Wer ist das denn? Und wieso hast du davon Kenntnis?«

Daniel wandte sich an Acilius: »Entsinnst du dich, Chef, dass du mir vor langer Zeit – ich glaube, es war vor anderthalb Jahren – den Auftrag gabst, alle alten Unterlagen vor einem bestimmten Datum zusammenzusuchen und sie nach Kunden zu ordnen?«

»Wie? Nun, das war allerdings vor anderthalb . . . ja. Aber wieso . . .? So sprich doch, Daniel, sprich endlich, nicht wahr!«

»Es ist so: Ich habe diese Schrift aus einem bestimmten Grund so gut in Erinnerung. Der Mann, um den es hier geht, zahlte durchweg immer nur dann, wenn du ihm nach verschiedenen fruchtlosen Mahnungen damit drohtest, die Sache vor Gericht zu bringen.«

»Nun«, erklärte Acilius, »das ist kein Einzelfall, nicht wahr. Die Zahlungsmoral hatte schon damals erheblich nachgelassen.«

»Ich weiß«, bestätigte Daniel, über dessen Tisch viele dieser Mahnungen gegangen waren. »Aber der hier . . .« – er legte die Hand auf die Unterlagen – »er zahlte irgendwann überhaupt nichts mehr. Daraufhin brachst du die Beziehungen zu ihm ab.«

»Hm . . .« Acilius fuhr mit der Hand an den Mund. »Auch das ist, leider, nicht wahr, kein Einzelfall. – Ein Römer?«

»*Sic est.*«

»Aus Rom?«

»Nein.«

»Woher dann?«

»Iudaea.«

»Meinst du am Ende etwa diesen . . . diesen . . .«

»Gessius Florus!«

»Nein!«

Daniel legte mehrere dieser Blätter neben das anonyme Schreiben. Acilius beugte sich darüber und verglich einzelne Buchstaben und Silben. »Du hast Recht. Du hast vollkommen . . .«

Er wandte sich an alle: »Nun haben wir den endgültigen Beweis! Es ist tatsächlich dieser Gessius!«

Daniel fragte Niger: »Wer hat dir die Rolle gegeben?«

»Ein Junge.«

»Ein Junge?«

»*Ita'st.*«

»Kanntest du ihn?«

»Nein.«

»Was hat er gesagt?«

»Ich Rolle Acilius Rufus geben.«

»Wie war er gekleidet? Einfach, derb oder fein, vornehm? Du verstehst, was ich meine?«

»Viel verstehen. Er viel einfach. Er schmutzig.«

»Hm. Sonst noch was?«

»Er hinken.«

»So?« Daniel dachte nach. »Wahrscheinlich war es einer der Jungen aus der Straße beim Capitol. Man hat ihm zwei Sesterzen in die Hand gedrückt und ihn losgeschickt. Den werden wir noch finden.«

Nun wurde Acilius aktiv. »Wir dürfen keine Zeit verlieren. Wie sagt doch der Dichter: ›*Aspicere oportet, quidquid possis perdere* – Was du verlieren kannst, behalt im Auge‹! So soll es sein. Auf denn!«

XXVIII

›Ob sie uns an der Porta Esquilina jetzt mitten in der Nacht rauslassen?‹, dachte Esther. ›Vor allem aber später wieder reinlassen?‹

Doch Acilius Rufus war den Wachen gut bekannt, er wiederum kannte die meisten von ihnen schon seit Jahren. Was er ihnen sagte, war nicht zu verstehen, da er sehr leise sprach.

Er kam zurück. »Es wird keine Probleme geben, nein. Sie werden uns später wieder hereinlassen. Nun denn . . .!«

Er schritt durch die geöffnete Seitenpforte des Stadttors und wartete draußen, bis alle um ihn versammelt waren.

Es wurde kurz abgesprochen, wie sie vorgehen sollten. Acilius teilte ihnen mit, dass das Grab der Gessier sich – von hier aus gesehen – auf der rechten Seite der Straße befinde. »Daniel und Niger gehen voraus, Esther und ich folgen in einigem Abstand. Ein Glück, dass der Mond scheint. – Pilesar!«

»Hier, Herr!«

»Du machst den Schluss!«

»Ich mache den Schluss. – Warum?«

»Weil . . . falls was schief geht, nicht wahr, muss einer da sein, der die Familie benachrichtigt. Halte einen gewissen Abstand!«

»Natürlich.«

»Esther!«

»Hier!«

»Du bleibst bei mir.«

»Gut.«

»Daniel!«

»Hier!«

»Du wirst mit äußerster Vorsicht vorgehen! – Niger!«

»Ich hier!«

»Du ebenfalls!«

»Ich viel vorsichtig, Acilius Rufus!«, flüsterte er. Zum ersten Mal redete er ihn mit vollem Namen an. »Wie weit bis Grab?«

»Etwa eine halbe Meile.«

»Viel wenig«, kommentierte Niger die Mitteilung.

»Nun, so kann man's auch sagen, ja«, meinte Acilius verdutzt. »Wenn ihr Verdächtiges bemerkt, bleibt ihr sofort stehen! Also dann, weiter!«

Daniel und Niger machten sich auf den Weg. Sie hielten zunächst ein normales Schritttempo ein, blieben aber immer wieder kurz stehen und lauschten. Da hier alles ruhig war, gingen sie weiter. Die Übrigen folgten, indem sie die Abstände wie besprochen einhielten.

Schon tauchten die ersten Grabbauten rechts und links der Straße auf. Im fahlen Mondlicht sahen sie unwirklich aus. Niger spürte, wie ihm ein Schauer kalt den Rücken herunterlief. Er war noch nie im Dunkel der Nacht in der Nähe von Gräbern gewesen. Sein Vater hatte schon des Öfteren unheimliche Geschichten von Gespenstern, Geistern und Wiedergängern erzählt. Jetzt schossen sie ihm kreuz und quer durch den Kopf. Er musste sich einen inneren Ruck geben und seine Angst herunterschlucken. Ein Glück, dass Daniel neben ihm ging! Am liebsten hätte er jetzt mit ihm geredet. Oder ein Lied gesungen! Damit konnte man der Angst Herr werden. Aber das war jetzt völlig unmöglich.

Daniel, der sich nicht sehr wohl in seiner Rolle als Späher fühlte, hielt nun in kürzeren Abständen an und blieb länger stehen als am Anfang der Straße. Doch da alles ruhig blieb, ging er weiter.

Esther aber war in Gedanken bei ihrer Mutter. Sollte man sie wirklich in einem dieser Grabmale versteckt haben? Sie sah eine finstere steinerne Kammer vor sich. Spürte leibhaftig den Geruch des Todes. Ein Schauer lief ihr über den Rücken. Wenn es tatsächlich so war: warum? Was hatte Lea denn verbrochen, um so bestraft zu werden? War die Erniedrigung durch den gewaltsamen Abstieg in römische Sklaverei nicht schon genug?

Acilius hatte keinen Blick für die schauerliche Schönheit der Grabbauten, denn er dachte ununterbrochen über das Schicksal seines Sohnes nach. Was hatten die Verbrecher mit ihm angestellt? Hatten sie ihn am Ende gefesselt und geknebelt? Wurde er geschlagen? Acilius sah Titus in einem dunklen, fast lichtlosen Raum, sah, wie ihm Tränen über die Wangen rannen, wie er vergeblich versuchte den Knebel mit der Zunge aus dem Mund zu stoßen.

Daniel und Niger waren erneut stehen geblieben. Die übrigen drei schlossen so weit auf, dass sie sich eventuell leise verständigen konnten. Daniel hob die Hand. Er lauschte nach allen Seiten.

»Was ist?«, fragte Acilius leise. »Ist was?«

Daniel trat nahe an ihn heran und flüsterte: »Stimmen! Da waren Stimmen.«

»Wo?«

»Rechts.«

»Bei dem Grab?«

»Bei dem Grab! Ist es das, was wir suchen?«

Acilius kniff die Augen zusammen, sah in die Richtung und versuchte das Bild seiner Erinnerung mit dem, was er sah, in Einklang zu bringen.

Leise murmelte er: »Das ... das könnte es sein, ja.«

Alle schauten hinüber und lauschten mit angehaltenem Atem. Ja, jetzt hörten alle die Stimmen – Männerstimmen. Was sie sagten, war auf die Entfernung hin nicht zu verstehen. Sie sprachen außerdem nur leise miteinander. Aber gerade das machte sie verdächtig.

Auch Acilius hatte sie gehört. Leise rief er: »Pilesar!«

»Herr!«

»Du bleibst in der Nähe!«, flüsterte er.

»Ich bleibe in der Nähe«, gab dieser ebenso leise zurück.

»Daniel, Niger!«

»Hier!«, antworteten sie kaum hörbar.

»Ihr versucht von hinten, nicht wahr, an die Stelle heranzukommen, wo ihr diese, äh, diese Stimmen vermutet.«

»In Ordnung«, sagte Daniel. Nach kurzem Zögern und mit Blick auf seine Schwester fragte er: »Und du ... und Esther?«

»Wir warten ab, was ihr berichtet. Seid vorsichtig, nicht wahr! Äußerste Vorsicht!«

Esther wäre lieber mit den Jungen gegangen. Aber vielleicht war es besser so. Sie konnten unbemerkt aus dem Hintergrund kommen und, falls nötig, eingreifen.

Während Pilesar sich zurückzog und Acilius mit Esther hinter einer Zypresse verschwand, gingen Daniel und Niger auf Zehenspitzen ein Stück auf der Straße zurück. Daniel hoffte, dass man sich hinter den Grabanlagen frei bewegen konnte. Vielleicht gab es dort sogar einen Pfad.

»Du bleibst direkt hinter mir!«, flüsterte er Niger zu.

»Jawohl!«, kam es leise zurück. Niger wusste, dass es keinen Sinn machte, jetzt mit Daniel über die Vorgehensweise zu diskutieren.

Mit äußerster Vorsicht setzten sie einen Fuß vor den andern. Schon nach fünf, sechs Schritten machten sie wieder Halt. Wie die weitere Umgebung hinter den Gräbern aussah, war in der Dunkelheit nicht zu erkennen. Da schienen Büsche, Gestrüpp und auch größere Bäume zu stehen. Dahinter vielleicht eine Mauer. Gebäude waren nicht zu sehen. Jedenfalls nicht in unmittelbarer Nähe. Daniel wusste, dass sich rechts und links der Via Labicana große Villengrundstücke befanden. Die Häuser lagen in einiger Entfernung von der Straße in parkähnlichen Anlagen mit großen alten Bäumen.

Immer wieder schraken sie zusammen, wenn unsichtbares Nachtgetier, von ihren Schritten aufgescheucht, in Panik davonhuschte.

Plötzlich waren die Stimmen direkt vor ihnen. Daniel drückte Niger nach rechts, in den Schatten eines großen Busches, und hockte sich neben ihn. Sie waren jetzt näher an die Sprechenden herangekommen als vorhin und hofften Bruchstücke ihrer Unterhaltung verstehen zu können. Doch die Entfernung war immer noch zu groß.

»Wir müssen noch näher ran!«, flüsterte Daniel kaum hörbar. »Vorsichtig! Kein Geräusch!«

Niger nickte.

Sie bewegten sich noch langsamer. Als ob die Zeit sich dehnte, setzten sie behutsam einen Fuß vor den andern, um nicht aus Versehen auf einen trockenen Ast zu treten und ihn zu brechen. Das würde drüben gut zu hören sein. Außerdem vermutete Daniel, dass sie Horchposten aufgestellt hatten. Er hoffte, dass die sich mehr zur Straße hin orientierten.

Sie machten nur zwei, drei kurze Schritte, blieben stehen, lauschten.

». . . gefällt mir überhaupt nicht.« Die Stimme kannte Daniel nicht. Eine zweite, ebenso unbekannte, fragte: »Was? Was gefällt dir nicht?«

»Die Gräber.«

»Hm. Mir auch nicht.«

Nach einer Weile fragte der Erste: »Glaubst du an Geister? An Gespenster?«

»Ich weiß nicht. Bin mir nicht ganz sicher.«

»Wieso?«

»Na ja, die Alten erzählen doch immer so unglaubliche Geschichten. Von Wiedergängern, die nachts aus ihren Gräbern rauskommen.«

»Vielleicht kommt hier gleich auch einer raus.« Man hörte, wie der Sprecher kicherte.

»Beim Hercules!«, rief der andere. »Damit ist nicht zu spaßen! Wirklich nicht!«

»Nun pinkel dir mal nicht gleich in die Sandalen!« Er kicherte noch einmal. »Hier sind keine Geister! Oder hast du ein Gerippe gesehen, he?«

Daniel und Niger nutzten das Gespräch der beiden, um noch näher an die Rückseite der Grabanlage heranzukommen. Solange sie redeten, waren die beiden Wachen abgelenkt. Sobald sie verstummten, blieben Daniel und Niger wie angewurzelt stehen und bewegten sich erst wieder, wenn das Gespräch fortgesetzt wurde.

Der eine, der sich an diesem Ort so unwohl fühlte, meinte: »Mensch, wie kann man nur eine Frau in einem Grab verstecken!«

»Was willst du! Ist doch nur 'ne Sklavin.«

Daniel lief ein Schauer den Rücken herunter: Mutter! Seine Mutter steckte in dem dunklen, fensterlosen Verlies! In einem Grab! Unmittelbar neben ihm! Die plötzliche Freude wich auf der Stelle einem gewaltigen Zorn, der in ihm aufstieg. Hätte er jetzt Gewalt über Arruntius oder Gessius, er würde sie ... Aber er konnte nur die Hände zu Fäusten ballen.

»Ich versteh' das alles nicht«, sagte der andere. »Was ist an der Frau denn so wertvoll?«

»Keine Ahnung.«

Der andere lenkte ein: »Na ja, sie ist ja noch nicht lange hier.«

Daniel überlegte: Dann musste Gessius in Absprache mit Arruntius das Versteck gewechselt haben. Dieses finstere Verlies war ihm sicherer! Wer würde schon in einem Grab nach einer Sklavin suchen!

Aber wo war Titus? Etwa auch hier? Daniel konnte sich das zwar kaum vorstellen, doch er traute den Halunken alles zu.

Die Bewacher redeten weiter. Daniel und Niger arbeiteten sich noch näher heran. Sie wussten, dass jedes Geräusch, das sie verursachten, sie verraten würde.

Und dann geschah es! Daniel setzte den rechten Fuß ganz langsam auf den Boden, im gleichen Augenblick ertönte vor ihnen ein heller Ton, als ob mit einem Stock gegen einen großen Krug geschlagen wurde.

»Verdammt! Sie haben eine Schnur gespannt!«, flüsterte Daniel. »Nichts wie weg!«

Doch dazu kam es nicht. Als sie sich aufrichteten und umwandten, wurden sie blitzartig von starken Händen ergriffen und mit eisernem Griff festgehalten. Sie versuchten sich zu wehren, doch die starken Männerhände machten sie bewegungsunfähig. Ihre Arme wurden brutal nach hinten gerissen. Gleich würde man sie fesseln.

Daniel zögerte keinen Augenblick und schrie, so laut er konnte: »Esther! Acilius! Hierher! Bringt die andern mit!«

Mit dieser List wollte er die Männer verunsichern und dazu bringen, ihn und Niger loszulassen. Doch der Druck ihrer Hände lockerte sich nicht.

Urplötzlich wurde es hell. Zwei weitere Männer mit Fackeln erschienen auf der Szene. Im gleichen Augenblick stürzte eine große, schwere Gestalt vor: Acilius! Von Esther keine Spur.

Die Männer, die ihn und Niger gefesselt hatten, ließen von ihnen ab und stürzten sich auf Acilius. Sie hatten leichtes Spiel mit ihm. Daniel und Niger sahen, wie ihm der eine ein Messer an die Kehle hielt. Acilius rührte sich nicht. Er ahnte, dass der Mann Ernst machen würde.

»Wir müssen abhauen!«, flüsterte Daniel und hoffte, dass außer Niger niemand verstanden hatte, was er sagte. Diese Gelegenheit kam nicht wieder.

Schon drehten sie sich um und liefen hastig den Pfad zurück, auf dem sie sich angeschlichen hatten. Da ihre Hände auf dem Rücken gefesselt waren, verloren sie das Gleichgewicht, stolperten und wären hingefallen, hätte sie nicht im letzten Moment jemand mit festem Griff aufgefangen.

»Na, mein Junge, warum denn so eilig?«

Daniel erschrak fürchterlich. Diese Stimme! Das war doch ... das war einer von den beiden Unbekannten, die ihm und Esther in der Stadt gefolgt waren. Jetzt war alles verloren.

»Pass gut auf sie auf!«, befahl der Mann einem andern, der hinter ihm stand. Er selbst preschte vor, doch nicht allein, es folgte ihm eine Gruppe von vielleicht acht, neun oder zehn Gestalten. Im Licht der Fackeln sah Daniel, dass all diese Männer mit Dolchen oder sogar Schwertern bewaffnet waren. Er schüttelte den Kopf: Nun verstand er nichts mehr.

»Mein Gott, Daniel! Bist du verletzt?« Esther tauchte aus dem Dunkel des Pfades auf.

»Nein.«

Sie schauten nach vorne. Auf dem freien Platz neben dem Grab kam es zu einem heftigen, aber nur kurzen Handgemenge. Die Angreifer waren in der Überzahl, so war es ihnen ein Leichtes, die Grabwächter zu überwältigen. Der eine, der Acilius mit dem Messer bedroht hatte, erhielt einen so mächtigen Kinnhaken, dass er nach hinten schleuderte und bewegungslos liegen blieb.

Der Mann, dessen Stimme Daniel wiedererkannt hatte, rief ihrem Bewacher zu: »Du kannst jetzt kommen! Bring die Jungen mit!«

»Hier ist aber noch ein Mädchen!«

»Auch mitbringen!«

Kaum standen sie auf dem freien Platz, griffen schon mehrere Hände nach ihren Fesseln und lösten sie.

»Das viel verrückt!« Niger schüttelte den Kopf. »Kennst du Männer?«

»Nein.« Daniel knetete seine Hände und ging auf Acilius zu. »Bist du verletzt?«

»Wie? Nein, ich glaube nicht.« Er griff nach seinem Hals, tastete vorsichtig das dreifache Kinn ab und stellte mit tonloser Stimme fest: »Das war haarscharf! Das hätte ein böses Ende ... ja. Wer sind denn diese Männer, nicht wahr? Und was ... äh ... was hat das alles zu bedeuten?«

»Keine Ahnung«, antwortete Daniel. Er wusste es wirklich nicht.

Mittlerweile hatten ihre Befreier im großen Umkreis die Umgebung abgesucht und noch einen weiteren Posten entdeckt, der sich hinter einem Gebüsch versteckt hatte. Alle Wächter wurden auf dem Platz zusammengetrieben.

»Hinsetzen!«, donnerte der unbekannte Anführer sie an und sie ließen sich auf dem Boden nieder. Es waren fünf. Um sie herum standen die andern mit gezückten Waffen.

Daniel beobachtete diesen Mann genau. Als er eben die Gefangenen anraunzte, war seine Stimme anders als vorher. So sprach jemand, der es gewohnt war, Befehle zu erteilen. Die derbe, einfache Tunica, die er trug, wollte allerdings nicht so recht dazu passen. Wer war der Mann? Daniel hatte ihn vor dem Zwischenfall am Forum noch nie gesehen.

Esther schien seine Gedanken zu erraten und fragte: »Kennst du ihn?«

»Nicht im Geringsten. Du?«

»Nein.«

»Ich ihn kennen!«, behauptete plötzlich Niger.

»Du?« Daniel war sprachlos.

»Jawohl! Er viel auf Marsfeld.«

»He?«

»Er immer morgens auf Marsfeld.«

»Und was macht er da?«

»Er viel üben.«

»Du meinst, er . . . er macht sportliche Übungen?«

»Jawohl!«

»Allein?«

»Nein. Viel Freunde. Viel laufen, hüpfen und Knie beugen. Dann viel kämpfen.«

»Kämpfen? Was denn?«

»Ringen.«

»Aha. Machen sie das lange?«

»Viel lange. Er sagen, was andere tun.«

»Du meinst, er hat das Kommando?«

»Jawohl! Viel Kommando!«

»Trägt er denn militärische Kleidung? Einen Helm?«

»Nein. Er mit ohne Helm.«

›Also doch kein Soldat‹, dachte Daniel. Der Mann wurde immer rätselhafter. Selbst im flackernden Lichtschein der Fackeln zeichnete sich unter der Tunica ein kräftiger, durchtrainierter Körper ab, mit mächtigen Muskeln an Armen, Beinen und Brustkorb. Freilich wollte das Gesicht nicht zu dem eines höheren Offiziers passen. Hatte Daniel doch zunächst angenommen, es handele sich bei ihm um einen Tribunen der kaiserlichen Garde, der hier aus Sicherheitsgründen in ziviler Kleidung auftrat. Aber wer sollte die informiert haben? Sein Gesicht hatte etwas Derbes, Einfaches. Ihm fehlte auch jede Art von Arroganz, wie man sie bei adligen Offizieren so oft feststellte. Auf beiden Wangen waren deutlich die Narben von Hieb- oder Stichwunden zu erkennen. Daniel schätzte ihn auf Mitte dreißig.

Er wurde in seinen Spekulationen unterbrochen, denn der Unbekannte gab ihm, Niger und Esther mit einem Handzeichen zu verstehen zu ihm zu kommen.

Als sie vor ihm standen, musterte er sie eindringlich. Dann fragte er: »Ist einer verletzt?«

»Nein«, sagte Daniel.

»Das ist gut. Da habt ihr ja noch mal Schwein gehabt!« Und zu Acilius, der dazugetreten war: »Ist dir nicht gut?«

»Wie? Nun, ich ... äh ...« Er war immer noch recht mitgenommen durch den gewaltigen Schrecken, den die Ereignisse in ihm ausgelöst hatten. Sein Gesicht war blass.

»Das gibt sich, Mann. Es besteht kein Grund, sich in die Sandalen zu pinkeln. Nicht mehr!«

Daniel und Esther glaubten, nicht recht gehört zu haben. Wie sprach der Mann mit Acilius! Wusste er nicht, wen er vor sich hatte?

In diesem Augenblick rief jemand im Dunkeln:

»Halt! Stehen bleiben! Hände über den Kopf! Herkommen!«

Eine schmale Gestalt trat in den Lichtschein und blickte erstaunt um sich: Pilesar.

Der Mann, der ihn gestellt hatte, wandte sich an Acilius: »Gehört der Knabe zu deiner Truppe?«

»Wie? Selbstverständlich. Das ist Pilesar.«

Darauf der Mann: »Na ja, keiner kann dafür, wie er heißt.« Und zu Pilesar: »Geh zu den andern.«

Der Anführer wandte sich an Daniel und Esther: »Herhören!« Er sah sie streng an. »Ihr werdet jetzt mit mir in dieses Grab gehen!«

Esther ahnte, was auf sie zukommen würde. Daniel wusste es ohnehin. Sie griffen einander an den Händen und drückten sie fest. Esther musste sich an den Bruder anlehnen, denn ihr wurde für einen Moment schwarz vor den Augen. Auch Daniel hatte Mühe, Haltung zu bewahren.

»Fackeln!«, befahl der Unbekannte. »Eine rechts, eine links von der Tür! Einer geht mit!«

Es geschah auf der Stelle. Jetzt erst erkannten Acilius, Daniel, Esther und Niger die dunkle Tür, die den Grabbau auf der Rückseite verschloss. Sie schien aus Bronze zu sein. Unmittelbar daneben standen zwei steinerne Bänke. Davor ein kleiner steinerner Rundtisch. Daniel und Esther wussten, dass römische Familien sich mit allen lebenden Angehörigen an bestimmten Festtagen oder am Geburts- und Todestag eines nahen Verwandten an dessen Grab versammelten, um seiner zu gedenken, Opferhandlungen vorzunehmen und für das Wohl des Verstorbenen im Reich des Todes zu beten. Nach diesen Zeremonien nahm man gemeinsam ein Mahl zu sich. Dabei ging es meist fröhlich zu, denn die Lebenden machten sich bewusst, dass ihre Zeit noch nicht gekommen war.

Der Platz vor diesem Grab machte allerdings nicht den Eindruck, als ob er oft im Laufe des Jahres zu solchen Veranstaltungen genutzt würde. Überhaupt wirkte die ganze Anlage sehr unansehnlich, ja verfallen. Vom Gesims waren Steine abgebröckelt und lagen am Boden. An den Bänken waren die Ecken abgebrochen. Überall wuchsen Unkraut, Gestrüpp und Büsche.

»Licht!«, befahl der Anführer. »Näher!« Er begutachtete die Tür. »Stemmeisen! Hammer!«

Sie schienen auf alles vorbereitet zu sein. Einer der Leute kam mit dem Werkzeug.

»Aufbrechen!«

Der Mann, von ähnlich kraftvoller, muskulöser Statur wie der Anführer, machte sich an die Arbeit. Die Tür war schon sehr alt und an vielen Stellen morsch. Es gelang dem Mann ohne Schwierigkeiten, das marode Bronzeblech um das Schloss herum mit gezielten Schlägen zu zertrümmern. So konnte er das primitive Schloss einfach mit der Hand herausnehmen.

»Platz! Licht!«

Der Anführer packte den Türknauf und zog. Die seit Jahrzehnten trockenen Scharniere quietschten. Doch die Tür bewegte sich ruckartig und schürfte dabei über den Boden.

Sie war noch nicht halb offen, als ein Gesicht sichtbar wurde: Titus! Mir riesigen Augen blickte er um sich. Dann fiel er Esther geradezu in die Arme.

Daniel beachtete ihn kaum, sondern starrte in die Dunkelheit der Grabkammer, während Titus von Esther schon an seinen Vater weitergereicht wurde, der ihn an sich zog und in einem fort murmelte: »Mein Junge! Mein lieber Junge!« Tränen rannen ihm über die Wangen.

Daniel, der nichts erkennen konnte, bat ungeduldig um eine Fackel!

Man reichte sie ihm. Er hielt die Hand hinter die Flamme, um nicht geblendet zu werden, und trat in den dunklen Raum. Feuchter, übel riechender Moder schlug ihnen entgegen, doch er achtete nicht darauf. Er hielt die Fackel weit von sich und leuchtete den Raum aus. Er erkannte Nischen in den Wänden. Darin standen Urnen. Rechts und links in den Ecken lag loses Stroh. Darauf dunkle Tücher oder Decken. Davor hölzerne Teller, Becher aus Steingut, zerknüllte Lappen.

Er trat zwei Schritte vor. Wo war sie? Dahinten, rechts, in der Ecke? Er leuchtete in die Richtung. Nichts. Langsam drehte er sich um. Leuchtete in die linke Ecke. Auch hier nur diese groben Tücher oder Decken. Oder war da nicht eine Bewegung? Dann ein Seufzer? Ganz leise, kaum hörbar.

»Mutter?«, fragte er verhalten. Keine Antwort. Also wiederholte er die Frage laut und deutlich.

Die Oberfläche der Decke bewegte sich. Eine Hand wurde sichtbar, dann noch eine. Die Decke wurde etwas weggeschoben. Ein Gesicht tauchte aus dem graubraunen Dunkel auf, gerahmt von dunklen Haarsträhnen, die ungekämmt und starr in alle möglichen Richtungen wiesen. Das sollte seine Mutter sein? Erschrocken, ja fassungslos starrte er auf dieses Gesicht. Es war fahl, die Wangen eingefallen, und er sah Falten, die er nicht an ihr kannte.

Er spürte, dass jemand neben ihn trat. Es war Esther. Er reichte ihr die Fackel und näherte sich dem Lager. Beugte sich herunter und sagte noch einmal leise: »Mutter!«

Sie stützte sich mit den angewinkelten Ellenbogen ab und hob den Kopf.

»Daniel?« Ihre Stimme erstarb fast.

Daniel ging in die Knie, umschlang ihren Kopf und presste sie an sich. Dabei begann er zu schluchzen. Es waren nicht nur die Spannungen der letzten Tage, sondern die der vergangenen Monate und Jahre, die sich in einem breiten Strom der Tränen lösten.

In diesem Moment erschien der Anführer hinter Esther. Sie übergab ihm die Fackel und ließ sich neben Daniel nieder. Auch sie weinte. Abwechselnd küssten sie ihre Mutter auf Stirn, Augen und Wangen, umarmten sie und sagten sinnlose Wörter und Laute. Endlich fassten sie sich, wischten sich über die Augen und Esther sagte schluchzend: »Alles wird nun gut, Mutter! Die Zeit deiner Demütigungen und Leiden ist vorbei.«

Lea ließ sich noch einmal auf ihr Lager sinken, legte ihre Hände auf die ihrer Zwillinge und blickte immer wieder von einem zum andern. Sie sahen ihr an, dass sie nicht glauben konnte, was man ihr sagte.

Schließlich gab Daniel sich einen Ruck und fragte: »Kannst du aufstehen?«

»Ja, ich denke, schon . . .«

Die Geschwister halfen ihr auf die Beine zu kommen. Lea zitterte. Nicht weil sie fror, sondern weil diese plötzliche Wendung ihres Schicksals sie in einen schockähnlichen Zustand versetzt hatte. Dennoch lächelte sie erlöst.

Als Esther sich umdrehte, sah sie, wie der Mann sich über die Augen fahren musste, so sehr war er gerührt von der Szene, deren Zeuge er geworden war.

Er ging nach draußen, räusperte sich und schnauzte im bekannten Befehlston: »Die Bahre! Eine Decke! Beeilung! Los, los!«

Wieder wunderten sich Daniel und Esther. Diese Rettungsaktion war offenbar bis ins Kleinste vorbereitet worden. Wer steckte dahinter?

Die Trage wurde gebracht, man legte Lea vorsichtig auf das Gestell und deckte sie sorgsam mit einer sauberen Decke zu. Daniel und Esther wichen ihr nicht von der Seite.

XXIX

Die Aufmerksamkeit von Daniel, Esther und Acilius war so sehr auf Leas und Titus' Wohl fixiert, dass sie zunächst nicht wahrnahmen, was sich außerhalb des erleuchteten Areals abspielte. Der Unbekannte hatte den Platz verlassen und war am Grabmal vorbei auf die Via Labicana getreten. Seine Leute blieben zurück und bewachten weiterhin aufmerksam die Gefesselten.

Erst als man von der Straße her Pferdegetrappel und

das Poltern von Wagenrädern auf den Steinplatten hörte, schauten Daniel, Esther und Acilius auf und suchten die Geräusche und Stimmen, die sie hörten, zu deuten. Der Wagen musste angehalten haben, denn es waren keine Fahrgeräusche mehr zu hören. Jemand sagte etwas. Es musste sich um eine Frau handeln. Was sie sagte, war nicht zu verstehen. Doch die Stimme kam Daniel und Esther bekannt vor.

Schon wenige Augenblicke später trat eine schlanke, große, weibliche Gestalt in den Lichtkreis. Ihr Gesicht war nicht zu erkennen, denn es lag im Schatten der Kapuze eines weiten Mantels, der bis zum Boden reichte: die Virgo Vestalis Maxima Cornelia. Der Unbekannte und zwei vornehm gekleidete Männer, die wohl zum Gefolge der Vestalin gehörten, traten rechts und links neben sie.

Cornelia schlug die Kapuze zurück, blickte kurz auf die gefesselten Männer am Boden und schüttelte in stummer Entrüstung den Kopf.

Jetzt wurde auch Acilius und Titus klar, um wen es sich handelte. Sie verbeugten sich tief, wobei Acilius Rufus fast den Boden berührte. Noch nie hatte er die ehrwürdige Herrin aus solcher Nähe gesehen.

Daniel und Esther, die immer noch bei der Liege standen, vergaßen in der Aufregung der Vestalin in angemessener Weise ihre Ehrerbietung zu erweisen. Cornelia rechnete wohl auch nicht damit. Ohne das Wort an sie zu richten schritt sie zielsicher auf die Bahre zu und ging am Kopfende in die Knie.

Und dann geschah etwas, womit keiner der Anwesenden, am wenigsten aber Daniel und Esther gerechnet hatten. Cornelia griff mit beiden Händen nach Leas Kopf, beugte sich über sie und sprach leise auf sie ein. Dann streichelte sie zärtlich über Stirn und Wangen der Liegenden. Die beiden redeten leise miteinander. Was sie sich zu sagen hatten, war im Umkreis nicht zu verstehen.

Als die Vestalin sich erhob, fuhr sie sich mit der Hand über die Augen, holte aus dem Ärmel ihres Mantels ein feines weißes Tuch und tupfte sich die Tränen aus dem Gesicht.

Als sie sich wieder gefasst hatte, reckte sie sich und wandte sich an Titus: »Du warst zwar nur einige Stunden eingesperrt – aber in einem Grab! Du musst Schlimmes durchgemacht haben, mein Junge.«

Daniel sah Esther fragend an: Woher wusste sie davon?

Die Vestalin blickte zu Acilius: »Und deine Eltern nicht weniger. Nicht wahr, Acilius?«

Der Angesprochene war unfähig seine Empfindungen in angemessener Weise in Worte zu fassen. Er konnte nur nicken, mehrmals, kurz, und fuhr sich über die Augen. Er räusperte sich und stammelte endlich: »Ehrwürdige Mutter! Es ... es waren die schlimmsten Stunden meines Lebens, nicht wahr. Wer konnte denn ahnen, dass so etwas ...« Wieder kam eine gewaltige Rührung über ihn. Er konnte nicht weitersprechen.

»Den Göttern sei Dank!«, sagte Cornelia. »Sie haben ihre schützende Hand über deinen Sohn und diese Frau gehalten. Endlich können alle Beteiligten aufatmen – auch ich«, versicherte sie.

Und Acilius: »Wir sind dir, Herrin, zu ewigem Dank

verpflichtet, nicht wahr. Ich weiß zwar nicht, wie du ... ich meine, auf welche Weise du in das Geschehen eingegriffen hast, aber du hast es ja, nicht wahr. Darum werde ich ...« Er musste mehrmals schlucken, um ein erneutes Schluchzen zu unterdrücken, und wischte sich über die feuchten Augen. Daniel, Esther und Titus erging es ähnlich.

Die Vestalin blickte in die Runde. Sie schien noch eine wichtige Mitteilung machen zu wollen, wartete aber, bis alle sich einigermaßen gefasst hatten.

»Die Sache hier wird ein Nachspiel haben«, begann sie streng. »Immerhin leben wir in Rom und nicht im Barbarenland. Und in dieser Stadt werden seit Jahrhunderten Recht und Gesetz hochgehalten als unabdingbare Voraussetzung für das friedliche Zusammenleben der Menschen. Dieses heilige Recht aber ist auf unglaubliche, widerliche Weise gebrochen worden.«

Dann wandte sie sich an die beiden vornehm gekleideten Männer, die ebenfalls näher getreten waren: »Aurelius, Titianus! Prägt euch gut ein, was ihr hier mit eigenen Augen seht!«

Die Männer nickten ernst, schwiegen aber.

Und zu den Übrigen, als Erklärung: »Aurelius und Titianus sind Offiziere der *Cohortes Urbanae**. Sie werden zu gegebener Zeit ihre Zeugenaussagen machen.«

Sie waren wohl in Zivil, um kein Aufsehen zu verursachen, dachten die Geschwister. Gehörten die anderen, die die Bande unschädlich gemacht hatten, zu

---

* Städtische Garde

ihnen? Und wieso waren diese Männer genau im richtigen Augenblick am Ort gewesen, um weitere Gewalttaten zu verhindern?

Cornelia, die wohl ahnte, dass Daniel, Esther und auch Acilius sich mit solchen Spekulationen beschäftigten, fuhr fort: »Ich werde euch bald zu allem eine Erklärung geben. Aber zuerst sollten wir uns um Lea kümmern.«

»Selbstverständlich, Ehrwürdige ...« Acilius neigte den Kopf, auch die vier Jugendlichen nickten energisch.

»Acilius!«

»Herrin?«

»Mein Wagen wird sie zu deinem Haus, Acilius, bringen. Ich darf doch wohl davon ausgehen, dass das ganz in deinem Sinne ist.«

»Aber selbstverständlich, Ehrwürdige ...«

»Gut. Ich habe nichts anderes erwartet.«

Niger beugte sich zu Daniel und tuschelte: »Sonst zu uns! Ich mein Zimmer räumen!«

»Danke, Niger!« Er drückte seine Hand. »Aber wie du hörst, ist es nicht nötig.«

Vier Männer hoben die Bahre an und brachten sie mit Lea zum Wagen. Daniel, Esther, Titus, Pilesar, Niger und Acilius begleiteten sie. Cornelia kümmerte sich selbst darum, dass Lea bequem saß, und packte sie fürsorglich in warme Decken ein.

Die Offiziere der Cohortes Urbanae bestiegen ihre Pferde. Sie würden den Wagen eskortieren.

»Leider«, erklärte die Vestalin den Aciliern, »hat der Wagen nicht für alle Platz. Aber Titus kann doch gehen – oder?«

»Ich kann es, Herrin.« Es war das erste Mal, dass er etwas sagte.

Zum Abschluss wandte Cornelia sich an den Unbekannten, der hier bis zum Erscheinen der Vestalis Maxima Befehle erteilt hatte: »Perdikkas!«

Da merkte Acilius auf, meinte er doch, den Namen schon einmal gehört zu haben. Er hatte ihn sich eingeprägt, weil er vollkommen fremdartig war. Doch jetzt konnte er ihn in keinen Zusammenhang einordnen.

»Herrin?«

»Du und deine Männer, ihr bringt die Gefangenen zur *Praefectura Urbana**. Man weiß dort Bescheid. Im Übrigen werden Aurelius und Titianus dabei sein.«

»Jawohl!« Er stand stramm.

»Also dann . . .«

Sie brachen auf.

XXX

Natürlich gab es an der Wache der Porta Esquilina keine Probleme. Der kostbare Wagen der Vestalis Maxima war stadtbekannt. Sonderbar fanden die Posten allerdings, dass im Gefolge der Ehrwürdigen Mutter eine Gruppe gefesselter Männer marschierte. Sie stellten allerlei Vermutungen an, kamen aber zu keiner einleuchtenden Erklärung.

---

* Amtsgebäude des Stadtpräfekten

Domitia und Martha hatten die Zeit – es war schon weit nach Mitternacht – in großer Sorge verbracht und sich in Gedanken schreckliche Szenen ausgemalt. Dann wieder hatten sie sich gegenseitig Trost gespendet und versichert, dass »die Götter« – so Domitia – beziehungsweise »der Herr« – so Martha – ihre Hand über alle Beteiligten halten würden. Und jede hatte zu ihrem persönlichen Gott gebetet.

Als sie dann Geräusche auf dem Hof hörten, sogar das Wiehern eines Pferdes, da hielt sie nichts mehr im Haus. Sie stürzten nach draußen und blieben vollkommen überrascht auf der obersten der drei Treppenstufen des Eingangs stehen. Der Innenhof war hell erleuchtet, denn da standen Männer mit brennenden Fackeln. Doch was die beiden Frauen sahen, konnten sie kaum glauben: Ein großer, kostbar verzierter Reisewagen hielt fünf Schritt von ihnen entfernt. Daneben zwei Berittene, die alles im Umkreis im Auge behielten. Mehrere Männer waren damit beschäftigt, eine weibliche, offenbar gebrechliche Gestalt auf eine Bahre zu legen. Acilius, Pilesar und die Zwillinge waren dabei. Titus konnten sie nicht sehen, weil er hinter dem Wagen Niger verabschiedete.

Die Kranke erhob zwar Einspruch, sie könne durchaus gehen, doch die Betreuer waren nicht von ihrem Vorhaben abzubringen. Besonders Daniel und Esther waren daran lebhaft beteiligt. Links im Hintergrund, hinter dem Wagen, stand eine Gruppe gefesselter Männer, scharf bewacht von anderen, die sie nicht aus den Augen ließen.

Eine große, schlanke Frau, die vollständig in Weiß

gekleidet war, gab den Reitern mit freundlicher, doch bestimmter Stimme Anweisungen. Daraufhin setzten sich die Gefesselten wieder in Bewegung und verließen unter der Aufsicht der Berittenen und der Bewaffneten den Hof.

»Oh ihr Götter!«, murmelte Domitia. »Martha!«

»Was ist, Herrin?«

»Weißt du, wer das ist? Ich meine diese Frau . . .«

Martha schaute sich die Domina genau an und überlegte, ob sie ihr schon irgendwann irgendwo begegnet sei. Schließlich sagte sie: »Nein, Herrin. Ich hatte noch nicht die Ehre . . .«

»Das ist Cornelia, die Vestalis Maxima! Das ist . . .«

Weiter kam sie nicht, denn Titus stürzte auf sie zu und sie fing ihn mit geöffneten Armen auf, küsste ihn und hielt ihn fest, als ob sie ihn nie wieder loslassen wollte.

In diesem Augenblick drehte Cornelia sich um und ging auf Domitia zu. Von rechts näherte sich Acilius. Titus trat einen Schritt zur Seite, damit seine Mutter der Vestalin ihre Ehrerbietung erweisen konnte. Domitia neigte ehrfurchtsvoll den Kopf, Martha schloss sich auf der Stelle an.

Cornelia richtete das Wort an Acilius: »Ich gehe wohl recht in der Annahme, Acilius, dass dies deine Frau ist?«

»*Sic est*, Ehrwürdige . . . Das ist Domitia!«

»Gut. Ich muss euch nun fragen, ob ihr bereit seid Lea, die Mutter von Daniel und Esther, für eine gewisse Zeit in eurem Haus aufzunehmen.«

»Aber selbstverständlich, Herrin!« Domitia verneigte sich noch einmal. »Lea gehört ja sozusagen zur Familie. Nicht wahr, Marcus?«

»Wie? – Aber natürlich, natürlich, ja.«

»Sie muss erst wieder zu Kräften kommen«, fuhr die Vestalin fort. »Sie hat Schreckliches durchgemacht. Aber mit eurer und ihrer Kinder Hilfe und Zuneigung wird sie das schaffen.«

»Selbstverständlich, Ehrwürdige...«

Domitia und Acilius wussten nicht, was sie noch sagen sollten. Doch Cornelia hatte die Sache fest im Griff.

»Ursprünglich hatte ich vor, erst morgen ausführlich mit euch zu reden. Doch ich glaube, es wäre besser, wenn wir dies gleich jetzt tun. Ihr werdet sicher von brennenden Fragen bedrängt.«

»Drängende, ja!«, rief Acilius. »Wir stehen dir sofort zur Verfügung, Ehrwürdige... Nicht wahr, Domitia?«

»Selbstverständlich«, beeilte sich Domitia zu sagen.

Da näherten sich die Betreuer mit der Trage. Einer fragte: »Wo sollen wir sie hinbringen?«

»Das musst du entscheiden, Domitia«, sagte Cornelia.

Domitia überlegte nicht lange und ordnete an: »Ins Gästezimmer. Im ersten Stock.«

Die Männer wussten natürlich nicht, welcher Raum damit gemeint war. Esther, die alles gehört hatte, trat vor: »Ich werde euch hinbringen. Kommt!«

Als die Liege vorbeigetragen wurde, wechselten Lea und Domitia einen langen Blick. Trotz gewisser Unterschiede in bestimmten Einzelheiten stellte Domitia eine große Ähnlichkeit zwischen dieser Frau und ihren Kindern Daniel und Esther fest. Dabei entging ihr nicht, wie ausgezehrt die Gesichtszüge Leas waren. Dann war die Bahre schon im Haus.

»Ich komme gleich nach ihr schauen«, rief Domitia Esther nach, die bereits im Flur war. Dann wandte sie sich noch einmal an die Vestalin und sie war ganz aufgeregt: »Herrin! Mit Verlaub, ich ... ich wage kaum dir unser Tablinum anzubieten. Wie konnte ich denn ahnen, dass du selbst uns ...« Sie schluckte und fuhr sich über die Augen.

»Aber ich bitte dich, Domitia! Wir wollen doch kein Fest feiern, sondern eine kurze Besprechung abhalten. Ihr müsst wissen, woran ihr seid und was vielleicht noch auf euch zukommt.«

Daraufhin bat Domitia die Vestalin ins Haus und geleitete sie in Tablinum, das – wie immer – einen perfekt hergerichteten, sauberen Eindruck machte. Acilius, Daniel, Titus, Pilesar und Martha folgten nach. Domitia beugte sich zu Martha und flüsterte: »Die Höflichkeit gebietet, der hohen Besucherin eine Speise oder ein Getränk anzubieten.«

Auf eine entsprechende Frage lehnte Cornelia dankend ab. »Freilich hätte ich gegen ein Glas reinen Wassers nichts einzuwenden.«

Das stand schon wenige Augenblicke später auf dem kleinen Rundtisch, um den sich alle versammelt und auf den Stühlen niedergelassen hatten.

Alle sahen die Vestalis Maxima aufmerksam an, denn sie erwarteten, dass sie das Gespräch eröffnen würde.

Und sie tat es: »Wahrscheinlich werden wir die Einzelheiten des Geschehen erst aus Leas Mund erfahren, wenn sie wieder bei Kräften ist. Es sei denn, sie hat dir, Titus, während eures erzwungenen Zusammenseins gestern oder heute darüber Mitteilung gemacht.«

Sie sah Titus an und er sagte: »Einiges, Herrin.«

»Gut, ich komme gleich darauf zurück. Zuvor aber«, fuhr sie fort, »bin ich euch eine Erklärung darüber schuldig, was mich selbst veranlasst hat in dieser Sache aktiv zu werden. Aber ich denke, es wäre besser, wenn auch Esther dazu bei uns wäre.«

Domitia warf einen Blick auf Martha, die sich sogleich erhob, um Esther zu holen und sie an Leas Bett abzulösen.

Kurze Zeit später betrat Esther den Raum. Ihrem Gesicht waren die Anstrengungen der Nacht deutlich anzusehen, doch sie lächelte glücklich. Sie meldete, dass Lea in tiefen Schlaf gefallen sei.

»Das ist gut« stellte Cornelia fest. »Schlaf ist in diesem Fall wohl das beste aller Heilmittel. Bitte, Esther, setz dich zu uns!«

Sie wartete, bis Esther einen Stuhl herangezogen und Platz genommen hatte, dann griff sie den Faden ihres Berichts wieder auf: »Es begann alles mit der gestickten Botschaft auf den Bändern. Und es war Esther, die mir die Erklärung dafür gab, denn sie übersetzte mir den hebräischen Text. Dabei erfuhr ich auch, dass es sich um ihre Mutter handelte, die diesen Text auf den Bändern angebracht hatte. Esther teilte mir später auch mit, wie sie und ihr Bruder am Ende des Jüdischen Krieges in römische Sklaverei geraten waren. Als sie dann die Namen eurer Eltern nannte, durchfuhr mich ein gewaltiger Schrecken und ich hatte Mühe, vor Esther Haltung zu bewahren.«

Nach kurzer Überlegung fuhr sie fort: »Nun müsst ihr wissen, dass Lea und ich uns seit langem kennen.«

Esther und Daniel wechselten einen erstaunten Blick.

»Mehr noch, wir sind seit unserem ersten Zusammentreffen Freundinnen geworden.«

Obwohl alle brennend daran interessiert waren, zu erfahren, wann und unter welchen Umständen das geschehen war, wagte niemand danach zu fragen.

Cornelia nahm einen Schluck Wasser, dann wandte sie sich besonders an Daniel und Esther: »Es war vor acht Jahren, kurz bevor der furchtbare Brand Rom heimsuchte. Damals weilte euer Onkel Iosephus an der Spitze einer jüdischen Gesandtschaft in der Stadt. Es ging darum, Nero in einer Sache, die jüdische Interessen berührte, umzustimmen und zu veranlassen, dass einige Priester, die er hatte festsetzen lassen, aus dem Gefängnis freigelassen wurden. Diese Verhandlungen zogen sich über Monate hin. Nun, unter den Mitgliedern dieser Gesandtschaft befand sich auch euer Vater. Weil er nicht wusste, wie lange er in der Hauptstadt bleiben würde, hatte er seine Gattin, eure Mutter, mitgenommen. Erinnert ihr euch daran?«

Esther nickte und sagte: »Sehr gut, Herrin. Ich erinnere mich genau. Wir fragten natürlich, wohin, und sie sagte ziemlich aufgeregt, dass das Ziel Rom sei. Rom schien für uns Kinder ganz furchtbar weit weg zu sein. Wir wussten nur, dass dort der Kaiser wohnt.«

»Ich verstehe.« Cornelia lächelte verständnisvoll. »Wie alt wart ihr damals?«

Daniel blickte zur Decke, überlegte und sagte: »Sieben ... nein, acht Jahre.«

»Eure Eltern blieben dann länger in Rom, als sie es geplant hatten. Denn damals erreichten die Spannungen zwischen Iudaea und Rom – oder sagen wir besser: zwischen Iudaea und Nero! – ihren ersten Höhepunkt. Hauptschuld daran hatte ein gewisser Gessius Florus, seines Zeichens kaiserlicher Procurator in Iudaea.«

Acilius nickte eifrig: »Oh, ich kenne ihn, Ehrwürdige...!«

»Persönlich?«, fragte Cornelia nach.

»Nun, ich habe ihm hin und wieder Waren geliefert. Dabei musste ich ihn mehrmals an die Zahlung erinnern. Persönlich lernte ich ihn nicht kennen, nein, aber ich wusste durch meine Handelspartner in Iudaea von seinem schrankenlosen Regiment im Lande. Vor allem von seinen korrupten Geschäften, nicht wahr.«

»An denen du hoffentlich nicht beteiligt warst!«

Und Acilius, aufgebracht: »Aber Herrin!«

»Schon gut, Acilius. Es war nicht so gemeint.« Die Vestalin sah ihn lange an und fügte hinzu: »Diese deine Kenntnisse können durchaus noch wichtig werden, Acilius.«

Und Acilius, erschrocken: »Etwa vor Gericht?«

»Vielleicht, Acilius. Aber das wird von der Entscheidung des Kaisers abhängen. Doch so weit sind wir noch nicht.«

Acilius wies auf Pilesar, der sich bescheiden im Hintergrund gehalten hatte: »Wenn es dazu kommt, könnte Pilesar, nicht wahr, noch einige wichtige Angaben machen, ja.«

»Pilesar?« Cornelia betrachtete interessiert das feine, immer noch blasse Gesicht des Syrers.

»Er war zu jener Zeit in Iudaea. Er war Sekretär eines gewissen Rutilius Rufus, nicht wahr. Und dadurch hatte er auch nahen Umgang mit Gessius Florus.«

Cornelia merkte auf. »Rutilius ... Ist das nicht jener Offizier, der vor einem Jahr wegen Korruption verurteilt und in die Verbannung geschickt wurde?«

»Er ist es, Ehrwürdige ...«

»Sehr interessant. Pilesar, du solltest dich bereithalten.«

Pilesar nickte kurz, schwieg aber.

Cornelia betrachtete ihre Hände, sammelte sich und fuhr fort: »Während eines Empfangs mit anschließendem Essen im kaiserlichen Palast, zu dem die jüdischen Diplomaten und einige römische Amtsträger, die unsere Interessen in den östlichen Provinzen vertraten, geladen waren, lernte ich Lea kennen. Dass ich damals dabei war, verdankte ich Poppaea. Mir war bekannt, dass die Kaiserin lebhaftes Interesse für die jüdische Kultur und Religion an den Tag legte, wie sie umgekehrt wusste, dass auch ich mich für die jüdische Sicht und Deutung der Welt und des Kosmos interessierte.«

Hellwach registrierten Daniel und Esther, dass die Vestalis Maxima sich nicht scheute über solche Dinge gleichsam öffentlich zu reden. Die Zeiten mussten sich seit Nero gewaltig verändert haben.

»Poppaea hatte die Tischordnung geschickt arrangiert, denn Lea, eure Mutter, lag links neben mir auf der Kline*. So kamen wir geradezu zwangsläufig miteinander ins Gespräch, das für beide Seiten Gewinn brachte.

---

* Speiseliege

Ich bekam durch sie Einblick in Besonderheiten des jüdischen Lebens und Antworten auf Fragen, die mich schon lange beschäftigten. Dabei staunte ich über die Belesenheit dieser jüdischen Aristokratin, auch über ihre Sprachkenntnisse, denn sie beherrschte neben ihrer Muttersprache das Griechische fließend und besaß mehr als nur Grundkenntnisse der lateinischen Sprache. Viel zu schnell vergingen die Stunden. Also lud ich sie für den nächsten Morgen ins Atrium Vestae, wo wir unsern Gedankenaustausch fortsetzten. Diesem Treffen folgten weitere. Dabei lud sie mich auch zu einem Besuch auf ihrem Landsitz in Iudaea ein. Sie war natürlich sehr erstaunt, als ich ihr mitteilte, dass dies nicht möglich sei.«

Wie alle Vestalinnen durfte besonders die Vestalis Maxima die nähere Umgebung Roms nicht verlassen. Diese uralte Bestimmung galt schon seit Jahrhunderten.

»Nun«, setzte sie ihren Bericht fort, »damals erfuhr ich natürlich eine Menge über die Machenschaften des gewissenlosen Procurators Gessius Florus. Doch etwas dagegen zu unternehmen war nicht möglich. Nero, dem damals, wie man so sagt, das Wasser bis zum Halse stand, brauchte immer neue Geldquellen, um den Weiterbau der *Domus Aurea**, seines neuen Palastes mitten in der Stadt, überhaupt noch finanzieren zu können.

Da sich die Verhandlungen mit der jüdischen Delegation hinzogen, einigten sich eure Eltern, dass es wohl besser sei, wenn eure Mutter vorzeitig allein nach Iu-

---

* Das *Goldene Haus*

daea zurückkehrte. Es war vor allem die Sorge um euch, Daniel und Esther, die dies nahe legte. Ich bedauerte dies sehr, musste aber eurem Vater Recht geben. Denn schon zu dieser Zeit spitzte sich die Lage in eurer Heimat gefährlich zu. Hinzu kam, dass der große Brand Rom heimgesucht hatte. Das Volk murrte. Und es gab unter den Ratgebern des Kaisers einige, die den Juden Roms die Schuld am Ausbruch des Feuers zuweisen wollten. Ging doch unmittelbar nach dem Ausbruch der Katastrophe im Volk das Gerücht um, Nero selbst habe den Brand legen lassen, um noch mehr Platz für seinen größenwahnsinnigen Palast, die *Domus Aurea*, zu schaffen.

Wie es weiterging, wisst ihr. Der Procurator Gessius zog in Iudaea die Daumenschrauben immer enger an, es kam zu gewaltsamen jüdischen Gegenaktionen und schließlich wurde daraus der große Krieg, den wir den *Jüdischen* nennen, ihr aber den *Römischen*.«

In Erwartung einer Frage schaute sie in die Runde.

Doch alle schwiegen.

Also fuhr sie fort: »Nachdem ich mit Esthers Hilfe erfahren hatte, dass ihre Mutter von Arruntius als Stickerin beschäftigt würde, setzte ich alles daran, herauszufinden, an welchem Ort Lea ihrer Arbeit nachging. Dasselbe versuchten ja auch Esther und Daniel. Der einfachste Weg schien mir zu diesem Zeitpunkt, Lea, die als Sklavin nach Rom gekommen war, dem Arruntius abzukaufen, um sie unmittelbar anschließend in die Freiheit zu entlassen.

Aber dazu kam es bekanntlich nicht, weil Arruntius sich quer legte. Mit allerlei Ausflüchten versuchte er mir klar zu machen, warum er nicht imstande sei mir diese Sklavin zu verkaufen. Zuerst wurde ich ungehalten, dann neugierig und schließlich misstrauisch. Ich nehme an, ihr beide auch.«

Daniel und Esther nickten. Auf Daniels Stirn bildete sich eine Zornesfalte, als er an die Szene im Kontor des Arruntius erinnert wurde.

Unterdessen hatte die Vestalin ihren Bericht bereits fortgesetzt: »Es musste einen anderen Grund für die Weigerung, sie zu verkaufen, geben. Von diesem Augenblick an setzte ich alle mir zur Verfügung stehenden Mittel ein, der Sache auf den Grund zu gehen.

Ich zog also erste Erkundigungen über Arruntius ein. Doch sie brachten mich zunächst nicht weiter. Ich war jedoch nach wie vor überzeugt, dass sich Arruntius mir gegenüber nicht aus freiem Willen so ablehnend verhielt. Er stand unter Druck! Sein ganzes Auftreten, seine Erklärungen, vor allem sein zunehmend unsichereres Verhalten bestärkten mich darin.

Als ich dann erfuhr, dass er erst seit wenigen Jahren diesen Textilladen in der Seitenstraße der Via Lata übernommen, davor aber in Iudaea seinen Militärdienst geleistet hatte, ließ ich mir gewisse Akten aus dem Tabularium, dem Staatsarchiv, bringen, die sich speziell mit der Vorgeschichte, dem Verlauf und Ende des Jüdischen Krieges befassten.

Dabei stieß ich auf ein großes Kapitel, das sich mit der Kriegsbeute, ihrem Wert und ihrem Verwendungszweck beschäftigte. Ich erfuhr zunächst nicht viel Neues, da ich ohnehin wusste, dass zum Beispiel gewaltige öffentliche Bauvorhaben wie das Theatrum Novum mit den Gewinnen aus diesem Krieg bezahlt wurden. Ich wollte die Suche schon aufgeben, als ich auf die Zeugenaussagen einiger hoher Offiziere stieß, die sie unter Eid zu Protokoll gegeben hatten:

Erstens: Es bestehe der dringende Verdacht, dass sehr wertvolle Teile des Tempelschatzes aus Jerusalem nicht bis nach Rom gelangt, sondern in den Taschen korrupter Soldaten und Beamter verschwunden seien.

Zweitens: Es gebe ein Gerücht, dass andere Teile des Tempelschatzes von Angehörigen der jüdischen Oberschicht an einem unbekannten Ort versteckt worden seien.

Drittens – und das war für unsern Fall das Wichtigste: Ein einfacher Soldat, der vormals zum Wachkommando des Procurators Gessius Florus gehörte, sagte aus, dass die gefangene Frau eines hohen jüdischen Truppenführers von ihm und einigen Kameraden nach der Eroberung Jerusalems scharf verhört worden sei, da man davon ausging, sie wisse etwas über die Lage des Verstecks. Er hatte auch die Namen seiner Kameraden genannt: Unter ihnen befand sich ein gewisser Arruntius. Das Entscheidende aber war, dass er sich genau an den Namen der Frau erinnern konnte: Lea. Damit hatte ich endlich einen plausiblen Grund für die hartnäckige Weigerung des Arruntius, Lea an mich zu verkaufen.«

Cornelia wechselte mit Esther und Daniel einen Blick und sah das Entsetzen in ihren Augen. War ihre Mutter gefoltert worden?

»Name und militärische Einheit des Soldaten«, fuhr die Vestalin fort, »sind mir bekannt. Das ist wichtig, weil wir ihn und seine Aussage für den Prozess brauchen.«

Da meldete sich Pilesar zu Wort: »Verzeih, Ehrwürdige Mutter! Darf ich etwas dazu sagen?«

»Aber bitte!«

»Vielleicht rückt die ganze Angelegenheit in ein neues Licht, wenn ich dir sage, dass Arruntius mit meinem ehemaligen Herrn, dem verurteilten Tribunen Rutilius Varus, in geschäftlichen Beziehungen stand.«

»Oh, das ist sehr interessant, Pilesar. Worum ging es dabei?«

Da gab Pilesar einen knappen Bericht dessen, was er schon Acilius über die Zusammenkünfte der beiden erzählt hatte. Dann dachte er einen Augenblick nach und ergänzte: »Da fällt mir noch etwas ein...«

»Bitte! Sprich, Pilesar!«, ermunterte ihn die Vestalin.

»Es war in Caesarea«, fuhr er fort, »vor sechs Jahren, unmittelbar vor dem jüdischen Aufstand. Ich begleitete Rutilius Varus zum Palast des Gessius. Als wir in dessen Arbeitszimmer eintraten, war noch jemand bei ihm. Gessius hielt es nicht für nötig, mich aus dem Raum zu schicken. Er wandte sich sofort an Rutilius und sagte nur: ›Arruntius wird die Angelegenheit mit zehn Mann erledigen.‹ Darauf nickte Rutilius, wandte sich an Arruntius und befahl: ›Geht geschickt vor! Keine Zeugen! Ist das klar?‹ Woraufhin Arruntius Haltung annahm und sagte: ›Verstanden! Jawohl!‹«

»Weißt du, um welche Angelegenheit es sich handelte?«, wollte Cornelia wissen.

»Zunächst nicht, Herrin. Aber am nächsten Tag erfuhr ich während eines Gesprächs mit einem befreundeten Händler, dass in der Nacht das prächtige Haus eines jüdischen Adligen Feuer gefangen und bis auf die Grundmauern niedergebrannt sei.«

»In Caesarea?«

»In der Nähe der Stadt, Herrin.«

Cornelia dachte eine Weile nach und fügte hinzu: »Das passt sehr gut ins Bild. Wir werden deine Aussage vor Gericht brauchen, Pilesar. Arruntius muss wegen eines schlimmen Vergehens, sei es in Iudaea oder hier in Rom, durch Gessius erpressbar gewesen sein. Das wird sich noch herausstellen.«

Pilesar nickte ernst und Cornelia fuhr fort: »Nachdem ich dies alles erfahren hatte, wollte ich als Nächstes den Kaiser informieren. Doch nahm ich Abstand davon: Die Beweislage erschien mir zwar recht schlüssig, aber harte Fakten konnte ich nicht vorlegen. Noch nicht...« Sie lächelte vieldeutig. »Das fehlende Glied in der Kette musste ich selbst finden. In solchen Fällen sind private Ermittlungen meist erfolgreicher als amtliche. Acilius, du wirst verstehen, was ich meine.«

»Oh, ich verstehe, Ehrwürdige...! Ich verstehe vollkommen, was du meinst, nicht wahr!«

»Ich wandte mich an meinen alten Freund Perdikkas. Er ist der Lanista Maximus im Ludus Magnus, der kaiserlichen Gladiatorenschule.«

»Ah, jetzt fällt er mir wieder ein, ja!«, rief Acilius. »Natürlich! Perdikkas!«

»Ist das der Mann«, fragte Esther, »der beim Grab das Sagen hatte, bis du kamst?« Allen fiel auf, dass sie die Anrede »Herrin« wegließ.

»Er ist es. Und seine Leute sind altgediente Gladiatoren, die alle Kämpfe überlebt und ihre Freiheit wiedererlangt haben. Die meisten von ihnen sind heute private Fechtmeister, die jeden, der es will, gegen Honorar unterrichten. Zwei von ihnen setzte ich zu eurem Schutz ein. Sie hatten auch herausgefunden, wo man Lea versteckt hielt.«

»Dann waren sie es, die ...«, rief Daniel und behielt den Mund offen.

»Ja, sie waren euch immer auf der Spur, wenn ihr in der Stadt unterwegs wart. So wusste ich immer, wo ihr euch gerade aufhieltet.«

»Aber das Haus...« Esther wollte mehr wissen. »Das Haus auf der Rückseite des Capitols... War dort...?«

»Nein, nicht die Werkstatt«, ließ Titus sich hören, »sondern nur Leas erstes Versteck.«

»Hat sie dir das gesagt?«, fragte Daniel.

»Sicher. Es war eine meiner ersten Fragen an sie. Die Werkstatt befindet sich in einem anderen Haus in der Stadt, dessen genaue Lage Lea aber nicht beschreiben konnte, da sie ihr Gefängnis nie verlassen hat.«

»Also war sie noch gar nicht lange in diesem schrecklichen Grab?«

»Nein.«

Da rief Esther: »Dem Herrn sei Dank! Gelobt sei der Herr!«

Auch Domitia murmelte eine weitere Danksagung an die guten Götter, die ihren Sohn beschützt hatten.

Cornelia griff den Faden auf: »In diesem Haus wurde sie Tag und Nacht bewacht. Ein Glück für euch, dass ihr euch dort nicht mit irgendwelchen Mitteln Einlass verschafft habt. Es wäre wohl sehr übel für euch und auch Titus ausgegangen.«

Wieder murmelte Domitia eine Danksagung und drückte fest die Hand ihres Sohnes.

»Erlaube mir, nicht wahr, bitte eine Frage, Ehrwürdige . . .«

»Sprich, Acilius!«

»Warum wurde sie, ich meine Lea, denn überhaupt versteckt? Ich meine . . .«

»Nun, das ist allerdings die Kernfrage.« Die Vestalis Maxima lehnte sich zurück und überlegte. Schließlich sagte sie: »Nach allem, was ich in den Akten gelesen habe, muss es so gewesen sein: Gessius dürfte Kenntnis davon gehabt haben, dass es im Staatsarchiv Aufzeichnungen über die erwähnten Verhöre gibt. Gessius aber musste unter allen Umständen vermeiden den Behörden in irgendeiner Sache auffällig zu werden. Er, wie auch andere Beamte, die unter Nero eine schmutzige Karriere gemacht haben, müssen nämlich jederzeit damit rechnen, von Vespasian zur Verantwortung gezogen zu werden. Da Gessius aber davon ausging, dass Lea etwas über den Verbleib des verschwundenen Teils des Tempelschatzes wissen müsste, hielt er sie, getrennt von seinen übrigen Arbeitskräften, an einem geheimen Ort versteckt. Er hoffte wohl, dass sie irgendwann doch schwach werden und etwas preisgeben würde, was ihn zu den Kostbarkeiten führen würde.«

»Weiß Mutter denn wirklich etwas von . . . von diesem Schatz?«, fragte Daniel.

»Das, mein Junge, werden wir morgen erfahren.«

Da meldete sich noch einmal Pilesar zu Wort: »Verzeih, Herrin, wenn ich das frage, aber die Beziehung zwischen Gessius, Arruntius und Lea ist mir nach wie vor nicht ganz klar: Hat Arruntius Lea als Stickerin gekauft oder hat Gessius sie zur Tarnung als solche bei Arruntius eingestellt?«

Und Cornelia darauf: »Das weiß ich nicht, noch nicht. Doch gehe ich davon aus, dass hier Theater gespielt wurde: Nach außen hin, wie auch gegenüber den anderen Angestellten und Sklaven, wurde der Eindruck erweckt, Arruntius habe Lea gekauft. So konnte der wahre Drahtzieher Gessius unbehelligt im Hintergrund agieren. Aber das alles hat ihnen nichts eingebracht, denn Lea hat geschwiegen, offenbar ...« Sie zögerte, sprach es dann aber doch aus: »Offenbar auch unter der Folter.«

Daniel und Esther zuckten zusammen. Cornelia sah beide abwechselnd an und ergänzte mit warmer Stimme: »Daniel! Esther! Es ist vorbei. Sie hat, soweit ich das beurteilen konnte, keinen Schaden davongetragen.«

Die Vestalis Maxima erhob sich und alle schossen in die Höhe.

»Ich werde morgen nach Lea schauen – wenn es dir recht ist, Domitia.«

»Aber Herrin!«, rief diese. »Es ist uns eine große Ehre!«

Alle geleiteten die hohe Besucherin bis zu ihrem Wagen und diesen bis auf die Straße, die nun fast in totaler Dunkelheit lag, nur hier und da von den Laternen der Wirtshäuser karg erleuchtet. Dem Wagen aber schritten Fackelträger voraus und wiesen dem Kutscher und den Pferden den Weg.

Acilius, Domitia, Titus, Daniel, Esther und Martha saßen noch eine halbe Stunde in der Küche und fanden kein Ende des Erzählens, Berichtens und Fragens – bis Domitia erklärte: »Ich glaube, das reicht für heute! Wir sollten jetzt alle zu Bett gehen. Das war ein anstrengender Tag.«

Niemand erhob Einspruch.

»Wo sind eigentlich Philon und Theokritos?«, fragte unvermittelt Acilius. »Sie müssten doch längst, nicht wahr...«

Er hatte noch nicht zu Ende gesprochen, als die beiden schwankend die Küche betraten. Obwohl Philon die Frage seines Herrn kaum hatte hören können, fuhr die Hand ans Ohr und er wandte sich wie üblich an seinen Kollegen: »Was... was hat er gesagt?«

»Wahrscheinlich: Das sind wohl Philon und Theokritos!«

»Wieso wahr... wieso wahrscheinlich?«

»Weil ich es nicht gehört habe.«

»Also hat er es nicht gesagt?«

»Doch.«

»Aber du hast doch... du hast gesagt, er hat es nicht gesagt! Was hat er denn gesagt?«

»Ich weiß es nicht.«

»Aber du hast doch eben...« Und mit plötzlicher Schärfe: »Sind wir es oder sind wir es nicht, he?!«

»Wir sind es.«

»Und er? Ist er es?«

»Er ist es.«

Philon musste sich am Türrahmen abstützen. »Seltsam, sssehr seltsam, nicht wahr. Wie sagte doch schon der Dichter: ›*Sapiens contra omnes arma fert, cum cogitat* – Beim Denken kämpft der Weise gegen alle.‹«

Titus, Daniel, Esther und Pilesar erwarteten eine scharfe Zurechtweisung, doch gut gelaunt konterte der Chef: »›*Tarde, sed graviter vir sapiens irascitur* – Spät zwar, doch furchtbar ist der Zorn des Weisen.‹ Ich sehe euch morgen pünktlich an euren Pulten! Pünktlich! Nicht wahr!«

»Jawohl!«, tönten beide.

Und Domitia, streng: »Es ist eine Kranke im Haus. Macht also keinen Lärm!«

Sie nickten, selbst Philon hatte verstanden. Wortlos zogen sie sich in ihre Kammern zurück.

Auch die anderen gingen in ihre Zimmer. Und gegen alle Erwartung schliefen sie, entkräftet von den Ereignissen dieses Tages, nach kurzer Zeit ein.

Epilog

Der nächste Tag wurde für alle im Haus zum Freuden- und Festtag: Acilius und Domitia hatten ihren Sohn wohlbehalten zurückbekommen; Daniel und Esther wurden in dem wunderbaren Gefühl wach, dass ihre Mutter unter dem gleichen Dach wie sie geschlafen hatte. Sie mussten sich immer wieder in Erinnerung rufen, dass es kein Traum, sondern die Wirklichkeit war.

Pilesar schließlich, der äußerlich nicht zu erkennen gab, wie sehr ihn die Ereignisse innerlich aufgewühlt hatten, Pilesar dankte Gott, dass er ihn aus dem tiefen Tal von Krankheit und Verzweiflung herausgeführt und in dieses Haus hatte finden lassen.

Die Einzigen, die unbeeindruckt aus allem hervorgingen, waren Philon und Theokritos. Das zeigte sich schon am nächsten Morgen, als Daniel die Schreibstube betrat und geschäftsmäßig begann: »Ungeachtet der gestrigen Ereignisse habt ihr heute viel zu tun. Es muss alles nachgearbeitet werden, was ihr gestern versäumt habt.«

Prompt fuhr Philons Hand zum Ohr und seine Stimme klang noch belegter als üblich, als er fragte: »Was hat er gesagt?«

»Ungeachtet der gestrigen Ereignisse«, wiederholte Theokritos.

»Aha. Wieso ungeachtet? Was heißt ungeachtet?«
»Dass wir sie nicht beachten.«
»Wen?«
»Die Ereignisse.«
»Aha. Welche Ereignisse?«

»Ich weiß es nicht.«

»Ja, aber . . . Ereignisse, die wir nicht kennen beziehungsweise die es nicht gibt, die können wir doch nicht *nicht* beachten.«

»Doch!«

»Warum?«

»Weil er das sagt.«

»Wirklich?«

»*Ita'st.*«

Doch Daniel, diesmal unbeeindruckt von solchen Spitzfindigkeiten, sagte nur: »Also, an die Arbeit! Der Chef erwartet heute doppelten Eifer.«

Philon seufzte: »Wie Recht doch schon der, äh, Dichter, nicht wahr, der große Publilius Syrus hatte, als er sprach: ›*Feras, non culpes,* nonne, *quod mutari non potest* – Was man nicht ändern kann, nicht wahr, muss man stumm ertragen‹, ja!« Er machte sich an die Arbeit.

Von diesem Tage an wurde es seine ständige Gewohnheit, die Redeweise des Chefs bis ins Kleinste zu imitieren, so dass jemand auf dem Flur meinen konnte, Acilius selbst sei in der Schreibstube und gebe gewisse, äh, Anweisungen, ja. Mehr noch: Zwischen Philon und Acilius entwickelte sich eine Art sportlicher Wettstreit im Zitieren von Sprüchen des Publilius Syrus. Als nämlich Philon bemerkte, dass der Chef eine erweiterte Neuausgabe der Publilianischen Sprüche benutzte, ging er an sein Erspartes, besorgte sich bei Cossinius Afer ebenfalls ein Exemplar des Werkes und lernte alle neuen Sentenzen auswendig.

Am späten Vormittag fuhr der Wagen der Virgo Vestalis Maxima vor. Cornelia wollte sich persönlich nach

Leas Befinden erkundigen. Im Argiletum gab es einen Auflauf, denn es war noch nie vorgekommen, dass die Oberpriesterin der Vesta hier jemals einen Anwohner mit ihrem Besuch beehrt hatte. Sogleich machten allerlei Gerüchte im Viertel die Runde, die mit zunehmender Entfernung vom Ort des Geschehens darin gipfelten, Acilius Rufus sei zum Hauptlieferanten von kostbaren Ölen, von Myrrhe und weiteren Aromata für die Kulthandlungen im Vestatempel avanciert. Dadurch stieg das Ansehen des Acilischen Hauses gewaltig.

Domitia, Martha und Esther hatten sich auf den erwarteten hohen Besuch vorbereitet. Sie waren trotz allem bereits bei Sonnenaufgang aufgestanden und hatten erlesenes süßes Gebäck hergestellt. Diesmal konnte Cornelia die Einladung nicht abschlagen, zumal Lea, ihre Kinder, Acilius und Titus an diesem Mahl teilnahmen.

Das Gespräch kreiste natürlich um Lea und das, was sie in den vergangenen zwei Jahren durchgemacht hatte. Was sie schilderte, wurde besonders von Cornelia mit größtem Interesse registriert: Zunächst hatte man sie, wie damals Daniel und Esther und Tausende andere jüdische Gefangene auch, zu Schiff nach Ostia und von dort nach Rom gebracht. Ein römischer Unternehmer, der in Transtiberim eine große Walkerei betrieb, hatte zwanzig jüdische Sklaven aufgekauft und setzte sie sofort in seinem Betrieb ein. Stundenlang hatten sie in einer ekelhaften Brühe – es war menschlicher Urin – die aus Wolle gefertigten Tücher und Decken mit den Füßen zu stampfen. Das war seit alters her die beste und schnellste Art, das natürliche Fett aus den Wollfasern zu lösen. In weiteren Steinbecken wurden die so behandelten Stücke in Wasser gespült, bis sie am Ende fettfrei, geruchlos und sauber waren. Hatte Lea sich anfangs über die große Zahl der neuen Sklaven gewundert, so bekam sie bald dafür die Erklärung: Die Arbeiter und Arbeiterinnen hielten ihre Tätigkeit nicht sehr lange aus; die meisten wurden irgendwann krank und starben an den Folgen der Vergiftungen, die sie sich zugezogen hatten. Auch Lea spürte nach einigen Monaten, wie ihre Kräfte nachließen und sie immer öfter von Fieber heimgesucht wurde. Doch sie kämpfte mit ihrem starken Lebenswillen dagegen an.

Ohne Vorankündigung wurde sie eines Tages einem Mann vorgestellt, der vom Betreiber der Walkerei mit »Arruntius« angeredet wurde. Er teilte ihr mit, dass er sie gekauft habe, und nahm sie sogleich mit. Dass dies alles im Auftrag des Gessius geschah, der Lea hatte ausfindig machen lassen und Arruntius gezwungen hatte die Sklavin bei sich einzustellen, als ob sie ihm, Arruntius, gehöre, das alles konnte Lea nicht ahnen.

Man brachte sie in ein anderes Haus in Transtiberim. Dort eröffnete man ihr, sie könne auf der Stelle ihre Freiheit zurückerhalten, wenn sie nur mitteile, wo ihr Mann Teile des Jerusalemer Tempelschatzes versteckt habe. Da Lea nicht die geringste Ahnung davon hatte, konnte sie dazu auch nichts sagen. Doch niemand glaubte ihr. Man drohte ihr mit der Folter und ließ sie auspeitschen. Doch da sie nichts wusste, konnte sie auch nichts aussagen. Diese Verhöre wiederholten sich mehrmals.

Schließlich glaubte ihr Peiniger, dass es wohl besser

wäre, es mit sanfteren Mitteln zu versuchen. Man ließ sie eine Weile in Ruhe, fragte aber, ob sie handwerkliche Fähigkeiten habe. So kam sie zur Stickerei. Offenbar war ihr neuer Besitzer mit den Ergebnissen sehr zufrieden, denn die Aufträge begannen sich zu häufen. Sie bekam sogar zwei Gehilfinnen, Sklavinnen wie sie selbst, die sie in die hohe Kunst der Stickerei einführen sollte. Erneute Verhöre brachten kein Ergebnis. Aus den Fragen ihrer »Kolleginnen« leitete sie bald ab, dass diese als Spitzel auf sie angesetzt waren, denn sie verwickelten sie immer wieder in Gespräche, bei denen es um die letzten Wochen der Belagerung Jerusalems ging. Längst hatte sie damit begonnen, in die Bänder kurze hebräische Gebete hineinzusticken, die an Gott, doch mehr noch an ihre Kinder Daniel und Esther gerichtet waren. So hielt sie die Zeit der Demütigungen durch.

Vor drei Tagen kam dann eine erneute Wende. Man brachte sie nachts in einem geschlossenen Wagen zu jenem Grab und teilte ihr mit, sie könne es erst wieder verlassen, wenn sie endlich den geheimen Ort preisgebe, an dem der Tempelschatz versteckt sei. Jetzt schloss sie mit ihrem Leben ab, denn mit dem schnellen, glücklichen Ende konnte sie nicht mehr rechnen.

Cornelia und die Übrigen hatten zugehört ohne sie zu unterbrechen. Lea, von ihrem Bericht ermattet, blickte Cornelia und die Zwillinge müde, aber glücklich an. Doch plötzlich seufzte sie und ihre Miene wurde ernst: »Wenn wir nur wüssten, was aus Vater und Absalom geworden ist. Ob sie noch am Leben sind?«

»Nun...«, meldete sich Acilius zu Wort, wechselte

mit Daniel einen Blick, hüstelte und erklärte: »Wenn ich mir in diesem, äh, Zusammenhang die Bemerkung erlauben darf: Es besteht durchaus, nicht wahr, die Aussicht, diese offenen Fragen zu klären, ja. In Anbetracht einer geplanten Erweiterung der, äh, Geschäfte dieses unseres Hauses haben wir nämlich beschlossen in Caesarea eine Filiale einzurichten. Und wir haben vor einen gewissen Daniel ben Nathan zu gegebener Zeit, nicht wahr, mit der Durchführung dieser, äh, vielfältigen Aufgaben zu betrauen, ja, dergestalt er an Ort und Stelle dafür sorgen wird, sie in angemessener Weise, nicht wahr ... Und so besteht durchaus die Aussicht, dass genannter Daniel dabei auch die Möglichkeit erhält, sich im Lande seiner Väter, äh, wie soll ich sagen ...«

». . . umzuschauen«, schloss Daniel den ungeheuren Satz ab.

»Wie? Ja, umzuschauen. Ich denke, dass wir das im nächsten Jahr, nicht wahr, in die Wege leiten. Dann ist er sechzehn und erwachsen, ja.«

Acilius lehnte sich zurück und faltete zufrieden lächelnd die Hände vor seinem Bauch.

Lea aber sagte leise: »Groß ist die Güte des Herrn! Und die von Acilius nicht minder!«

Alle nickten beifällig. Nun bat die Vestalin Lea, über all ihre Erlebnisse und Beobachtungen einen sehr detaillierten schriftlichen Bericht anzufertigen. Daniel und Esther boten ihr spontan an dabei zu helfen.

Als Cornelia aufbrach, lud sie Lea herzlich für den nächsten Tag zu einem Besuch im Atrium Vestae ein. Beim Abschied umarmten sich beide.

Schließlich bat Lea die von Esther aufgenähten Bänder sehen zu dürfen. Alle gingen in den Arbeitsraum, Domitia holte die Toga aus der Truhe und breitete sie vor ihr aus. Da rannen Lea Tränen über die Wangen.

Domitia fasste sich als Erste, wechselte einen Blick mit ihrem Mann und erklärte: »So, und nun gehen wir – Lea, Esther, Martha und ich – in die Stadt. Wir müssen unsern Gast neu einkleiden.«

Lea erhob Einspruch, doch Domitia und Acilius bestanden darauf.

»Dann können wir doch gleich neue Vorhänge fürs Tablinum kaufen!«, rief Martha. »In zehn Tagen ist schließlich das große Fest deines Sohnes!«

»Richtig«, sagte Domitia. »Aber nicht bei Arruntius!«

Es gelang der Virgo Vestalis Maxima noch am gleichen Abend, den Kaiser unter vier Augen zu sprechen. Vespasian hörte aufmerksam zu ohne Cornelia zu unterbrechen. Dann ließ er seinen ältesten Sohn, den Präfekten der Garde, kommen und befahl einen gewissen Arruntius zu verhören, damit er den Aufenthaltsort eines gewissen Gessius Florus, gewesener Procurator von Iudaea, verrate.

Das geschah und Arruntius nannte den Ort. Doch als ein militärisches Kommando das genannte Haus stürmte, fand man es leer vor. Gessius war erneut untergetaucht. Und diesmal für immer. Man hat nie erfahren, was aus ihm geworden ist.

Lea wurde auf kaiserlichen Befehl auf der Stelle in die Freiheit entlassen.

Arruntius wurde lange verhört, doch es war ihm nicht nachzuweisen, an den Untaten des Gessius Florus beteiligt gewesen zu sein. Und dass er die jüdische Sklavin Lea in seinem Betrieb beschäftigt hatte, verstieß gegen kein Gesetz. Dennoch war er von nun an bei allem, was er dachte, sagte und tat, peinlich darauf bedacht, der Obrigkeit keinen Grund für neuerliche Nachforschungen zu geben.

Anhang

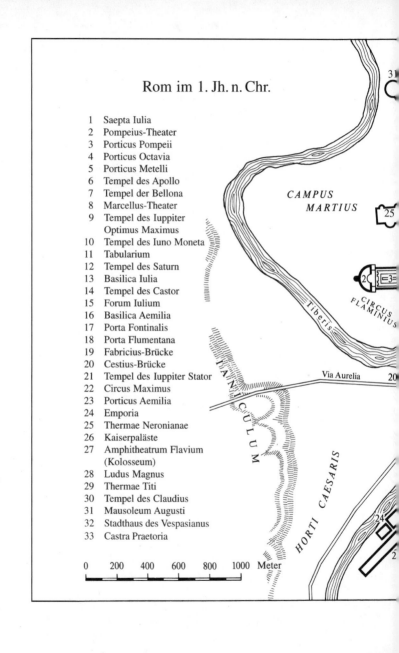

Rom im 1. Jh. n. Chr.

1 Saepta Iulia
2 Pompeius-Theater
3 Porticus Pompeii
4 Porticus Octavia
5 Porticus Metelli
6 Tempel des Apollo
7 Tempel der Bellona
8 Marcellus-Theater
9 Tempel des Iuppiter Optimus Maximus
10 Tempel des Iuno Moneta
11 Tabularium
12 Tempel des Saturn
13 Basilica Iulia
14 Tempel des Castor
15 Forum Iulium
16 Basilica Aemilia
17 Porta Fontinalis
18 Porta Flumentana
19 Fabricius-Brücke
20 Cestius-Brücke
21 Tempel des Iuppiter Stator
22 Circus Maximus
23 Porticus Aemilia
24 Emporia
25 Thermae Neronianae
26 Kaiserpaläste
27 Amphitheatrum Flavium (Kolosseum)
28 Ludus Magnus
29 Thermae Titi
30 Tempel des Claudius
31 Mausoleum Augusti
32 Stadthaus des Vespasianus
33 Castra Praetoria

0   200   400   600   800   1000 Meter

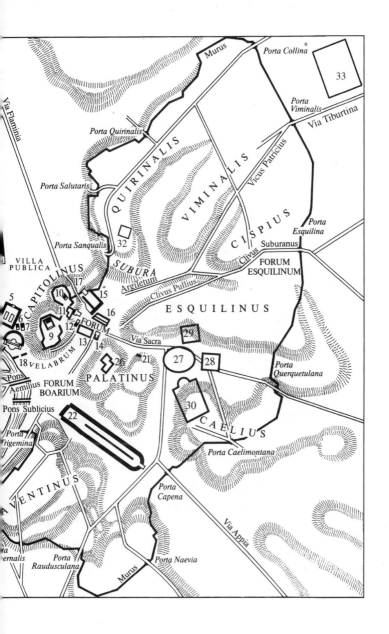

Römische Maße und Münzen

Längenmaße:
1 Fuß *(pes)* = 29,6 cm
1 Stadion = 178,6 m
1 Römische Meile (*milia passuum* = 1000 Doppelschritte)
= 1,48 km

Münzen:
Die Münznamen sind eigentlich Gewichtsnamen. So hat das römische **As** ein Gewicht von ursprünglich 327 g, war ein Kupferstück, dessen Wert immer mehr sank – bis auf 27,3 g.

Denar *(denarius):* Die Silbermünze entsprach ursprünglich 10 Bronze-Assen, später mit einem Gewicht von 3,89 g 4 Sesterzen.

Sesterz *(sestertius):* ¼ Denar, 2½ Asse, kleinste römische Silbermünze.

Aureus: Goldmünze (von *aurum* = Gold) im Wert von 25 Denaren oder 100 Sesterzen.

Die Umrechnung der Münzwerte in moderne Währungen ist sehr kompliziert und ungenau, denn die errechneten Zahlen sagen nichts über die wirkliche Kaufkraft aus. Man muss von Fall zu Fall wissen, was etwa Brot, Eier, Schuhe, Haareschneiden, Zahnziehen usw. kosteten, was für den Bau eines Hauses oder die Erhaltung einer Armee ausgegeben wurde.

Römische Tageseinteilungen

Griechen und Römer teilten die Zeit von Sonnenaufgang (Winter: 7.33, Sommer: 4.27 Uhr) bis Sonnenuntergang (Winter: 16.27, Sommer 19.33 Uhr) in zwölf gleiche Einheiten, die mit Sonnen- und Wasseruhren gemessen wurden. Die Nacht hatte vier Abschnitte (vigiliae = Nachtwachen). Sie begann mit dem Sonnenuntergang. Der Anfang der ersten Nachtwache fiel also im Sommer auf ca. 19.30 Uhr, im Frühling und Herbst auf ca. 18.00 Uhr, im Winter auf ca. 16.20 Uhr. Die zwölf Stunden des hellen Tages waren ebenfalls in vier Abschnitten zusammengefasst:
- *mane* (früh): von Sonnenaufgang bis Ende der 3. Stunde
- *ad meridiem* (Vormittag): bis Ende der 6. Stunde
- *de meridie* (Nachmittag): bis Ende der 9. Stunde
- *suprema* (Abend): bis Ende der 12. Stunde (= Sonnenuntergang).

Diese Tagesabschnitte wurden von den Amtsdienern der Consuln öffentlich ausgerufen. Stundenrechnung und Gebrauch von Uhren blieben das Vorrecht der Begüterten und der Stadtbevölkerung.

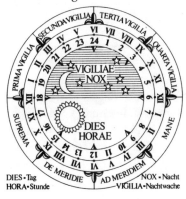

DIES = Tag
HORA = Stunde
NOX = Nacht
VIGILIA = Nachtwache

Namensverzeichnis

Cornelia: Über die *Virgo Vestalis Maxima Cornelia*, die Oberste Vestalische Jungfrau, ist außer dem Jahr und den Umständen ihres Todes nichts bekannt. Das hängt zum einen damit zusammen, dass sie eine Frau ist – Rom ist eine von Männern beherrschte Gesellschaft –, zum andern sind die meisten zeitgenössischen Aufzeichnungen verloren. Dennoch können wir aus den wenigen überlieferten Nachrichten einiges über sie ableiten.

Cornelia trägt, wie in Rom üblich, als Namen die weibliche Form ihres Geschlechtsnamens *Cornelius*. Die *Gens Cornelia*, die Sippe der Cornelier, zählte zu den ältesten, reichsten, mächtigsten und somit vornehmsten Adelshäusern der Stadt, die in der Zeit der Republik über Jahrhunderte hin wichtige Staatsämter bekleidet hatten. Aus dieser hochadligen Herkunft können wir folgern, dass Cornelia eine sorgsame Erziehung und ausgezeichnete Bildung von hervorragenden Hauslehrern erfuhr, dass sie mit Angehörigen anderer Familien des Hochadels befreundet war und dass sie sich ihrer hocharistokratischen Herkunft stets bewusst war – mit anderen Worten: Sie war eine enorm selbstbewusste und für diese Zeit überaus emanzipierte Frau. Hinzu kommt, dass sie, wie die anderen Vestalinnen auch, Ehrenrechte besaß, wie sie keine zweite Frau in Rom kannte:

Als *Virgo Vestalis* durfte sie mit dem Wagen in der Stadt fahren, was ansonsten allgemein verboten war – ganz Rom war von Sonnenauf- bis Sonnenuntergang »Fußgängerzone«; sie hatte das Anrecht auf eine Grabstätte innerhalb der Stadtmauern; im Theater hatte sie einen Ehrenplatz; sie durfte vor Gericht Zeugnis ablegen; sie konnte über ihr privates Vermögen durch ein eigenes Testament verfügen; sie konnte in eigener Verantwortung Entscheidungen fällen, die ihre Person betrafen, ohne wie alle anderen Frauen zuvor ihren Vormund (den Gatten, Vater oder Bruder) um Erlaubnis bitten zu müssen. Während die ihr untergebenen sechs Vestalinnen sich ihr gegenüber zu verantworten hatten, war sie nur einem einzigen Mann Rechenschaft schuldig, dem *Pontifex Maximus*. Das Amt des obersten Staatspriesters übte seit Augustus immer der Kaiser aus. Zu ihm hatte sie jederzeit Zutritt.

Obwohl sie kein politisches Amt bekleidete, war ihr Einfluss gewaltig. Senatoren, hohe Staatsbeamte, ja der Kaiser selbst suchten ihren Rat. Angehörige der Oberschicht hinterlegten bei ihr sogar ihr Testament. Das Volk verehrte sie. Begegnete sie zufällig auf der Straße einem zum Tode Verurteilten, so war dieser auf der Stelle freizulassen.

Diese Frau wurde von Kaiser Domitian im Jahre 91 n. Chr. zum Tode verurteilt. Der Vorwurf lautete, sie habe ihr Keuschheitsgelübde gebrochen und ein Liebesverhältnis mit einem Mann gehabt. Der römische Schriftsteller und Zeitzeuge Plinius der Jüngere berichtet darüber brieflich an einen Freund:

»*Er (Domitian) hatte sich nämlich in den Kopf gesetzt, Cornelia, die Obervestalin, lebendig zu begraben ... Und war es schon ein Frevel, dass er die Miene des Scharfrichters annahm, so nicht minder, dass er sie in ihrer Abwesenheit und ohne sie vernommen zu haben wegen Unkeuschheit (zum Tode) verurteilte ... Sofort wurden die Priester ausgeschickt, um sie vergraben und töten zu lassen. Sie, ihre Hände bald zu Vesta, bald zu allen andern Göttern erhebend, schrie alles Mögliche heraus, unter anderem immer wieder dies: ›Caesar (d. h. der Kaiser) hält mich für eine Dirne, mich, die für seine Siege und Triumphe die Opfer vollzogen hat!‹«* Plinius fügt dann hinzu: »*Ob das Schmeichelei oder Hohn sein sollte, ob sie es aus Selbstgefühl oder Verachtung für den Kaiser sagte, weiß man nicht. Sie rief es, bis sie, vielleicht wirklich unschuldig, jedenfalls als unschuldig betrachtet, zur Hinrichtung geführt wurde.*«

Der wahre Grund für ihre Verurteilung dürfte ein anderer gewesen sein: Cornelia, ganz nach altrömischen Normen erzogen, könnte sich kritisch über den skandalösen Lebenswandel dieses Kaisers geäußert haben, was Domitian durch seine Spitzel zugetragen wurde. Plinius deutet es an: »*. . . vielleicht wirklich unschuldig, jedenfalls als unschuldig betrachtet*«.

Fünf Jahre später fiel Domitian am 18. September 91 selbst einem Mordanschlag seiner engsten Umgebung zum Opfer. (Siehe auch **Vesta** und **Vestalinnen**)

Gessius Florus: Von allen Statthaltern in Iudaea war Gessius einer der schlimmsten. Durch seine Frau, eine Freundin der Kaiserin Poppaea, stand er in Neros Gunst und wurde im Jahre 64 n. Chr. Nachfolger des Prokurators Lucceius Albinus. Er war geizig, raffgierig und hochmütig, dazu ein skrupelloser Opportunist, also ein Mann, der sich aus Nützlichkeitserwägungen schnell und bedenkenlos der jeweiligen Lage anpasste. Er nutzte die Parteigegensätze unter den Juden, um die einen gegen die andern auszuspielen.

In seinem Buch »Der Jüdische Krieg« charakterisiert ihn Flavius Josephus so: »*. . . (Sein Vorgänger im Amt des Procurators) Albinus musste im Vergleich mit Gessius Florus noch als höchst ehrenwerter Mann erscheinen, denn Albinus führte seine Übeltaten wenigstens heimlich und mit* *ängstlicher Vorsicht aus. Gessius dagegen brüstete sich mit seinen Verbrechen gegen das Volk und ließ, gerade als ob er zum Henker Verurteilter bestimmt sei, keine Gelegenheit zu Raub und Misshandlung ungenutzt. Wo sich sonst das Mitleid regt, war er über die Maßen grausam, wo andere angewidert werden, zeigte er beispiellose Unverschämtheit. Keiner brachte die Wahrheit mehr in Misskredit als er und niemand erdachte verschlagenere Wege bei seinen Anschlägen. Einen einzelnen Mann zu erpressen schien ihm zu gering, ganze Städte plünderte er aus und große Volksteile richtete er zugrunde; es fehlte nur noch, dass er im ganzen Lande ausrufen ließ, allen sei das Rauben erlaubt, vorausgesetzt, dass er selbst seinen Anteil an der Beute erhalte. So kam es, dass aufgrund seiner Habgier alle Städte verödeten und viele Bürger im Widerspruch zu den heimischen Sitten in Provinzen mit fremder Bevölkerung auswanderten.«*

So war es nur eine Frage der Zeit, bis die Juden sich gegen ihn erhoben. Im April/Mai 66 brach der offene Aufstand aus. Als Gessius befahl dem Tempelschatz eine gewaltige Summe zu entnehmen, griffen die Unruhen auf Jerusalem über. Gessius floh in die Hafenstadt Caesarea und veranstaltete eine Judenverfolgung.

Währenddessen belagerte Cestius Gallus, der Statthalter von Syrien, vergeblich Jerusalem, so dass Nero sich gezwungen sah seinen besten General Vespasianus mit einer Armee ins Land zu schicken. Damit brach der Jüdische Krieg aus.

Über das weitere Leben von Gessius Florus liegen keine Nachrichten vor. Doch ist anzunehmen, dass er seines Amtes als Prokurator enthoben wurde und zurück nach Rom ging, um dort weiter im Trüben zu fischen.

Nero: Der Beiname Nero war in der Claudischen Familie üblich (*nero* = tapfer, entschlossen). Als Kaiser lautete sein voller Name Nero Claudius Drusus Germanicus Caesar. Geboren 37 n. Chr., war er römischer Kaiser von 54 bis 68. Anfangs übte der Philosoph Seneca einen positiven Einfluss auf den jungen Herrscher aus; man erhoffte sich in Rom ein neues augusteisches Zeitalter. Dann wurde er vom Besitz der absoluten Macht berauscht und entwickelte sich zum Wüstling. Nahe Verwandte, auch seine eigene Mutter, ließ er ermorden.

Seneca und viele andere wurden zum Selbstmord gezwungen oder hingerichtet. Die durch sinnlose Verschwendung zerrütteten Staatsfinanzen wurden nur durch Beschlagnahme der Vermögen seiner Gegner wie durch Münzverschlechterung kurzfristig saniert. Der Kaiser hatte den Ehrgeiz, als Rennfahrer, Schauspieler und Sänger bewundert zu werden. Bei dem furchtbaren Brand Roms im Jahre 64, der sechs Tage lang die Stadt verwüstete, soll er vom Dach seines Palastes herab den Brand Trojas besungen haben. Sofort kam das Gerücht auf, er selbst habe den Brand legen lassen. Sofort suchte er die Schuld auf andere zu wälzen und hatte ursprünglich die Juden Roms im Visier. Seine Gattin Poppaea, die mit namhaften jüdischen Familien befreundet war, stimmte den Kaiser um und lenkte den Verdacht auf die Christen Roms. Sie wurden in großer Zahl, zum Teil als »lebende Fackeln« in seinen Gärten, hingerichtet. Auf der Brandstätte begann er einen Palast von riesigen Ausmaßen und mit ungeheurem Luxus zu errichten: die *Domus Aurea*, das Goldene Haus. In den adligen Familien, im Senat und in der Armee wuchs die Unzufriedenheit, mehrere Verschwörungen entstanden und wurden brutal niedergeschlagen. Schließlich erhoben sich die Heere in den Provinzen gegen das schändliche

Treiben des Hofes. Einige Legionen riefen ihre Befehlshaber zum Kaiser aus. Als Erster erreichte Galba mit seinen Truppen Italien. Von seiner Garde und dem Senat verlassen entschloss sich Nero mit den Worten »*Welch ein Künstler stirbt mit mir!*« zum Tod, um nicht den Häschern in die Hände zu fallen. Ob er sich selbst erdolchte oder sich von einem Sklaven töten ließ, ist heute nicht mehr genau zu klären. Mit Nero starb das iulisch-claudische Kaiserhaus aus.

In den Bürgerkriegswirren 68/69 wechselten sich in schneller Folge die Kaiser Galba, Otho, Vitellius und Vespasian ab. Erst Vespasian gelang es, sein Regiment auf Dauer einzurichten.

Publilius Syrus: Nach dem Absterben der klassischen Tragödie und Komödie im 1. Jahrhundert v. Chr. beherrschte der *mimos* (lat. *mimus*) die Bühne. Dabei spielte man, im Gegensatz zu den vornehmeren Gattungen, ohne Maske. Nur im Mimus wurden die weiblichen Rollen auch von Frauen dargestellt. Es wurden Szenen aus dem gewöhnlichen Leben, aber auch politische und gesellschaftliche Tagesereignisse mit possenhafter Komik und oft grobem Witz auf der Bühne improvisiert. Heutige Sketche und Slapsticks im Fernsehen kommen mit ihrem bissigen Sprachwitz und ihrer bisweilen vulgären Derbheit der antiken Form sehr nahe.

Der bekannteste Vertreter dieser Gattung wurde Publilius Syrus. Seinen wahren Namen kennen wir ebenso wenig wie seine Lebensdaten. Er muss bis zur Mitte des 1. Jahrhunderts v. Chr. gelebt haben. Publilius kam als Sklave aus Antiochia in Syrien (daher *Syrus* = der Syrer) nach Rom, wo ihn ein Freigelassener kaufte. Schon bald fiel der Junge seinem Herrn durch Schönheit, Witz und vor allem Schlagfertigkeit auf. Er stellte den aufgeweckten Jungen seinem eigenen früheren Patron vor. Der fand Gefallen an Publilius Syrus und ließ ihn schulisch ausbilden. Bald wurde er von seinem Herrn in die Freiheit entlassen – nach seinem Patron wurde er Publilius genannt – und damit begann seine Karriere als Autor.

Publilius war Dichter, Schauspieler und Regisseur in einer Person. Von seinen beliebten Stücken, die sofort großen Anklang fanden, hat sich keins erhalten. Wohl aber an die 700 Zitate, ebenjene »Sprüche« (lat. *sententiae*), die Acilius in unserer Geschichte dauernd im Munde führt. Sie wurden schon bald nach dem Tode des Dichters in alphabetischer Reihenfolge gesammelt, aufgeschrieben und veröffentlicht. Neben Plattitüden, also abgedroschenen Redewendungen, enthalten sie ungemein prägnante, sehr knappe Formulierungen von großer Lebensweisheit in vollendeter Sprachform. So wurden die Sentenzen bald schon zum Schulbuch und als solches durch die Jahrhunderte überliefert.

Worterklärungen

Jüdischer Krieg (66–70): In Iudaea, das zur römischen Provinz *Syria* (Syrien) gehörte, gärte es schon seit langem. Hauptgrund war die Arroganz, mit der die kaiserlichen Prokuratoren (wie auch Pilatus) das jüdische Feingefühl verletzten. So beschlagnahmte Gessius Florus, der auf den Gräueltaten seiner Vorgänger aufbaute, sogar einen Teil des heiligen Tempelschatzes, um sich bei Nero auszuzeichnen, dessen neuer Kaiserpalast mitten in Rom aberwitzige Summen verschlang. Während der Amtszeit des Florus (64–66) revoltierten die Juden in ganz Palästina. In Jerusalem wurden der Tempelberg und die Antonia-Festung erobert und die römischen Besatzungen in drei Wehrtürmen eingesperrt. Ende des Sommers 67 befand sich ganz Jerusalem in jüdischer Hand. Eine jüdische Regierung entstand.

Nach dem vergeblichen Versuch des syrischen Statthalters, mit der XII. Legion Jerusalem zurückzugewinnen, schickte Nero seinen General Vespasianus an den Brandherd, um den Aufstand niederzuschlagen. Die jüdischen Einheiten leisteten seinen Legionen überall erbitterten Widerstand und hofften nach dem Selbstmord Neros (Juni 68), als Rom und Italien von Aufruhr und Unruhe geprägt waren, endgültig über die verhasste Besatzungsmacht zu siegen. Doch Vespasian hielt dem ungeheuren Druck stand und bekam nach und nach das ganze Land unter seine Kontrolle. Im Sommer 69 n. Chr. erhoben ihn seine Soldaten zum Kaiser. Vespasian kehrte nach Rom zurück. Sein Sohn Titus übernahm den Oberbefehl in Iudaea.

Titus wandte sich sofort gegen die Hauptstadt Jerusalem, deren starke Mauern von todesmutigen Männern verteidigt wurden. Die Stadt wurde vollkommen eingeschlossen und von Anfang Mai bis Mitte August 70 belagert. Systematisch wurde ein Stadtteil nach dem andern erobert, bis auf den Tempelberg. Er wurde von den Juden fanatisch verteidigt, fiel aber im September 70 auch in römische Hände. Wie die übrige Stadt wurde er geplündert, die Schätze gingen nach Rom, die Gebäude setzte man in Brand. Die Mauern wurden dem Erdboden gleichgemacht. Zigtausende Juden, die ihren Besitz schon verloren hatten, wurden als Sklaven nach Italien gebracht.

Der Fall Jerusalems markiert das eigentliche Ende des großen Aufstandes. Titus begab sich nach Ägypten und von dort im folgenden Jahr nach Rom.

Nur in der Festung Masada am Toten Meer hielten sich zu allem entschlossene Verteidiger mit ihren Familien. Erst im Jahre 73 n. Chr. gelang es einer römischen Belagerungsarmee, die Bergfestung einzunehmen. Zuvor hatten 960 der insgesamt 967 Verteidiger, darunter Frauen und Kinder, gemeinsam Selbstmord begangen, um nicht in römische Hände zu fallen.

Magister: Der Begriff ist abgeleitet von lat. *magis* = mehr, in höherem Grade. Der *magister* ist ein Höhergestellter (Gegensatz: *minister* = Untergeordneter, Diener, von lat. *minor*, der Steigerungsform von *parvus* = klein). Jeder Vorsteher, Vorgesetzte, Aufseher oder Leiter kann mit *magister* angeredet werden. Der *magister equitum* ist der Befehlshaber der Reiterei, der *magister navis* der Schiffskapitän oder -steuermann, der *magister sapientiae* ein Lehrer der Weisheit ... usw. Wenn Daniel Acilius Rufus mit *magister* anredet, dann im Sinne von Meister – oder wie wir sagen: Chef.

Noch heute verwenden wir im Deutschen den Begriff

Magister, wenn wir damit scherzhaft einen Lehrer meinen. Leicht verändert hat sich *magister* in einigen europäischen Sprachen erhalten. So kennen wir im Deutschen den *Meister*, im Italienischen den *maestro*, im Französischen den *maître* und im Englischen den *master*. All diese modernen Formen stammen von *magister* ab.

Straßen in Rom: Ein Fremder, der zum ersten Mal nach Rom kam, um etwa einen Verwandten zu besuchen, hatte große Schwierigkeiten, dessen Wohnung zu finden. Der Grund: Bis auf wenige Ausnahmen hatten Straßen und Gassen keinen Namen und es gab keine Hausnummern. Am Abend war es fast unmöglich, sich im Wirrwarr der engen Gassen zurechtzufinden, denn es fehlte eine allgemeine Straßenbeleuchtung. Nachts war es in Rom dunkel. Nur die großen Ausfallstraßen und einige innerstädtische Straßen trugen eigene Bezeichnungen. Einige Beispiele: *Via Tiburtina* (Straße nach Tibur, heute Tivoli), *Via Ostiensis* (Straße nach Ostia), *Via Lata* (Breite Straße), *Vicus Longus* (Lange Gasse), *Argiletum* (von *argilla* = Töpfererde), *Via Nova* (Neue Straße, zwischen Forum und Palatin), *Clivus Suburanus* (von *suburbanus* = nahe der Stadt gelegen; diese Straße lag in der Frühzeit Roms außerhalb der Siedlung). Die Bezeichnung *Clivus* (von *clinatus* = geneigt) meint stets eine ansteigende Straße (z.B. *Clivus Capitolinus* zum Capitol, *Clivus Palatinus* zum Palatin). Der Fremde musste sich also Stück für Stück durchfragen, wobei er sich nach auffälligen Bauwerken wie dem Kolosseum, den großen Theatern oder Tempeln richten konnte.

Vesta und **Vestalinnen:** Der Vestakult reicht bis in die Anfänge Roms im 8. Jahrhundert v. Chr. zurück. Vesta war die Göttin des heiligen Herdfeuers und ihr Tempel nichts anderes als ein Symbol für das wichtigste häusliche Herdfeuer, nämlich das im Haus des Königs. Es bildete so das »Herdfeuer des Staates«. Waren es ursprünglich die Töchter des Königs, die es zu bewachen hatten, ging diese Aufgabe später auf Priesterinnen über. Das Schicksal Roms hängt auf geheimnisvolle Weise von der gewissenhaften Durchführung der Riten des Vestakultes ab. Vesta wird oft der sich im Feuer offenbarenden göttlichen Kraft gleichgesetzt – also keiner Person! Das ist auch der Grund dafür, dass es in ihrem Tempel keine Kultstatue der Göttin gab. Die *Vestalia*, das Fest der Göttin, wurden am 9. Juni gefeiert.

An der Spitze der sieben Priesterinnen stand die Große Vestalin, die *Virgo Vestalis Maxima*. Der *Pontifex Maximus* wählte sie aus einem Kreis vornehmer Familien aus, wenn sie noch sehr jung, zwischen sechs und zehn Jahren, waren und ihre Eltern noch lebten. Ihre Priesterschaft dauerte dreißig Jahre: zehn Jahre Ausbildung, zehn Jahre Ausübung und zehn Jahre Unterricht. Danach konnten sie in die Welt zurückkehren und durften auch heiraten. Nur wenige machten davon Gebrauch.

Ihren Ehrenrechten (vgl. **Cornelia**) standen einige sehr strenge Verpflichtungen gegenüber. Sie hatten keusch zu leben; wenn eine Vestalin dieses Gelübde brach, wurde sie, da ihr Blut nicht vergossen werden durfte, in einer unterirdischen Gruft in der Nähe der Porta Collina lebendig begraben. Ihre erste Pflicht war dafür zu sorgen, dass das heilige Feuer im Tempel der Göttin nie erlosch. Wer es ausgehen ließ, wurde auf Befehl des Pontifex Maximus ausgepeitscht. Für die zahlreichen Opferhandlungen der Gottheiten, bei denen Tiere geweiht und getötet wurden, stellten sie das heilige Opferschrot her, das den Tieren über den Kopf geschüttet wurde. Da der Kult der Vesta immer von einem gewissen Geheimnis umgeben war, haben wir längst nicht von allen Aufgaben und Tätigkeiten der Vestalinnen Kenntnis. Die Institution hat den Sieg des Christentums bis zum Tode von Theodosius I. (395 n. Chr.) überlebt. Das zeigt, wie tief sie im Volk verankert war.

Vom Kind zum Erwachsenen: In den modernen Industriegesellschaften hat sich der Eintritt ins Berufsleben immer weiter »nach vorne« verschoben. Der Grund: Es dauert immer länger, bis der Heranwachsende in den verschiedenen Schularten, der folgenden Berufsausbildung oder dem Studium das unerlässliche Grundwissen erworben hat, das ihn erst befähigt als Handwerker, Facharbeiter, Beamter, Pfarrer, Richter oder Wissenschaftler tätig zu werden.

Das war in der Antike anders. In fast allen Kulturen rings um das Mittelmeer ging man davon aus, dass ein Junge im Alter von sechzehn Jahren fähig sein müsse die Aufgaben eines erwachsenen Bürgers zu übernehmen. Im Unterschied zu heutigen Vorstellungen galt Kinderarbeit als eine natürliche Sache. Zehnjährige wurden bereits in Berufen tätig, die heute einem Erwachsenen vorbehalten sind. Heute finden wir solche Maßstäbe noch in armen Ländern der »Dritten Welt«.

Wenn also Daniel – nach unsern Vorstellungen noch ein Junge, der nicht in Eigenverantwortung handeln kann – als Fünfzehnjähriger bereits Aufgaben übernimmt, die heute erst bei einem Erwachsenen vorstellbar sind, dann ist dies im Rom des 1. Jahrhunderts n. Chr. nichts Besonderes. Dabei muss man auch berücksichtigen, dass die Lebenserwartung der Menschen damals weit unter den heutigen Durchschnittswerten lag. Man hätte sich eine ähnlich lange Ausbildung überhaupt nicht leisten können.

Ähnliches gilt für die Mädchen: Sie wurden im Allgemeinen im Alter von fünfzehn, sechzehn Jahren verheiratet. Die Väter von Braut und Bräutigam arrangierten das. Ob das Paar sich liebte, spielte dabei eine untergeordnete Rolle. Da sehr viele Kinder vor Erreichen des zehnten Lebensjahres an allen möglichen Krankheiten starben, war es die Hauptaufgabe der jungen Frau, möglichst viele Kinder zu gebären.